Business Glossary
English-Portuguese/Portuguese-English

Titles in the series

Business Glossaries in:
English-Catalan/Catalan-English	ISBN 0-948549-57-2
English-Dutch/Dutch-English	ISBN 0-948549-56-4
English-French/French-English	ISBN 0-948549-52-1
English-German/German-English	ISBN 0-948549-53-X
English-Italian/Italian-English	ISBN 0-948549-55-6
English-Polish/Polish-English	ISBN 0-948549-46-7
English-Portuguese/Portuguese-English	ISBN 0-948549-92-0
English-Spanish/Spanish-English	ISBN 0-948549-54-8
Spanish-German/German-Spanish	ISBN 0-948549-98-X

Also available

Bilingual Business Dictionaries:
Business French Dictionary	ISBN 0-948549-64-5
Business German	ISBN 0-948549-50-5
Business Spanish	ISBN 0-948549-90-4

For our complete catalogue listing our range of over 50 specialist English and bilingual dictionaries, please write to:
Peter Collin Publishing Ltd
1 Cambridge Road,
Teddington, TW11 8DT, UK
fax: +44 181 943 1673 email: info@pcp.co.uk

Information, samples, and related resources are available on our web site:
www.pcp.co.uk

Business Glossary
English-Portuguese/Portuguese-English

General Editor
PH Collin

Translated by
Patricia Anne Tate

Brazilian Consultant
Diana Pinto

PETER COLLIN PUBLISHING

First Published in Great Britain 1998

published by
Peter Collin Publishing Ltd
1 Cambridge Road, Teddington, Middlesex, TW11 8DT

Business Glossary Text
© Copyright P.H. Collin 1998

All rights reserved. No part of this publication may be reproduced in any form
or by any means without the permission of the publishers.

British Library Cataloguing in Publications Data

A Catalogue record for this book is available from the British Library

ISBN 0-948549-92-0

Text computer typeset by PCP
Printed and bound in Finland by WSOY

Cover illustration by Gary Weston

Preface

This glossary is for any business person or traveller who needs to deal with a foreign business language. It contains over 5,000 essential business terms with clear and accurate translations.

How to use this glossary

This glossary is arranged in two main sections. The first part lists Portuguese terms with an English translation, the second half lists English terms with the equivalent Portuguese translation.

Throughout the Business Glossary we have used a number of abbreviations:

adj	adjetivo	adjective
adv	advérbio	adverb
f	feminino	feminine
fpl	feminino plural	feminine plural
m	masculino	masculine
mf	masculino ou feminino	masculine or feminine
mpl	masculino plural	masculine plural
n	substantivo	noun
v	verbo	verb

Prefácio

Este glossário se destina a pessoas que atuam na área de Business ou viajam a negócios e precisam usar uma língua estrangeira em suas atividades. Contém mais de 5.000 verbetes essenciais na área de Business, com traduções claras e precisas.

Como usar este glossário

O glossário está divido em duas partes distintas. A primeira apresenta os termos em português traduzidos para o inglês. A segunda parte contém os termos em inglês com tradução equivalente em português.

Foram usadas as seguintes abreviaturas neste glossário:

adj	adjetivo	adjective
adv	advérbio	adverb
f	feminino	feminine
fpl	feminino plural	feminine plural
m	masculino	masculine
mf	masculino ou feminino	masculine or feminine
mpl	masculino plural	masculine plural
n	substantivo	noun
v	verbo	verb

Português-Inglês
Portuguese-English

Aa

a/c *[aos cuidados de]* c/o (= care of)
abaixar lower
abaixar um preço reduce a price
abaixo-assinado, -da undersigned
abandonar abandon
abastecedor, -dora supplier
abastecer supply (v); cater for
abastecimento (m) supply (n) *[action]*
abastecimento contínuo continuous feed
abater deduct
abater *[nos preços]* knock down *[price]*
abatimento (m) rebate *or* price reduction or deduction
aberto a ofertas open to offers
aberto, -ta open (adj) *[not closed]*
aberto, ta após *ou* **horário normal** late-night opening
abertura (f) *[oportunidade de emprego]* opening (n)
abertura de falência declaration of bankruptcy
abertura: de abertura opening (adj)
abono (m) bonus; credit entry
abono de Natal Christmas bonus
abrangente (mf) comprehensive
abrigo (m) shelter
abrir mão de um pagamento waive a payment
abrir um negócio open *or* start a new business
abrir negociações open negotiations
abrir uma conta bancária open a bank account
abrir uma conta open an account
abrir uma linha de crédito open a line of credit
absoluto, -ta unconditional
abundância (f) glut (n)
abundar glut (v)
acabado, -da finished
acabamento (m) completion
ação (f) share (n); action *[thing done]*
ação de primeira linha (blue chip) blue chip
ação judicial claim (n); action *or* lawsuit
ação por perdas e danos action for damages
ação preferencial com dividendos acumulados cumulative preference share
acatar respect
aceitar agree *or* accept
aceitar a entrega de uma carga ou mercadoria accept delivery of a shipment
aceitar obrigações ou responsabilidade por determinada coisa accept liability for something
aceitar uma conta accept a bill
aceitável acceptable
aceite (m) *[de título comercial]* acceptance
aceite de um pedido acceptance of an offer
aceite irrevogável irrevocable acceptance
acelerar rush
acerto (m) adjustment
acessível available
acessórios (mpl) fittings
acidente (m) de trabalho industrial accident
acidente profissional occupational accident
acionar sue
acionar *[judicialmente]* claim (v) *[a right]*
acionista (mf) shareholder
acionista majoritário majority shareholder
acionista minoritário minority shareholder
acionista principal major shareholder
ações (fpl) de empréstimo loan stock
ações negligenciadas neglected shares
ações negociadas na Bolsa quoted shares
ações ordinárias ordinary shares *or* equities
ações preferenciais preference shares
acompanhante (m) de viagem courier *[guide]*
acompanhar follow up

acondicionar pack (v)
aconselhar advise *[what should be done]*
aconselhar recommend
acontecer take place
acordar *[ajustar]* adjust
acordo (m) bargain (n) *or* deal; compromise (n) or arrangement; settlement or agreement
acordo alfandegário ou aduaneiro customs union
acordo antigo long-standing agreement
acordo coletivo de trabalho collective wage agreement
acordo comercial trade agreement
acordo de bitributação double taxation agreement
acordo de cavalheiros gentleman's agreement
acordo de cessão ou transferência deed of assignment
acordo de comercialização marketing agreement
acordo de crédito contingente standby arrangements
acordo de exclusividade exclusive agreement
acordo de não-greve no-strike agreement
acordo de preços fixos fixed-price agreement
acordo de produtividade productivity agreement
Acordo Geral de Tarifas e Comércio *[GATT]* General Agreement on Tariffs and Trade (GATT)
acordo limiar threshold agreement
acordo modelo model agreement
acordo multilateral multilateral agreement
acordo por escrito written agreement
acordo recíproco reciprocal agreement
acordo tácito tacit approval
acordo unilateral one-sided agreement
acordo variável open-ended agreement
acordo verbal verbal agreement
acordo: de acordo com a fatura as per invoice
acordo: de acordo com *ou* valor ad valorem
acrescentar add
acrescer accrue
acréscimo (m) addition; increase (n)

acréscimo de valor appreciation
acumulação (f) de juros accrual of interest
acumular accrue *or* accumulate; hoard or stock up or stockpile (v)
acúmulo (m) accrual
acúmulo de juros accrual of interest
acusação (f) prosecution *[legal action]*
acusação *[no tribunal]* charge *[in court]*
acusado, -da defendant
acusar *[no tribunal]* charge (v) *[in court]*
acusar recebimento de uma carta acknowledge receipt of a letter
adequadamente duly *or* legally
adequado, -da adequate
adiado, -da deferred
adiamento (m) postponement *or* deferment or shelving
adiamento de uma sentença stay of execution
adiamento de pagamento deferment of payment
adiantado, -da advance (adj)
adiantamento (m) advance (n) *or* loan
adiantamento na prestação de contas advance on account
adiantamento em dinheiro cash advance
adiantar advance (v) *or* lend
adiar defer; delay (v) *or* postpone or put back to later
adiar uma reunião adjourn a meeting
adiar uma sessão adjourn a session
adiar *ou* pagamento defer payment
adição (f) addition
adicionar add
adicionar 10% pelo serviço add on 10% for service
adido (mf) comercial commercial attaché
aditamento (m) addition *or* amendment
aditamento: em aditamento a further to
adjudicação (f) adjudication
adjudicador (m) adjudicator
adjudicar award (v)
adjudicar adjudicate in a dispute
adjudicar um contrato a alguém award a contract to someone
adjunto (m) assistant *or* deputy
administração (f) management *or* administration *or*

management *or* managers
administração conjunta joint management
administração de carteira portfolio management
administração de pessoal personnel management
administração orçamentária budgeting
administrador (adj) executive
administrador (m) executive, manager
administrar run *or* manage
administrar mal mismanage
administrar propriedade manage property
administrativo administrative *or* managerial; clerical
admissão (f) *[entrada]* admission
admitir *[confessar]* admit *[confess]*
admitir *[deixar entrar]* admit *[let in]*
admitir em uma sociedade co-opt someone
adquirente (mf) buyer
adquirir purchase (v)
adquirir uma empresa acquire a company
aduana (f) customs
advogado, -da lawyer *or* attorney; solicitor
advogado de acusação prosecution counsel
advogado de defesa defence counsel
advogado especialista em alienação de imóveis conveyancer
advogado especializado em direito marítimo maritime lawyer *[party in legal action]*
aerograma (m) air letter
aeroporto (m) airport
afastamento (m) absence
afiançar (v) bail someone out; stand surety for someone
afiançar back up *[support]*
afiançar guarantee a debt
afiliação (f) membership
afirmar claim (v) *or* suggest *or* state (v)
afirmativo (adj) affirmative
afretador (m) charterer
afretamento (m) chartering
afundar-se slump (v)
agência (f) agency; branch
agência de empregos temporários temp agency
agência de empregos employment agency *or* employment bureau
agência de notícias news agency
agência de tradução translation bureau
agência exclusiva sole agency
agência publicitária advertising agency
agenda (f) diary
agenda de bolso pocket diary
agenda de escritório desk diary
agente (mf) agent *or* representative
agente a del credere del credere agent
agente comercial factor (n) *[person, company]*
agente de embarque shipping agent
agente de expedição shipping clerk
agente de marcas e patentes patent agent
agente de seguros insurance agent
agente exclusivo sole agent
agente turnkey turnkey operator
ágio (m) premium *[extra charge]*
agiota (m) moneylender
agir *[atuar]* act (v) *[work]*
agir de acordo com comply with
AGO (f) (= assembléia geral ordinária) AGM (= annual general meeting)
agrícola (adj) agricultural
agrupar batch (v) *or* bracket together
agrupar remessas consolidate shipments
água: em águas territoriais offshore
aguardar instruções await instructions
aguarde na linha, por favor *[telefone]* hold the line please *or* please hold *[phone]*
ajuda (f) assistance
ajudar assist
ajustamentos (mpl) sazonais seasonal adjustments
ajustar reconcile *or* adjust
ajuste (m) adjustment; covenant
ajuste de impostos ou tarifas border tax adjustment
ajuste estrutural structural adjustment
ajustes (mpl) tributários tax adjustments
alavancagem (f) gearing; leverage
alavancar gear (v)
alcançar reach *or* come to
alcançar uma meta meet a target
aleatório, -ria random

alegar claim (v) *or* suggest
alfândega (f) customs
alienação (f) disposal
alimentação (f) contínua continuous feed
alimentador (m) de papel paper feed
alíquota (f) bracket (n) *or* tax bracket
alíquota de imposto tax rate
almoço (m) de negócios business lunch
almoxarifado (m) storage facilities; storeroom
alocar allocate
alojar-se stay (v)
alta (f) *[expansão econômica acelerada e repentina]* boom (n)
alta administração top management
alta qualidade high-quality *or* premium quality
altamente qualificado, -da highly qualified
alteração (f) alteration *or* change; amendment
alteração de um contrato via anexação de documentos endorsement *[on insurance]*
alterar alter *or* change (v) or become different
alternativa (f) alternative (n); choice *or* choosing
alternativo, -va (adj) alternative
alugar lease (v) *or* rent
alugar um carro hire a car
alugar um escritório let an office
alugar um guindaste hire a crane
aluguel (m) rent (n) *or* rental or hire (n)
aluguel antieconômico uneconomic rent
aluguel caro high rent
aluguel nominal nominal rent
alvo (m) target (n)
âmbito: de âmbito mundial worldwide (adj)
americano, -na American
amontoar accumulate
amortização (f) amortization *or* depreciation or amortizing
amortizar depreciate *or* amortize
amortizar uma dívida amortize *or* write off *[debt]*
amostra (f) sample *or* trial sample
amostra aleatória random sample
amostra grátis free gift *or* free sample

amostra para aprovação acceptance sampling
amostra para verificação check sample
amostra pequena swatch
amostra por áreas sampling *[statistics]*
amostragem (f) sampling *[testing]*
amostragem aleatória random sampling
amparo (m) fiscal tax shelter
analisar analyse *or* analyze
análise (f) analysis
análise de cargo job analysis
análise de crédito credit rating
análise de custo-benefício cost-benefit analysis
análise de custos cost analysis
análise de mercado market analysis
análise de projeto project analysis
análise de sistemas systems analysis
análise de vendas sales analysis
análise estatística statistical analysis
analista (mf) de mercado market analyst
analista de sistemas systems analyst
analisar ou potencial do mercado analyse the market potential
ancoradouro (m) berth (n)
ancorar berth (v)
andar *[fazer progresso]* get along
anexar attach *or* enclose
anexo (m) enclosure
angariação (f) de votos ou clientes canvassing
angariador (n) de votos ou clientes canvasser
angariar ou solicitar votos ou clientes canvass
ângulo (m) corner (n) *or* angle
ano (m) year
ano: de muitos anos long-standing
ano: por ano per annum *or* per year
ano base base year
ano civil calendar year
ano fiscal tax year
anotar note (v) *[details]* or record or log
antecedentes (mpl) track record
antecipado, -da advance (adj)
antedatar antedate *or* backdate
ante-projeto (m) draft project
anterior previous *or* prior

antigo, -ga old-established *or* long-standing
antiquado, -da old; out of date
anual (adj) annual *or* per annum
anualmente annually *or* on an annual basis
anulação (f) cancellation
anular cancel *or* rescind *or* vacate
anular dívida write off debt
anular um cheque cancel a cheque
anular um contrato *ou* **anular um acordo** call off a deal
anunciante (m) advertiser
anunciar advertise *or* announce *or* plug (v) *or* publicize
anunciar um produto novo advertise a new product
anunciar uma perda report a loss
anunciar uma vaga advertise a vacancy
anúncio (m) advertisement
anúncio do produto product advertising
anúncios (mpl) classificados classified advertisements
anúncios rápidos small ads
aos cuidados de *[a/c]* care of (c/o)
apagar delete
aparecer appear
aparelhagem (f) plant (n) *or* machinery
aparelho (m) de tele-conferência conference phone
apelação (f) appeal (n) *[against a decision]*
apelar appeal (v) *[against a decision]*
apêndice (m) appendix
apoiar back up *[support]*
apoio (m) backing
apólice (f) de seguros assurance policy *or* insurance policy
apólice temporária de seguro cover note
aportar dock (v) *[ship]*
aposentadoria (f) retirement
aposentadoria: de aposentadoria retiring
aposentar-se *[do trabalho]* retire *[from one's job]*
apreciação (f) appreciation *[how good something is]*
apreciar consider; appreciate *[how good something is]*
apreender seize
apreensão (f) seizure

aprender train (v) *or* learn
aprendizado (m) traineeship
apresentação (f) production *or* presentation *[of a document]*; delivery *[of bill of exchange]*; exhibition
apresentação *[carta]* letter of introduction
apresentar deliver *or* introduce
apresentar *[documento]* produce (v) *or* show *[a document]*
apresentar *[exibir]* display (v)
apresentar *[fazer aparecer]* bring out
apresentar *[montar]* stage (v) *or* organize
apresentar *[uma solicitação]* file (v) *[a request]*
apresentar contas render an account
apresentar gradualmente phase in
apresentar lucro show a profit
apresentar proposta para contrato tender for a contract
apresentar saldo a transportar carry over a balance
apresentar uma nota para aceite present a bill for acceptance
apresentar uma nota para pagamento present a bill for payment
apresentar-se para uma entrevista report for an interview
apresentar-se report (v) *[to a place]*
apressar rush (v)
apressar-se hurry up
aprisionar lock (v)
apropriação (f) indébita misappropriation *or* conversion
apropriação indébita de fundos *ou* **recursos** conversion of funds
apropriado, -da adequate
apropriar allocate
apropriar fundos appropriate (v) funds
aprovação (f) approval *or* backing
aprovar agree *or* approve
aprovar *[por votação]* carry *[approve in a vote]*
aprovar com caráter definitivo finalize
aprovar os termos de um contrato approve the terms of a contract
aproveitar-se indevidamente embezzle
aprovisionar cater for
aproximadamente (adv) approximately
aproximado, -da approximate *or* rough
aptidão (f) capacity *or* ability

apto capable of
apuração (f) de votos canvassing
apurar lucro líquido clear (v) *[stock]*
aquisição (f) acquisition; takeover; buying
aquisição alavancada *ou* **aquisição financiada por empréstimos** leveraged buyout (LBO)
aquisição contestada contested takeover
aquisição do controle de uma empresa por seus executivos management buyout (MBO)
ar (m) air
arbitrador (m) arbitrator
arbitragem (f) arbitration
arbitramento (m) arbitration
árbitro (m) arbitrator *or* adjudicator or mediator
área (f) area *or* region
área (f) area *[surface]*
área comercial shopping precinct
área de influência do dólar norte-americano dollar area
área de livre comércio free trade area
área problemática problem area
argumentação (f) argument
argumento (m) argument
argumento de venda unique selling point *or* proposition (USP)
armazém (m) warehouse; storage facilities; store (n) *or* depot or stockroom
armazém alfandegado bonded warehouse
armazenado, -da in stock (adj)
armazenagem (f) warehousing
armazenamento (m) storage (n) *[in warehouse]*
armazenamento em câmara frigorífica cold storage
armazenar store *or* stock *or* warehouse (v)
arquivamento (m) filing *[action]*
arquivamento shelving *[postponing]*
arquivar documentos file documents
arquivar *[no computador]* save *[on computer]*
arquivar *[pôr livros na estante]* shelve
arquivo classificador filing cabinet
arquivo de computador computer file
arquivos (mpl) records
arranjo (m) arrangement *[system]*

arrecadação (f) collection *[of money]*
arrecadador, -dora tax collector
arrecadar collect (v) *[money]*
arredondar para mais round up
arredondar para menos round down
arrendador (m) lessor
arrendamento (m) lease (n); leasing *or* tenancy agreement
arrendamento de ex-propriedade lease-back
arrendar lease (v) *or* rent; let
arrendar equipamento lease equipment
arrendatário, -ria lessee
arrestar attach
arriscado, -da risky
arriscar venture (v) *or* risk
arriscar-se a risk (v) *[money]*
arruinar wreck *or* bankrupt
arrumar fix *or* mend or repair (v)
articulação (f) connection
articular connect
artigo (m) article *or* item *[for sale]*
artigo *[cláusula]* article *or* clause
artigo único one-off item
artigos (mpl) de luxo luxury goods
artigos de papelaria para escritório office stationery
artigos de qualidade inferior seconds
artigos diversos sundry items, sundries
ascender run to
ascensão (f) climb
assalariado, -da salaried
assembléia (f) *[reunião]* assembly *[meeting]*
assembléia geral general meeting
assembléia geral ordinária (AGO) annual general meeting (AGM)
assessor, -sora consultant; adviser *or* advisor
assessoria (f) legal counsel
assinante (mf) telefônico telephone subscriber
assinar sign (v)
assinar como testemunha witness a document
assinar um cheque sign a cheque
assinar um contrato sign a contract
assinatura (f) signature
assistência (f) service *[dealing with customers]*
assistente (mf) assistant

assistir assist
assistir uma reunião attend a meeting
associação (f) association
associação comercial *ou* **associação profissional** trade association
associado, -da associate (adj) *or* affiliated *or* copartner
associar join
assumir take over
assumir *ou* **risco de um seguro** underwrite
assunto (m) area *or* subject or matter to be discussed
atacadista (mf) wholesaler *or* wholesale dealer
atacado: comerciante de atacado wholesale dealer
atacado: por atacado wholesale *or* bulk
atacar attack (v)
ataque (m) attack (n)
atas (fpl) de uma reunião minutes (n) of a meeting
até up to
atenção (f) attention
atender serve
atender a um cliente serve a customer
atender a uma demanda meet a demand
atender *ou* **telefone** answer the telephone
atendimento (m) service *[dealing with customers]*
aterrizar *ou* **aterrissar** land (v)
atestado (m) certificate
atestado médico doctor's certificate
atestar certify
atividade (f) comercial, industrial *ou* **financeira** business *or* commerce
atividade bancária banking
atividade de compra buying
ativo (m) asset
ativo, -va working
ativo circulante current assets
ativo financeiro financial asset
ativo fixo capital assets
ativo imobilizado *ou* **ativo principal** fixed asset; capital
ativo líquido net assets *or* net worth
ativo oculto hidden asset
ativo realizável realizable assets

ativos (fpl) a curtíssimo prazo *ou* **ativos (mpl) líquidos** liquid assets
ativos e passivos assets and liabilities *or* debits and credits
ativos intangíveis intangible assets
ativos tangíveis tangible assets
ativos totais total assets
Ato Único Europeu Single European Act
atração (f) appeal (n) *or* attraction
atracar berth (v) *or* dock
atrair appeal to *or* attract *or* interest (v)
atrasado, -da overdue *or* late *or* slow
atrasado: estar atrasado fall behind
atrasar hold up (v) *or* delay or put back
atrasar-se fall behind
atraso (m) hold-up (n) *or* delay
atrativo (m) appeal (n) *or* attraction
através de via
atribuir um direito a alguém assign a right to someone
atuação (f) acting
atual actual *or* current or present (adj); up to date *or* modern
atualização (f) update (n)
atualizado, -da up to date
atualizar update (v)
atuar act *or* work
atuar como testemunha witness an agreement
atuário, -ria actuary
auditar audit (v)
auditar as contas audit the accounts
auditor auditor; controller
auditor externo external auditor
auditor interno internal auditor
auditoria (f) audit (n) *or* auditing
auditoria externa external audit
auditoria geral general audit
auditoria interna internal audit
auferir gain (v) *or* get; earn *[interest]*
auferir realize *or* sell for money
aumentando on the increase
aumentar gain (v) *or* become bigger or increase or mount up or escalate
aumentar *ou* **preço** increase (v) in price
aumentar os preços mark up
aumento (m) increase (n) *or* gain (n) *[getting bigger]*
aumento salarial increase (n) *or* rise (n) in salary

aumento: com aumento incremental
aumento anual médio mean annual increase
aumento de preços mark-up
aumento do custo de vida cost-of-living increase
aumento percentual percentage increase
aumento salarial retroativo retroactive pay rise
aumento salarial pay rise
ausência (f) absence
ausente (mf) absent
autarquia (f) authority
autenticado, da certificated or certificated
autenticar authenticate or certify or confirm or countersign
autêntico, -ca genuine
autofinanciado, -da self-financing (adj)
autofinanciamento (m) self-financing (n)
autoregulação (f) self-regulation
autoregulador self-regulatory
autoridade (f) authority
autoridade portuária port authority
autorização (f) authorization or permit (n) or warrant (n); licence (n) or license (US); permission
autorização (f) para trabalho work permit
autorizado, -da authorized; certificated
autorizar allow or permit or grant (v)
autorizar *[dar direito a]* entitle
autorizar *[dar permissão]* authorize *[give permission]*
autorizar pagamento authorize payment
auxiliar (mf) assistant
auxiliar (v) assist
auxiliar de escritório (junior) clerk
auxílio (m) assistance
aval (m) guarantee (n)
aval: com aval do governo government-backed
avaliação (f) calculation or estimate (n) or valuation or evaluation
avaliação de crédito credit rating
avaliador, -dora valuer
avaliar assess or appreciate
avaliar calculate or estimate (v) or evaluate or value
avaliar danos e prejuízos assess damages
avalista (mf) backer or guarantor
avalizar guarantee (v); stand security for someone
avançado advance (adj)
avançar progress (v)
avanço (m) advance (n)
avaria (f) damage (n) or loss
avaria *[em seguro]* average (n) *[insurance]*
avariado, da damaged
avariar damage (v)
avião (m) plane
avião de carga freight plane or freighter
avião fretado charter plane
avisar advise
aviso (m) message or communication; notice
aviso de compra e venda contract note
aviso de expedição advice note
aviso prévio notice *[that worker is leaving his job]*
avulso, -sa odd *[not a pair]*
avultar mount up

Bb

backup *[computador]* backup *[computer]*
backup (m) *[cópia de backup]* backup copy
bagagem (f) luggage
bagagem de mão hand luggage
bagagem não procurada unclaimed baggage
baía (f) de carregamento loading bay
bairro (m) area *[of town]*

baixa *[Bolsa]* slump (n) *or* rapid fall
baixa qualidade low-quality *or* low-grade
baixa temporada off-season
baixa: em baixa down
baixar lower (v); decline *or* fall; slump
baixar os preços lower prices
baixo, -xa low
baixo low (n)
baixo nível low-level
balança (f) comercial balance of trade
balança comercial favorável favourable balance of trade
balança de estrada weighbridge
balança de pagamentos excedente favourable balance of trade
balancete (m) balance sheet *or* statement of account
balancete de verificação trial balance
balanço (m) balance sheet
balanço de abertura opening balance
balanço de pagamentos balance of payments
balanço de verificação trial balance
balanço semestral half-yearly statement
balcão (m) counter
balcão *[onde está a caixa registradora]* cash desk
balcão de check-in check-in counter
balconista (mf) salesman *or* sales clerk *[in shop]*
banal normal
banca (f) arbitral arbitration board *or* arbitration tribunal
bancarrota (f) bankruptcy; financial crash *or* commercial failure
banco (m) bank (n)
Banco Central central bank
banco comercial clearing bank *[Inglaterra]*
banco de crédito credit bank
banco de dados database
banco emissor *ou* **banco emitente** issuing bank
Banco Europeu de Investimento European Investment Bank
banco mercantil merchant bank
banco pagador clearing bank *[EUA]*
banqueiro (m) banker
barato, -ta cheap; low *[price]*
bargan ha (f) bargain (n)

barganhar bargain (v) *or* haggle
barreira (f) barrier
barreira alfandegária customs barrier *or* tariff barrier
báscula (f) weighbridge
base (f) basis; base *or* initial position
base monetária monetary base
basear-se em base (v) *or* start to calculate from
bases (fpl) de acordo heads of agreement
básico basic (adj) *or* simple
bater crash (v) *or* hit
batida (f) crash (n) *or* accident
bem (m) asset
bem consumível commodity
bem: dar-se bem get along
bem-sucedido, -da successful
bem-sucedido: ser bem-sucedido succeed *or* do well
benchmark (m) benchmark
beneficiar process (v) *[raw materials]*
beneficiário, -ria beneficiary
beneficiar-se de benefit from (v)
benefício (m) benefit (n)
benefício substancial healthy profit
bens (mpl) goods
bens de capital *ou* **bens de produção** capital goods
bens de capital *[equipamento]* capital equipment
bens de capital *ou* **bens permanentes fixos** *ou* **imobilizados** capital assets
bens de consumo consumer goods *or* consumables
bens de consumo duráveis consumer durables
bens duráveis durable goods
bens invisíveis invisible assets
bens perecíveis perishable goods
bens pessoais personal assets
bens tangíveis tangible assets
bilateral (adj) bilateral
bilhão (m) billion
bilhete (m) *[tira de papel]* slip (n)
bilhete de cortesia complimentary ticket
bilhete de ida one-way fare
bilhete de temporada season ticket
bilhete em aberto open ticket
bilhete em lista de espera standby ticket
bilheteria (f) booking office

bitributação (f) double taxation
bloco (m) *[em edifício]* block (n) *[building]*
bloco de ações block of shares
bloquear block (v)
boa administração good management
boa compra good buy
boa gerência good management
boa qualidade good quality
boicote (m) boycott (n)
boicotar boycott (v)
boletim (m) oficial bulletin
bolsa (f) de mercadorias commodity exchange
bolsa de papel paper bag
bolsa de valores stock exchange *or* stock market
bolso (m) pocket (n)
bom, boa (adj) fine *or* good
bom valor good value (for money)
bonificação (f) bonus
bônus (m) merit award *or* merit bonus
bônus de produtividade productivity bonus
bônus pelo aumento do custo de vida cost-of-living bonus
bônus recebido na conclusão de um seguro terminal bonus
bordo: a bordo board: on board
bordo: ir a bordo board (v)
braço (m) direito right-hand man
branco: em branco blank
brecha (f) gap
brinde (m) present (n) *or* gift
brinde gratis free gift
britânico, -ca British
brochura (f) brochure
bruto, -ta gross (adj)
bureau (m) de computação computer bureau
burla (f) fiddle (n)
burlar fiddle (v)
burocracia (f) red tape
burocrático, -ca clerical

Cc

cabina (f) telefônica call box
cabo (mf) eleitoral canvasser
cada per
cadastrar-se register (v)
cadastro (m) reference *[report on person]*
cadastro *[lista oficial]* register (n) *or* official list
cadastro de acionistas register of shareholders
cadastro de diretores register of directors
cadeado (m) lock (n)
cadeia (f) *[de lojas]* chain *[of stores]*
caderneta (f) bancária bank book
caducar lapse
cair (v) fall (v) *or* go lower or drop or slump; fall *[on a date]*
cais (m) dock *or* wharf
caixa (f) till *or* cash desk
caixa (f) *[estojo]* case (n) *or* box or container
caixa (m) *[funcionário]* cashier
caixa (mf) de banco teller
caixa (f) *[no supermercado]* checkout *[in supermarket]*
caixa automático cash dispenser
caixa de papelão cardboard box
caixa eletrônico cash dispenser
caixa para exposição de mercadoria em uma loja dump bin
caixa para pequenas despesas petty cash box
caixa pequena petty cash
caixa postal accommodation address
caixa registradora cash till *or* cash register
caixa-forte (f) safe (n)
caixeiro (m) shopkeeper
caixinha (f) petty cash
caixote (m) crate (n)
caixote de embalagem packing case
calculadora (f) calculator

calculadora de bolso pocket calculator
calcular calculate; assess
calcular a média average (v)
calcular a partir de base (v) *or* start to calculate from
calcular mal miscalculate
cálculo (m) calculation
cálculo aproximado rough calculation *or* rough estimate
cálculo de imposto tax assessment
cálculo errado miscalculation
calendário (m) time scale
Câmara (f) de Comércio Chamber of Commerce
câmara frigorífica cold store
cambial (f) bancária bank bill (US)
câmbio (m) exchange (n) *or* conversion
câmbio negro black market
cambista (mf) money changer; foreign exchange broker *or* foreign exchange dealer
caminhão (m) lorry *or* truck
caminhoneiro (m) lorry driver *or* trucker
caminhonete (f) van
caminhonete de entrega delivery van
campanha (f) campaign *or* drive (n)
campanha de vendas sales campaign
campanha publicitária publicity campaign *or* advertising campaign
campo (m) field; country *[not town]*
canais (mpl) de distribuição distribution channels *or* channels of distribution
canal (m) channel (n)
cancelado, -da cancelled *or* off
cancelamento (m) cancellation
cancelamento de uma reunião cancellation of an appointment
cancelar cancel *or* rescind; cross off or cross out
candidatar-se a um emprego apply for a job
candidato, -ta candidate; nominee
candidato, -ta a um emprego applicant for a job
canhoto (m) *[do cheque bancário]* counterfoil; cheque stub
canto (m) corner (n) *or* angle
capacidade (f) capacity; ability
capacidade de armazenamento storage capacity

capacidade de fabricação manufacturing capacity
capacidade de gerar lucros earning capacity
capacidade de produção production capacity
capacidade de produção excedente *[não utilizada]* excess capacity
capacidade de uma empresa obter empréstimos borrowing power
capacidade hoteleira hotel accommodation
capacidade industrial industrial capacity
capacidade líquida de um navio cargueiro deadweight tonnage
capacitado, -da qualified *or* skilled
capacitar train (v) *or* teach
capaz capable of
capital (m) capital
capital acionário share capital
capital circulante working capital
capital de giro working capital
capital de risco risk capital *or* venture capital
capital de uma empresa share capital
capital disponível available capital
capital em ações equity capital
capital imobilizado lock up capital
capital inicial initial capital
capital nominal nominal capital
capital social equity capital
capital tomado por empréstimo *ou* **empréstimo (m) de capital** loan capital
capitalização (f) capitalization
capitalização das reservas capitalization of reserves
capitalização do mercado market capitalization
capitalizar capitalize
captar capture
capturar capture
caracterizar mark (v)
carência (f) shortage
carga (f) cargo *or* load (n)
carga completa de um caminhão lorry-load
carga de convés deck cargo
carga e descarga de avião turnround *[of a plane]*
carga (f) onerosa deadweight cargo
carga perecível perishable cargo

carga útil payload
cargo (m) position *or* post (n) *[job]*
cargo-chave (m) key post
cargueiro (m) *[navio]* freighter *[ship]*
carimbar stamp (v) *[letter]*; mark
carimbo (m) stamp (n)
carimbo datador date stamp
caro dear
carregador (m) road haulier
carregamento (m) cargo
carregar caminhão, navio load a lorry *or* a ship
carregar um programa de computador load a computer program
carreta (f) road haulier
carreto (m) carriage *or* haulage
carreto gratuito carriage free
carro (m) de aluguel hire car
carro mais vendido best-selling car
carta (f) letter
carta circular circular letter
carta circular de crédito circular letter of credit
carta comercial business letter
carta de acompanhamento follow-up letter
carta de crédito letter of credit (L/C)
carta de crédito irrevogável irrevocable letter of credit
carta de intenções letter of intent
carta de reclamação letter of complaint
carta de referência letter of reference
carta de solicitação de emprego letter of application
carta explicativa covering letter
carta padrão standard letter
carta patente letters patent
carta registrada registered letter
carta urgente express letter
cartão (m) *[material]* cardboard
cartão de crédito credit card *or* charge card
cartão de embarque boarding card *or* boarding pass or embarkation card
cartão de visita business card
cartão do banco *[para compras em dinheiro ou retirada de dinheiro em caixas eletrônicos]* cash card; cheque (guarantee) card
cartão postal card *or* postcard
cartão telefônico phone card
carteira de investimentos portfolio
carteira de sócio membership card
cartel (m) cartel
cartolina (f) *[material]* cardboard
casa (f) house
casa comercial establishment
casa de câmbio bureau de change
casa: na casa in-house
cash flow (m) cash flow
catálogo (m) directory
catálogo de endereços street directory
catálogo de vendas pelo correio mail-order catalogue
catálogo telefônico telephone book *or* telephone directory
categoria (f) category
caução (f) collateral (n); deposit (n) *[paid in advance]*
caucionado collateral (adj)
caucionar deposit (v)
causa: por causa de owing to
causas (fpl) trabalhistas industrial disputes
CE *[Comunidade Européia]* EC (= European Community)
cedente (m) assignor
cedo early
cédula (f) note (n)
censura (f) blame (n)
censurar blame (v)
cento: por cento per cent
central (adj) central
central (f) telefônica telephone exchange
centralização (f) centralization
centralizar (v) centralize
centro da cidade city centre *or* downtown (n)
centro comercial shopping centre
centro de consertos service centre
centro de custos cost centre
centro de lucros profit centre
centro de manutenção service centre
centro empresarial business centre
centro industrial industrial centre
centro: no centro da cidade downtown
CEO (mf) chief executive officer
certificado (m) certificate
certificado de depósito bancário *ou*
certificado de depósito de mercadorias certificate of deposit

certificado de despacho aduaneiro clearance certificate
certificado de garantia certificate of guarantee
certificado de homologação certificate of approval
certificado de origem certificate of origin
certificado de portador de ações scrip
certificado de registro certificate of registration
certificado de uma ação share certificate
certificar certify
certo, -ta (adj) right, correct
cessão (f) assignment *or* cession
cessar discontinue
cessionário (m) assignee
chamada para integralização de capitais call (n) *[stock exchange]*
chamada a cobrar reverse the charges
chamada a cobrar transferida transferred charge call
chamada de rotina routine call
chamada gratuita toll free call
chamada internacional international call
chamada local local call
chamada telefônica phone call *or* telephone call
chamar a cobrar reverse the charges
chamar call *or* phone
chancela (f) alfandegária customs seal
chantagismo (m) racketeering
chantagista (mf) racketeer
chave key (adj) *[important]*
chave (f) *[da porta]* key *[to door]*
check-in *[no aeroporto]* check-in *[at airport]*
chefe (mf) chief (n) *or* principal *or* boss (informal)
chefe de departamento head of department
chefe de seção chief clerk
chefe do estoque stock controller
chegada (f) arrival
chegadas (fpl) arrivals *[at airport]*
chegar reach *or* arrive
chegar a amount to
chegar a um acordo reach an agreement; agree with
chegar a um impasse deadlock (v)

chegar ao máximo peak (v)
cheio full
cheque (m) cheque
cheque aberto open cheque
cheque ao portador cheque to bearer
cheque cruzado crossed cheque
cheque de pagamento salary cheque
cheque em branco blank cheque
cheque personalizado personalized cheque
cheque salário pay cheque
cheque sem cruzar open cheque
cheque sem fundo rubber check (US)
cheque visado certified cheque *or* cashier's check (US)
choque (m) crash (n) *or* accident
cíclico, -ca cyclical
ciclo (m) cycle
ciclo de atividade comercial trade cycle
ciclo do produto product cycle
ciclo econômico economic cycle
CIF *[= custo + seguro + frete]* c.i.f. (= cost, insurance and freight)
cifra (f) figure
cifras (fpl) ajustadas sazonalmente seasonally adjusted figures
cifras de vendas sales figures
cifras não controladas unchecked figures
circuito (m) fechado de televisão closed circuit TV
circulação (f) turnover *[of stock]*
circulação *[de capital]* circulation *[of money]*
circular (f) circular (n)
circular (v) run (v) *[buses, trains]*
citação (f) *[legal]* summons
citar quote (v)
claro express (adj) *or* stated clearly
classe (f) category *or* class
classe econômica ou classe turística economy class
classe executiva business class
classe: de segunda classe second-class
classificação (f) classification *or* rating
classificação de desempenho performance rating
classificação de itens breakdown (n) of items

classificados (mpl) *ou* **anúncios classificados** classified ads *or* classified advertisements
classificar classify
cláusula (f) clause *or* article; provision or proviso or condition
cláusula adicional rider
cláusula de amortização payback clause
cláusula de exclusão exclusion clause
cláusula de não-greve no-strike clause
cláusula de penalidade penalty clause
cláusula de reembolso payback clause
cláusula de renúncia waiver clause
cláusula de rescisão termination clause; cancellation clause
cláusula de saída escape clause
cliente (mf) client *or* customer
cliente habitual regular customer
clientela (f) clientele *or* goodwill
clientes (mpl) em potencial potential customers
clipe (m) paperclip
clube (m) society
cobertura (f) cover (n) *or* top
cobertura hedging *or* hedge
cobertura de dividendo dividend cover
cobertura de seguros insurance cover
cobertura pela mídia media coverage
cobrador, -dora collector
cobrador de aluguel rent collector
cobrador de impostos debt collector
cobrança (f) billing; collection
cobrança de dívida debt collection
cobrança em efetivo encashment
cobrança pelo serviço service charge
cobranças por descarga landing charges
cobrar collect (v) *[money]*
cobrar pouco undercharge (v)
cobrar preço excessivo overcharge (v)
cobrar uma dívida collect a debt
cobrir cover (v) *[expenses]*
cobrir *[recobrir]* cover (v) *[put on top]*
cobrir as despesas de alguém defray someone's expenses
cobrir *ou* **custo** cover costs
cobrir um risco cover a risk
co-credor (m) co-creditor
codificação (f) coding

código (m) code
código da região area code
código de armazenamento stock code
código de barras bar code
código de discagem dialling code
código fiscal tax code
código postal postcode *or* zip code (US)
códigos (mpl) legíveis por computador computer-readable codes
co-diretor (m) co-director
coeficiente (m) ratio
coeficiente de lucro profitability
cofre (m) safe (n)
cofre de segurança para depósitos safe deposit
colaboração (f) collaboration *or* co-operation
colaborar collaborate *or* co-operate
colapso (m) collapse (n)
colateral (m) collateral (n)
coleta (f) take (n) *or* money received
coletar levy (v)
coletiva (f) à imprensa press conference
coletivo, -va collective
coletor, -tora collector
coletor, -tora de impostos tax collector
colidir crash (v) *or* hit
colisão (f) crash (n) *or* accident
colocação (f) de carga em containers containerization *[putting into containers]*
colocação de informações em arquivo de fichas card-indexing
colocação excessiva de pessoal overmanning
colocar place (v)
colocar *[uma questão]* raise (v) *[a question]*
colocar carga em containers containerize *[put into containers]*
colocar em estojo case (v) *or* put in boxes
colocar em rede *[computadores]* network (v) *[computers]*
colocar em vigor enforce
colocar na lista negra blacklist (v)
colocar no fichário card-index (v)
coluna (f) de crédito credit column
coluna de débitos debit column *or* debit side
com (prep) cum

comando (m) control (n) or power
combinação (f) de fatores de produção product mix
começar begin or start (v)
começar institute (v)
começo (m) start (n) or beginning
começo do zero cold start
comercial commercial
comercial (m) *[em rádio ou tv]* commercial (n) *[radio, TV]*
comercialização (f) distribution; merchandizing or commercialization
comercializar trade in or buy and sell; market (v) or commercialize or merchandize (v)
comercializar um produto merchandize a product
comerciante (mf) merchant or trader; merchandizer
comerciante exclusivo sole trader
comerciário, -ria shop assistant; shopkeeper
comércio (m) commerce or trade (n) or business
comércio de exportação export trade
comércio de serviços invisible trade
comércio exterior overseas trade or external trade or foreign trade
comércio internacional international trade
comércio interno domestic trade
comércio legal lawful trade
comércio marítimo maritime trade
comércio multilateral multilateral trade
comércio próspero flourishing trade
comércio recíproco reciprocal trade
comércio unilateral one-way trade
comércio visível visible trade
cometer commit *[a crime]*
comissão (f) fee *[for services]*
comissão *[dinheiro]* commission *[money]*
comissionário (m) commission agent
comitê (m) board of directors; commission or committee
commodity (f) física actuals
cômodo (m) room
companhia (f) company
companhia cujas ações são negociadas na Bolsa quoted company
companhia de seguros insurance company
companhia de seguros mútuos mutual (insurance) company
companhia sendo adquirida por outra menor reverse takeover
companhia subsidiária *ou* **afiliada** *ou* **coligada** subsidiary company
comparabilidade (f) comparability
comparação (f) comparison
comparar compare or set against
comparar com compare with
comparável comparable
comparecer report (v) *[to a place]*
comparecer a juízo *[direito]* appear
compartilhar share (v)
compensação (f) compensation
compensação de um cheque clearance of a cheque
compensar compensate or make up for; set against; remunerate
compensar um cheque clear a cheque
compensar uma dívida redeem a debt
competência (f) capacity or ability
competente capable of; experienced
competição (f) competing or competition
competição acirrada cut-throat competition or keen competition
competitividade (f) competitiveness
competitivo, -va competing; competitive
complementar (adj) complementary or additional
completar complete (v)
completo, -ta complete (adj) or full or full-scale
compor-se de consist of
composição (f) com credores composition *[with creditors]*
composto (m) de produtos product mix
compra (f) acquisition or purchase (n); buying or purchasing
compra *[bolsa de valores]* bargain (n) *[stock exchange]*
compra a futuro forward buying or buying forward
compra a granel bulk buying
compra a prazo hire purchase (HP)
compra à vista cash purchase
compra à vista em dinheiro buy for cash
compra compulsória compulsory purchase
compra de uma empresa por seus executivos management buyout (MBO)

compra em dinheiro cash purchase
compra impulsiva impulse purchase
compra no atacado *ou* **compra a granel** bulk buying
compra ruim bad buy
comprador, -dora buyer *or* purchaser or shopper; client or customer
comprador fidedigno, -na genuine purchaser
comprador impulsivo, -va impulse buyer
comprador em potencial prospective buyer
comprar buy (v) *or* purchase
comprar uma empresa acquire a company
compras (fpl) shopping
compras centralizadas central purchasing
compreender understand *or* realize
compreensão (f) understanding
compromisso (m) compromise (n) *or* arrangement; obligation or duty; undertaking or promise; appointment *[meeting]*
compromissos (mpl) commitments
comprovação (f) de recursos econômicos means test
comprovante (m) voucher
comprovante de caixa cash voucher; sales receipt
comprovante de depósito deposit slip
compulsório, -ria compulsory
computador (m) computer
computadorizado, -da computerized
computadorizar (v) computerize
computar calculate
cômputo (m) calculation
comum usual *or* common or frequent
comum a todos common *[to more than one]*
comunicação (f) communication *[general]*
comunicação horizontal horizontal communication
comunicação vertical vertical communication
comunicações (fpl) communications
comunicado (m) à imprensa press release
comunicar communicate
comunidade (f) community
conceder grant or allow or give

concessão (f) concession *[right]*; grant (n); lease (n)
concessão *[para a distribuição de determinados produtos]* distributorship
concessão de pessoal manning
concessionário (m) concessionaire
concessor (m) de empréstimo lender
conciliação (f) conciliation; settlement *or* agreement; compromise (n)
concluir close *or* end (v)
concluir *[um negócio]* clinch *or* conclude *[agreement]*
conclusão (f) closure
concordar *[aceitar]* agree *or* accept
concordar *[aprovar]* agree *or* approve
concordar com *[chegar a um acordo]* agree with *[of same opinion]*
concordar com *[corresponder a]* agree with *[be same as]*
concordar em fazer alguma coisa agree to do something
concorrência (f) competition
concorrência *[licitação]* bidding
concorrência acirrada stiff competition
concorrência desleal unfair competition
concorrente (m) competitor *or* rival company
concorrer com alguém *ou* **concorrer com uma empresa** compete with someone *or* with a company
condição (f) condition *[terms]*; stipulation
condição *[disposição]* provision *or* proviso or condition
condição *[estado]* condition *or* state
condição social status
condição: em condições favoráveis on favourable terms
condicional conditional
condições (fpl) terms
condições de emprego terms of employment
condições de pagamento terms of payment
condições de trabalho conditions of employment; working conditions
condições de venda terms of sale *or* conditions of sale
condomínio (m) common ownership
conduzir bear (v) *or* carry
conduzir negociações conduct negotiations

conectar *[através de uma interface]* interface (v)
conexão (f) connection
conexão aérea connecting flight
confederação (f) association
conferência (f) check (n) *or* examination; conference
conferir check (v) *or* examine
confessar admit *[confess]*
confiabilidade (f) reliability
confiança (f) confidence *or* reliability
confiança: de confiança reliable
confiar consign
confidencial confidential *or* unofficial *or* off the record
confidencialidade (f) confidentiality
confirmação (f) confirmation *or* approval
confirmar confirm *or* verify
confirmar uma contratação para um emprego confirm someone in a job
confirmar uma reserva confirm a booking
confiscar sequester *or* sequestrate
confisco (m) forfeit (n); sequestration
confissão (f) admission
conflito (m) **de interesses** conflict of interest
conflitos (mpl) **trabalhistas** industrial disputes
conforme according to *or* under
conforme amostragem as per sample
congelado, -da frozen
congelamento (m) freeze (n)
congelamento de crédito freeze on credits
congelamento salarial wage freeze
congelar preços e salários freeze wages and prices
conglomerado (m) **de empresas** conglomerate
conhecer alguém meet someone
conhecimento (m) waybill
conhecimento de embarque bill of lading
conjuntamente jointly
conjunto (m) set (n)
conjunto de serviços package of services
conquista (f) takeover
conseguir manage to; raise (v) *or* obtain money

conselho (m) board of directors
conselho de administração board of directors
conselho jurídico legal advice
consentir allow *or* agree
consertar fix *or* mend or repair (v)
conserto (m) repair (n)
conservação (f) maintenance *or* keeping in working order
conservar *[no mesmo nível]* maintain *or* keep at same level
consideração (f) attention
considerar *[incluir]* count (v) *or* include
considerar *[ponderar]* consider
consignação (f) see-safe
consignador (m) *ou* **consignante** (m) consignor
consignar consign
consignatário, -ria consignee; receiver *or* liquidator; commission agent
consolidação (f) *[de empresas]* consolidation
consolidação *[de sociedade]* merger
consolidação de um empréstimo restructuring of a loan
consolidado, -da consolidated
consolidar consolidate
consome pouca energia energy-saving
consórcio (m) consortium *or* joint venture
consórcio de garantia de uma emissão underwriting syndicate
constante constant *or* continual
constatar note (v)
constituido: estar constituído por consist of
constituir form (v)
constituir uma sociedade incorporate
construção: em construção under construction
consulta (f) enquiry *or* inquiry
consulta sobre crédito status inquiry
consultar consult
consultar um advogado take legal advice
consultor jurídico legal adviser
consultor, -tora consultant; adviser *or* advisor
consultor, -tora em assuntos empresariais management consultant
consultor, -tora fiscal tax consultant
consultoria (f) consultancy

consumidor, -dora consumer
consumir a capacidade ociosa use up spare capacity
consumo (m) consumption
consumo interno *ou* **consumo nacional** *ou* **consumo doméstico** home consumption
conta (f) account
conta *[em um restaurante]* bill (n) *[in a restaurant]*
conta: por conta on account
conta a descoberto overdrawn account
conta administrada por procurador nominee account
conta bancária bank account
conta bancária com uso de cheques cheque account
conta bloqueada account on stop
conta congelada frozen account
conta conjunta joint account
conta corrente current account
conta credora credit account; account in credit
conta de ativo fixo capital account
conta de caixa cash account
conta de capital capital account
conta de compensação contra account
conta de contrapartida contra account
conta de crédito credit account
conta de crédito para efetivação de compras charge account
conta de débito charge account
conta de depósito deposit account
conta de despesas expense account
conta de garantia bloqueada escrow account
conta de giro giro account
conta de hotel hotel bill
conta de lucros revenue accounts
conta de lucros e perdas profit and loss account
conta de poupança savings account
conta de receita revenue accounts
conta detalhada itemized account
conta em aberto open account
conta externa *[de não domiciliado]* external account
conta não movimentada dead account
conta numerada numbered account
contábil accounting

contabilidade (f) accounting (n) *or* bookkeeping
contabilidade de custos correntes current cost accounting
contabilidade de custos cost accounting
contabilizar record (v)
contabilizar uma entrada post an entry
contador, -dora accountant
contador, -dora registrado, -da certified accountant
contador responsável pela contabilidade de custos cost accountant
container (m) container *[for shipping]*
container: colocar em containers containerization *[put into containers]*
containerização (f) containerization *[putting into containers]*
contanto que provided that *or* on condition that
contar report (v)
contas (fpl) *[números]* figures
contas a pagar accounts payable *or* bills payable
contas a receber receivables *or* accounts receivable; bills receivable or bills for collection
contas da administração management accounts
contas de fim de mês month-end accounts
contas de meados do mês mid-month accounts
contas do exercício annual accounts
contas não auditadas unaudited accounts
contas ou depósitos orçamentários budget account
contas semestrais half-yearly accounts
contatar contact (v)
contato (m) contact (n)
contêiner (m) container *[for shipping]*
conteinerização (f) containerization *[shipping in containers]*
conteinerizar containerize *[ship in containers]*
conter contain *or* hold; include
conteúdo (m) contents
contingência (f) contingency
continuação (m) continuation
continuamente continually
continuar continue *or* proceed; maintain or keep going

continuar *ou* **negócio** carry on a business
contínuo (adj) continual *or* continuous
contornar um problema get round a problem
contrabandista (mf) racketeer
contração (f) shrinkage
contracheque (m) pay slip
contrair contract (v)
contrair *[dívida]* incur *[costs]*
contrair dívidas incur debts
contra-ordem (f) countermand
contrapartida (f) de lançamento contra entry
contraproposta (f) counter-offer *or* counterbid
contrário, -ria contrary
contraste (m) contrast (n)
contratação (f) hire (n)
contratador contractor
contratador de frete haulage contractor
contratar pessoal hire staff
contratar mais pessoal take on more staff
contratempo (m) setback
contrato (m) contract *or* deal *or* deed *or* agreement
contrato de afretamento charter (n)
contrato de arrendamento lease (n)
contrato de curta duração short-term contract
contrato de seguro insurance contract
contrato de trabalho contract of employment
contrato futuro forward contract
contrato global package deal
contrato por administração cost plus
contrato preliminar heads of agreement
contrato social deed of partnership; articles of association *or* articles of incorporation
contratual contractual
contratualmente contractually
contribuição (f) contribution
contribuição de capital contribution of capital
contribuinte (mf) contributor; taxpayer
contribuir (v) contribute
controlado pelo governo government-controlled
controlador (m) controller

controlar control (v)
controlar *ou* **mercado** corner the market
controlável manageable
controle (m) control (n) *or* check (n)
controle alfandegário *ou* **aduaneiro** customs examination
controle de aluguéis rent control
controle de crédito credit control
controle de estoque stock control *or* inventory control
controle de material materials control
controle de mercado corner (n) *or* monopoly
controle de preço price control
controle de qualidade quality control
controle governmental da economia decontrol
controle orçamentário budgetary control
controle remoto remote control
controle: de controle controlling (adj)
controles (mpl) cambiais exchange controls
controles de preço price controls
convenção (f) covenant (n)
convenção tácita tacit approval
convencionado agreed
convencionar covenant (v)
conveniente convenient
convênio agreement
conversa (f) de vendedor, -dora sales pitch
conversão (f) conversion
conversão de moeda currency conversion
converter convert
converter bens em dinheiro bank (v)
convertibilidade (f) convertibility
convés (m) deck
convidar invite
convite (m) invitation
convocação (f) *[legal]* summons
convocar convene
convocar uma reunião *ou* **assembléia** call a meeting
cooperação (f) co-operation *or* collaboration
cooperar co-operate *or* collaborate
cooperativa (f) co-operative (n) *or* cooperative society
cooperativo, -va co-operative

cooptar co-opt someone
cópia (f) duplicate (n)
cópia *[de um documento]* copy (n) *[of a document]*
cópia de backup *ou* **cópia-reserva** backup copy
cópia impressa hard copy
cópia a papel carbono carbon copy
cópia autenticada certified copy
cópia de patente infringement of patent
cópia real true copy
copiar copy (v); write out
co-propriedade (f) part-ownership
co-proprietário, -ria joint owner *or* co-owner or part-owner
coroa (f) *[moeda da Suécia e da Islândia]* krona *[currency used in Sweden and Iceland]*
coroa (f) *[moeda da Dinamarca e da Noruega]* krone *[currency used in Denmark and Norway]*
corporação (f) guild *or* association
correção (f) correction *or* amendment or adjustment
correção monetária indexation
correio (m) *[sistema postal]* post (n) *or* mail (n) *[postal system]*
correio aéreo airmail (n)
correio central general post offfice
correio eletrônico electronic mail *[e-mail]*
correio por via terrestre ou marítima surface mail
corrente current *or* going; ordinary
correr um risco run a risk *or* take a risk
correspondência (f) correspondence *or* post or mail
correspondência de saída outgoing mail
correspondência que chega incoming mail
correspondente (mf) correspondent
corresponder a agree with *or* be the same as
corresponder a algo correspond with something
corresponder-se com alguém correspond with someone
corretagem (f) brokerage *or* broker's commission
corretagem de valores *ou* **corretagem da Bolsa** stockbroking
correto, -ta correct *or* accurate *or* right

corretor broker
corretor da Bolsa stockbroker
corretor de navios ship broker
corretor de seguros insurance broker *or* insurance salesman
corretora (f) de valores discount house *or* bank
corrigir correct (v) *or* amend or rectify
corrimão (m) rail
corroborar confirm
cortar cut
cortar despesas reduce expenditure
corte (m) cut (n)
corte de despesas retrenchment
co-seguro (m) co-insurance
co-signatário (m) joint signatory
costume (m) custom
cota (f) quota
cotação (f) quotation *or* quote *or* estimate of cost
cotar price (v); quote *or* estimate costs
courier (m) courier *or* messenger
couvert (m) cover charge
credenciais (fpl) papers
creditar credit (v)
crédito (m) credit (n)
crédito: a crédito on credit
crédito a curto prazo short-term credit
crédito a longo prazo long credit
crédito ampliado extended credit
crédito ao consumidor consumer credit
crédito automaticamente renovável revolving credit
crédito bancário bank credit
crédito concedido loan (n)
crédito congelado frozen credits
crédito de contingência standby credit
crédito fiscal tax credit
crédito ilimitado open credit
crédito instantâneo instant credit
crédito rotativo revolving credit
credor, -ra creditor
credor de pagamento adiado deferred creditor
credor hipotecário, -ria mortgagee
credor preferencial preferential creditor *or* preferred creditor
credor que oferece garantia secured creditor

credor sem garantias unsecured creditor
crescente increasing *or* mounting
crescer mount up
crescer rapidamente take off
crescimento (m) growth
crescimento econômico economic growth
crise (f) econômica slump (n) *or* depression
crise financeira financial crisis
crise de liquidez liquidity crisis
crise do dolar dollar crisis
crônico chronic
cruzar (v) um cheque cross a cheque
cubagem (f) capacity *[space]*
cúbico, -ca cubic
cuidar de attend to
culpa (f) fault *or* blame
culpar blame (v)
cume (m) peak (n) *or* top (n) or highest point
cumprimento (m) compliance *or* fulfilment
cumprimento de um contrato completion of a contract
cumprir *[contrato]* execute
cumprir um acordo honour a signature
cumprir um prazo meet a deadline
cumprir uma promessa redeem a pledge
cumulativo, -va cumulative
cunhar coin (v)
cupom (m) coupon
cupom: com cupom cum coupon
cupom: sem cupom ex coupon
cupom-resposta (m) reply coupon
curador (m) receiver *or* liquidator
currículo (m) curriculum vitae (CV)
curriculum vitae (m) curriculum vitae (CV)
curso (m) de comércio commercial course
curso de gestão empresarial management course
curso de reciclagem *ou* **de atualização** refresher course
cursos de iniciação *ou* **cursos de introdução** induction courses *or* induction training
curto: a curto prazo on a short-term basis *or* short-term
curva (f) curve
curva de vendas sales curve
custar cost (v)
custas (fpl) judiciais legal expenses
custear (v) defray *[costs]*
custeio (m) costing; financing
custo (m) cost; charge (n) *[money]*
custo adicional cost plus
custo da gestão de dívidas factoring charges
custo de aquisição historic(al) cost *or* historical figures
custo de armazenamento storage (n) cost
custo de lançamento launching costs
custo de manuseio handling charge
custo de mão-de-obra labour costs
custo de produção production cost; prime cost
custo de reposição replacement value
custo de transporte haulage costs *or* haulage rates
custo de vendas cost of sales
custo de vida cost of living
custo direto direct cost
custo fixo fixed cost
custo histórico historic(al) cost
custo marginal marginal cost *or* incremental cost
custo posto no destino landed costs
custo total total cost
custo unitário unit cost
custo, seguro e frete (CIF *ou* **c.i.f)** cost, insurance and freight
custos (mpl) costs
custos correntes running costs *or* running expenses
custos de carreto haulage costs *or* haulage rates
custos de distribuição distribution costs
custos elevados heavy costs *or* heavy expenditure
custos de embarque shipping charges *or* shipping costs
custos de fabricação manufacturing costs
custos de frete freight costs
custos de início de atividades start-up costs
custos de mão-de-obra indireta de parte de indirect labour costs

custos excessivos excessive costs
custos fixos *ou* **custos indiretos** overhead costs *or* expenses
custos legais legal costs *or* legal charges *or* legal expenses
custos operacionais operating costs *or* operating expenses
custos sociais social costs
custos variáveis variable costs

Dd

dados (mpl) data
dados de saída (computer) output
danificar damage (v)
dano (m) damage (n) *or* loss
dano patrimonial *ou* **dano à propriedade** *ou* **danos (mpl) materiais** damage to property *[insurance]*
danos causados por incêndio fire damage
danos resultantes de tempestades storm damage
dar give *or* give away
dar *[render juros]* produce (v) *[interest]*
dar 10% de desconto para *ou* **transporte** allow 10% for carriage
dar descontos *[nos preços]* knock down (v) *[a price]*
dar entrada enter *or* write in
dar gorjeta tip (v)
dar instruções brief (v)
dar publicidade publicize
dar uma entrada pay money down
data (f) date (n)
data: sem data undated
data de encerramento *ou* **data de fechamento** closing date *or* completion date
data de entrega delivery date *or* delivery time
data de início starting date
data de lançamento launching date
data de recebimento date of receipt
data de resgate redemption date
data de término completion date
data de vencimento maturity date; expiry date *or* deadline
data de vigência effective date
datado, -a dated
data-limite (f) deadline
datar date

DDI (m) *[discagem direta internacional]* IDD *[international direct dialling]*
debate (m) discussion
de acordo com according to *or* under
debênture (f) debenture
debitar charge (v) *[money]*
debitar uma conta debit an account
debitável chargeable
débito (m) debit *or* charge (n) *[money]*
débito liability
débito em conta charge (n) on account
débito direto direct debit
débitos (mpl) liabilities
débitos e créditos debits and credits
decidir decide *or* give a decision; rule (v)
decidir-se resolve
decimal (mf) decimal (n)
decisão (f) decision *or* ruling
decisão judicial adjudication
decisivo, -va deciding
declaração (f) declaration *or* statement *or* announcement
declaração de bens na alfândega *ou* **aduana** customs declaration
declaração de renda declaration of income
declaração de imposto de renda tax return *or* tax declaration
declaração do VAT VAT declaration
declaração escrita juramentada affidavit
declarações (fpl) aduaneiras customs declaration
declarado, -da declared
declarar declare *or* return
declarar mercadorias à alfândega declare goods to customs
declínio: em declínio falling

decolar take off *[plane]*
decrescente decreasing
decrescer fall off
decréscimo (m) decline (n) *or* decrease
decretar rule (v) *or* give a decision
decretar a falência de alguém declare someone bankrupt
dedução (f) fiscal tax relief
dedução deduction
dedução (f) permitida ao contribuinte personal allowance
dedutível deductible
dedutível do imposto de renda tax-deductible
deduzir deduct
defasagem (f) gap
defeito (m) defect *or* mechanical fault
defeituoso, -sa defective *or* faulty
defender defend
defender em um processo judicial defend a lawsuit
defensor, -sora backer
defensor do povo ombudsman
defesa (f) protection; legal defence *or* defense
déficit (m) deficit *or* shortfall; loss *[not a profit]*
déficit comercial trade deficit *or* trade gap
deflação (f) deflation
deflacionário, -ria deflationary
deixar let (v); leave *or* resign
deixar de fazer fail to do something
deixar entrar admit *or* let in
deixar passar uma prestação miss an instalment
del credere del credere
delegação (f) delegation; commission *or* committee
delegado (m) delegate (n); deputy
delegar delegate (v)
demanda (f) demand (n) *or* claim (n)
demanda efetiva effective demand
demanda final final demand
demanda forte keen demand
demandar demand (v)
demissão (f) resignation *or* redundancy *or* final discharge
demissão *[exoneração]* dismissal *or* removal or sacking someone
demissão injusta wrongful dismissal

demissão sem justa causa unfair dismissal
demissão voluntária voluntary redundancy
demissões (fpl) job cuts
demitir remove
demitir alguém sack someone
demitir um empregado dismiss an employee
demitir-se de resign
demonstração (f) demonstration
demonstração de despesas statement of expenses
demonstração financeira financial statement
demonstrador, -dora (m) demonstrator
demonstrar demonstrate
demora (f) delay (n)
denominação (f) do cargo job title
denúncia (f) prosecution *[legal action]*
departamental departmental
departamento (m) department *[in an office]*
departamento de compras buying department *or* purchasing department
departamento de computação computer department
departamento de contabilidade accounts department
departamento de expedição dispatch department
departamento de exportação export department
departamento de faturamento invoicing department
departamento de manutenção service department
departamento de marketing marketing department
departamento de pessoal personnel department
departamento de produção production department
departamento de projeto design department
departamento de publicidade publicity department
departamento de relações públicas public relations department
departamento de vendas sales department
departamento jurídico legal department
dependências (fpl) facilities

dependendo de depending on
depender de depend on
depositante (mf) depositor
depositar deposit (v)
depositar em armazém store (v) *[keep in warehouse]*
depositar em banco bank (v)
depositário (m) depository *[place]*
depósito (m) store (n) *or* depot or stockroom or storeroom; storage facilities
depósito *[armazenamento]* storage (n) *[in warehouse]*
depósito *[bancário]* deposit (n) *[in bank]*
depósito a prazo fixo fixed deposit *or* time deposit
depósito à vista demand deposit
depósito de carga freight depot
depósito de mercadorias goods depot
depósito em conta corrente demand deposit
depósito em espécie cash deposit
depósito (m) para artgos variados multiple store
depósito não-reembolsável non-refundable deposit
depósito reembolsável refundable deposit
depósitos (mpl) bancários bank deposits
depósitos remunerados interest-bearing deposits
depreciação (f) depreciation *or* loss of value
depreciação *[de um ativo]* writedown *[of asset]*
depreciação acelerada accelerated depreciation
depreciação linear straight line depreciation
depreciar depreciate *or* lose value
depressão (f) depression *or* slump
depto (m) [= **departamento**] dept (= department)
derrame (m) flood (n)
derramar flood (v)
desatualizado, -da old-fashioned
descarregar unload *[goods]*
descartável disposable
descarte (m) final final discharge
descendente downward
descentralização (f) decentralization

descentralizar decentralize *or* hive off
descontar discount (v); deduct *or* take off
descontar um cheque cash a cheque
descontável discountable
desconto (m) discount (n) *or* cut price *or* rebate *or* price reduction *or* deduction
desconto baseado no volume volume discount
desconto básico basic discount
desconto comercial trade discount
desconto de títulos factoring
desconto para comerciantes do setor trade terms
desconto para pagamento à vista cash discount *or* discount for cash
desconto para vendas de grandes quantidades quantity discount
desconto percentual percentage discount
desconto por atacado wholesale discount
desconto: com desconto cut-price (adj)
descrever describe
descrição (f) description
descrição comercial trade description
descrição do cargo job description
desculpa (f) apology
desculpar-se apologize
desembaraço (m) alfandegário ou aduaneiro customs clearance
desembarcadouro (m) wharf
desembarcar land (v) *[passengers, cargo]*
desembarcar a carga em um porto land goods at a port
desembolsado, -da out of pocket
desembolsar disburse *or* pay out
desembolso (m) outlay *or* disbursement *or* expenditure
desempenhar-se fare
desempenho (m) performance
desempregado, -da unemployed *or* out of work
desemprego (m) unemployment
desemprego estrutural structural unemployment
desencontrar-se de miss *or* not to meet
desenho (m) design (n)
desenho industrial industrial design
desenvolver *[construir]* develop *or* build

desenvolver *[fazer progredir]* advance (v) *[increase]*
desenvolvimento (m) development
desenvolvimento do produto product development
desenvolvimento econômico economic development
desfalcar embezzle
desfalque (m) embezzlement *or* conversion of funds
desfavorável unfavourable
desfazer-se de unload *or* get rid of
desfazer-se do excesso de estoque dispose of excess stock
desgastar erode
desgaste (m) wear and tear
desgaste normal *ou* **desgaste natural** fair wear and tear
design (m) design (n)
design do produto product design
designação (f) appointment *[to a job]*
designar allocate; appoint
designar pessoal man (v)
desistir abandon (v)
deslize (m) mistake *or* slip
desmentido (m) renunciation
desmoronar fail *or* go bust or collapse (v)
desocupado, -da free (adj) *or* not busy; vacant
desocupar vacate
desonesto, -ta false
despachante (mf) shipper; forwarding agent; booking clerk
despachante alfandegário *ou* **aduaneiro** customs broker
despachar dispatch *or* send or ship (v)
despachar um pedido deal with an order
despacho (m) dispatch (n) *or* forwarding
despacho (m) de granel bulk shipments
despedido: ser despedido get the sack
despedir (trabalhadores) pay off (workers)
despedir temporariamente os trabalhadores lay off workers
desperdício (m) wastage
despesa (f) expense; charge (n)
despesas (fpl) expenses *or* outgoings
despesas adicionais extra charges

despesas administrativas administrative expenses
despesas bancárias bank charges
despesas com a descarga landing charges
despesas com a embalagem packing charges
despesas com pagamento de juros interest charges
despesas com porte e embalagem postage and packing (p & p)
despesas correntes running costs *or* running expenses
despesas de capital capital expenditure
despesas de cobrança collection charges *or* collection rates
despesas de comercialização distribution costs
despesas desautorizadas unauthorized expenditure
despesas desembolsadas out-of-pocket expenses
despesas eventuais incidental expenses
despesas gerais de fabricação manufacturing overheads
despesas gerais indiretas overheads
despesas operacionais operating costs *or* operating expenses
despesas pequenas petty expenses
despesas portuárias port charges *or* port dues
despesas pré-operacionais start-up costs
desprezível negligible
desregulamentação (f) deregulation
destacar bring out
destinar allocate *or* appropriate (v) *[funds]*
destinar fundos a um projeto commit *or* earmark funds for a project
destinatário, -ria addressee
destino (m) destination
desvalorização (f) depreciation *or* loss of value; devaluation
desvalorizar devalue; depreciate *[lose value]*
desviar *[dinheiro, verbas]* misappropriate
desvio (m) misappropriation
detalhado, -da detailed
detalhar detail (v) *or* itemize
detalhe (m) detail (n)
detalhes (mpl) particulars

detentor (m) holder *[person]*
deter *ou* **pagamento de um cheque** stop a cheque
deteriorado, -da shop-soiled
determinação (f) fixing
determinação de danos e prejuízos assessment of damages
determinação de preços pricing
determinar determine *or* set (v); assess
devedor, -dora debtor
devedor remisso *ou* **inadimplente** defaulter
devedor, -dora hipotecário, -ria mortgager *or* mortgagor
dever owe
devidamente duly
devido, -da owing
devido a owing to
devolução (f) refund (n); return (n) *[sending back]*
devolução de pagamento clawback
devolução (f) em branco nil return
devoluções (fpl) *[mercadorias não vendidas]* returns *[unsold goods]*
devolver return (v) *or* send back *or* repay *or* refund (v) *or* pay back
devolver uma carta ao remetente return a letter to sender
dia (m) day
dia: em dia up to date
dia: por dia per day
dia: pôr em dia update (v)
dia-a-dia (m) day-to-day
dia de vencimento quarter day
dia útil day *or* working day
diagrama (m) diagram
diagrama de fluxo flow diagram
diário (adv) daily
diário *[livro de lançamentos contábeis]* journal *[accounts book]*
dica (f) tip (n) *or* advice
diferença (f) difference
diferença entre preços price differential
diferenças (fpl) de preço differences in price *or* price differences
diferencial differential (adj)
diferente different
diferido, -da deferred
diferir differ
diferir *[adiar]* defer
digitação (f) keyboarding

digitador (m) keyboarder
digitar keyboard (v)
dígito (m) digit
digno (m) de crédito credit-worthy
diluição (f) do capital dilution of equity
dimensões (fpl) measurements
diminuição (f) decline (n); lowering *or* decrease; slowdown
diminuição de valor decrease in value
diminuído reduced *or* lower
diminuir decline (v) *or* fall; decrease; lower
diminuto, -ta very small
dinâmico, -ca go-ahead (adj)
dinamismo (m) energy *or* drive
dinheiro (m) money; currency
dinheiro *[em espécie]* cash (n)
dinheiro a juros baixos cheap money
dinheiro à vista spot cash
dinheiro em caixa cash in hand
dinheiro em espécie ready cash
dinheiro para gastar spending money
direção (f) direction *or* control
direita right
Direito (m) right (n) *or* legal title or entitlement; Law *[study]*
Direito Civil Civil Law
Direito Comercial Commercial Law
direito de veto right of veto
Direito Internacional International Law
Direito Marítimo Maritime Law
direito vitalício sobre bem móvel ou imóvel life interest
direito: dar direito a entitle
direitos alfandegários *ou* **direitos aduaneiros** *ou* **direitos de importação** customs duty
direitos especiais de saque special drawing rights (SDR)
diretamente outright
diretiva (f) directive
direto direct (adj)
direto direct (adv)
diretor, -tora director (n)
diretor de empresa company director
diretor executivo managing director (MD)
diretor externo outside director
diretor financeiro finance director
diretor geral director general (DG)

diretor não executivo non-executive director
diretor-operário worker director
diretor presidente chairman *or* chairman and managing director
diretoria (f) board of directors
diretriz (f) guideline
dirigente (m) principal (n) *[person]*
dirigir direct (v) *or* run or manage
dirigir *[endereçar]* address
dirigir um carro drive a car
dirigir uma empresa control a business
discagem (f) dialling
discagem direta direct dialling
discagem direta internacional *[DDI]* international direct dialling *[IDD]*
discar dial (v)
discar um número dial a number
disco (m) disk
disco rígido *[HD]* hard disk
discrepância (f) discrepancy
discriminação (f) *[de itens]* breakdown (n) *[items]*
discussão (f) discussion
discussões (fpl) em conjunto joint discussions
discussões produtivas productive discussions
discutir discuss *or* enter into discussion
disparidade (f) de preço price differential
dispêndio (m) expenditure
dispêndio de capital capital expenditure
dispêndios (mpl) outgoings
dispendioso, -sa dear *or* expensive or costly
dispensa (f) dismissal
dispensa de serviço dismissal of employee
disponibilidade (f) availability
disponibilidade de moeda money supply
disponibilidade financeira available capital
disponível available
dispor-se a propose to *[do something]*
disposição (f) arrangement *[system]*; provision *or* proviso *or* condition
disposição *[lei]* regulation
dispositivo (m) device
disquete (m) diskette

disseminar um risco spread a risk
dissolvente solvent (adj)
dissolver dissolve
dissolver uma empresa liquidate a company
dissolver uma sociedade dissolve a partnership
distribuição (f) distribution
distribuição exclusiva distributorship
distribuidor, -dora distributor *or* stockist; outlet
distribuir deliver
distribuir *[alocar]* allocate
distribuir *[dividir]* distribute *or* share
distribuir *[mercadorias]* distribute *[goods]*
distribuir um risco spread a risk
ditafone (m) dictating machine
ditar dictate
divergência (f) discrepancy
diversificação (f) diversification
diversificar diversify
diversos (mpl) miscellaneous
dívida (f) debt *or* obligation
dívida *[débito]* debit (n)
dívida incobrável bad debt *or* irrecoverable debt or write-off
dívidas a curto prazo short-term debts
dívidas a longo prazo long-term debts
dívidas garantidas secured debts
dívidas (fpl) a pagar debts due
dívidas pendentes outstanding debts
dívidas: contrair dívidas get into debt
dividendo (m) dividend
dividendo: com dividendo cum dividend
dividendo em ações bonus issue
dividendo final final dividend
dividendo intermediário interim dividend
dividendo mínimo minimum dividend
dividendo suplementar bonus
dividendos: sem dividendos ex dividend
dividir distribute *or* share
dividir em partes break down (v) *or* itemize
dividir em unidades autônomas hive off
dividir um escritório share an office
divisão *[de itens]* breakdown (n) *[items]*

divisão (f) *[parte de uma empresa]* division *[part of a company]*
divisão de marketing marketing division
divisas (fpl) foreign exchange
divulgação (f) disclosure
divulgação de informação confidencial disclosure of confidential information
divulgar disclose; release (v) *or* make public; publicize
divulgar uma informação disclose a piece of information
dobrado, -da double
doca (f) dock (n); quay
documentação (f) documentation
documental documentary
documento (m) document *or* deed
documento de cessão deed of transfer
documento de embarque shipping note
documento emitido por um banco, pagável contra apresentação banker's draft
documento para *ou* **recebimento de dividendos** dividend warrant
documentos (mpl) documents *or* papers
documentos falsificados faked documents
dólar (m) *[moeda dos Estados Unidos da América]* dollar (n) *[curency used in the USA]*
doméstico domestic *or* internal or inland or inside a country
domicílio (m) domicile
domicílio: a domicílio house-to-house
domicílio social registered office
dominante ruling (adj)
dona, -no owner *or* proprietor *or* proprietress
donativo (m) gift
dono, -na legítimo, -ma rightful owner
dossiê (m) dossier
dracma (m) *[moeda da Grécia]* drachma *[currency used in Greece]*
dumping (m) dumping
duplicação (f) duplication
duplicar duplicate *or* double
duplicata (f) duplicate (n)
duplo, -pla double
dúzia (f) dozen
dúzia: doze dúzias gross (n) (144)

Ee

Economia (f) economy; Economics *[study]*
economia de livre mercado free market economy
economia de oferta supply side economics
economia dirigida controlled economy
economia estável stable economy
economia informal black economy
economia madura mature economy
economia mista mixed economy
economias (fpl) savings
economias de escala economies of scale
econômico, -ca economic *or* economical
economista (mf) economist
economista de mercado market economist
economizar economize *or* save money
ecu *ou* **ECU** *[Unidade Monetária Européia]* ecu *or* ECU (= European currency unit)
edição (f) *[de revista]* issue (n) *[magazine]*
edifício (m) building *or* premises
edifício central main building
edital (m) de licitação tender (n)
editoração (f) eletrônica desk-top publishing (DTP)
efeito (m) effect (n)
efeito dominó *ou* **efeito secundário** knock-on effect
efeito indireto spinoff
efeito: sem efeito void *or* not valid
efetivo, -va actual
efetuar effect (v)
eficácia (f) effectiveness
eficaz effective

eficiência (f) efficiency
eficiente efficient *or* effective
EFTA *[Associação Européia de Livre Comércio]* EFTA (= European Free Trade Association)
elaboração (f) do orçamento budgeting
elaborar develop *or* plan (v)
elasticidade (f) elasticity
eleger elect
eleição (f) election
elemento (m) factor (n) *or* influence
elemento de atração para *ou* **cliente** customer appeal
eletricidade (f) electricity *or* energy
elevação (f) rise *or* increase
elevado: de preço elevado highly-priced
elevador (m) lift (n)
elevar raise (v) *or* increase
elevar-se rise *or* soar
elevar-se a amount to
eliminar cross off *or* cross out
elo (m) tie-up *or* link
em dinheiro cash (adv)
em nome de on behalf of
e-mail (m) email *or* electronic mail
embalado, -da a vácuo shrink-wrapped
embalagem (f) package *or* packaging; container
embalagem a vácuo shrink-wrapping
embalagem com plástico-bolha blister pack
embalagem de apresentação display pack
embalagem hermeticamente fechada airtight packaging
embalagem sem retorno non-returnable packing
embalagem vazia para amostra dummy pack
embalagens (fpl) devolvidas returned empties
embalar pack (v); case *or* put in boxes
embarcação (f) ship (n)
embarcado, -da on board
embarcador (m) shipper
embarcar board (v) *or* embark
embarcar em *[avião, navio, trem]* embark on
embargador, -dora sequestrator
embargar embargo (v)
embargo (m) embargo (n)
embarque (m) embarkation
embarque shipping; shipment
embarque de granéis bulk shipments
embolsar pocket (v)
embrulho (m) parcel (n); wrapping
emenda (f) amendment
emendar amend
emergência (f) emergency
emissão (f) issue (n) *[of shares]*; flotation
emissão de ações share issue *or* rights issue
emissão gratuita de ações scrip issue
emitente (mf) drawer
emitir ações issue shares
emitir uma fatura make out an invoice
emitir um cheque draw a cheque
emitir uma carta de crédito issue a letter of credit
emolumentos (mpl) fee *[for services]*
empacotador, -dora packer
empacotar pack *or* package *or* parcel (v)
empacotar produtos em caixas de papelão pack goods into cartons
empecilho (m) restraint
empenho (m) *[contabilidade]* commitments
empilhadeira (f) fork-lift truck
empreendedor (m) entrepreneur
empreendedor, -dora go-ahead (adj)
empreender undertake
empreendimento (m) business *or* enterprise
empreendimento comercial commercial undertaking
empreendimento conjunto joint venture
empreendimento novo new venture
empregado, -da (adj) employed *or* used
empregado, -da (n) employee
empregador, -dora employer
empregar employ *or* use (v)
empregar mais pessoal take on more staff
emprego (m) employment; job
emprego de meio-expediente part-time work *or* part-time employment
emprego de tempo integral full-time employment
emprego fixo staff appointment

emprego seguro secure job
emprego temporário temporary employment
empreitada (f) contract work
empreiteiro, -ra contractor
empreiteiro do estado government contractor
empresa (f) business or company or concern (n) or enterprise or firm
empresa: na empresa in-house
empresa afiliada ou coligada associate company
empresa associada sister company
empresa com fins lucrativos profit-oriented company
empresa com a qual se mantém relações comerciais trading partner
empresa controladora holding company
empresa de aluguel de maquinaria plant-hire firm
empresa de comercialização trading company
empresa de consultoria consultancy firm
empresa de navegação shipping company
empresa de pequeno porte small-scale enterprise
empresa de publicidade advertising agency
empresa de transporte aéreo airline
empresa de transporte carrier [company]
empresa (f) de transporte coletivo common carrier
empresa familiar family company
empresa independente independent company
empresa ou indivíduo (m) que vende mercadoria com desconto discounter
empresa privada private enterprise
empresa pública authority
empresa que financia a compra a prazo hire-purchase company
empresa rival rival company
empresa seguradora assurance company
empresa (f) sem ativos shell company
empresarial entrepreneurial
empresário (m) ou empresária (f) businessman or businesswoman; entrepreneur

empresas (fpl) concorrentes competing firms
emprestar lend or advance (v)
empréstimo (m) lending; loan
empréstimo [linha de crédito] credit facility
empréstimo a curto prazo short-term loan
empréstimo a longo prazo long-term loan
empréstimo autorizado commitments
empréstimo bancário bank loan
empréstimo caucionado ou com garantia secured loan
empréstimo de capital ou capital tomado por empréstimo loan capital
empréstimo em condições suaves soft loan
empréstimo resgatável em prestações term loan
empréstimo sem juros interest-free credit
empréstimos (mpl) bancários bank borrowings
encaixotador, -dora packer
encaixotar pack (v) or case or put in boxes or crate
encaminhamento (m) remit (n)
encaminhar address (v); channel or refer [to someone]
encargo (m) charge (n) or expense
encargos (mpl) responsibilities
encarregado, -da de responsible for
encarregado (m) da escrituração contábil bookkeeper
encarregado das relações públicas public relations man
encarregar entrust
encarte (m) publicitário de revista magazine insert
encerrado, -da closed or shut
encerramento (m) close (n)
encerramento de expediente closing time
encerramento do ano year end
encerrar end (v), close
encerrar as atividades close down
encerrar um acordo terminate an agreement
encerrar uma conta bancária close a bank account
encerrar uma reunião close a meeting or wind up a meeting

encomenda (f) purchase order *[for goods]*
encomenda postal mail order
encomendado, -da on order
encomendar order (v) *[goods]*
encontrar-se com alguém meet someone
encontro (m) meeting
encostar no cais berth (v)
endereçar address (v)
endereçar uma carta *ou* **um pacote** address a letter *or* a parcel
endereço (m) address (n)
endereço comercial business address
endereço do remetente return address
endereço para remessa forwarding address
endereço residencial home address
endereço telegráfico cable address
endividado, -da indebted
endividamento (m) indebtedness
endividar-se get into debt
endossador, -dora endorser
endossar um cheque endorse a cheque
endossatário, -ria assignee; endorsee
endosso (m) endorsement *or* backing
endosso de favor accommodation bill
energia (f) energy *or* drive
energia elétrica energy *or* electricity
enfrentar cope
enganar fiddle (v)
engano (m) mistake
engenheiro (m) consultor consulting engineer
engenheiro de obra site engineer
engenheiro de produção product engineer
engradado (m) container *[box, tin]* or crate
engradar crate (v) *or* put in crates
enguiçar *[um equipamento]* break down (v) *[machine]*
enguiço (m) *[de um equipamento]* breakdown (n) *[machine]*
ensaio (m) trial *or* test of product
ensaio e erro trial and error
entender understand
entesouramento (m) hoarding *[of goods]*
entesourar hoard (v)

entidade de cobrança de pagamentos atrasados debt collection agency
entrada (f) entry; takings
entrada *[admissão]* admission (fee)
entrada *[pagamento inicial]* down payment
entrada de cortesia complimentary ticket
entrada de débito debit entry
entrada: dar entrada em *[uma solicitação]* file (v) *[a request]*
entrante entering
entrar em acordo agree with *or* be of same opinion
entrar em caixa take *or* receive money
entrar em contato contact (v)
entrar enter *or* go in
entrega (f) delivery *or* disposal *or* consignment
entrega de mercadorias delivery of goods
entrega futura future delivery
entrega gratuita free delivery
entrega no ato do pagamento *ou* **pagamento contra entrega** cash and carry
entrega registrada recorded delivery
entrega urgente express delivery
entregador (m) delivery man
entregar deliver *or* hand over
entregar em confiança consign
entregar um bem usado para pagar nova aquisição trade in *or* give in *[old item for new]*
entreposto (m) entrepot port
entrevista (f) interview (n); appointment
entrevista *[para um emprego]* interview (n) *[for a job]*
entrevistado, -da interviewee
entrevistador, -dora interviewer
entrevistar interview (v)
entrevistar *[para um emprego]* interview (v) *[for a job]*
envelope (m) aberto unsealed envelope
envelope selado *ou* **fechado** sealed envelope
enviar dispatch (v) *or* send or mail or post
enviar um fax fax (v)
enviar um pacote por via aérea send a package by airmail
enviar um pacote por via terrestre send a package by surface mail

enviar   34

enviar uma carga por via marítima send a shipment by sea
enviar uma fatura pelo correio send an invoice by post
envio (m) dispatch
envio *[de dinheiro ou valores]* remittance
envio pelo correio mailing
envio de itens de publicidade pelo correio mailing shot
envio de mala direta direct mailing
envio de revistas pelo correio magazine mailing
envoltório (m) wrapper *or* wrapping
época (f) season *or* time *[for something]*
equalização (f) equalization
equilibrar balance (v)
equilibrar *[atingir um ponto de equilíbrio]* break even (v)
equilibrar *[o orçamento]* balance (v) the budget
equilíbrio: atingir um ponto de equilíbrio break even (v)
equipamento (m) equipment *or* capital equipment
equipamento de escritório business equipment
equipamento defeituoso faulty equipment
equipamento pesado heavy equipment
equipar equip
equipe (f) staff (n)
equipe de trabalho manning
equipe de vendas sales force *or* sales team *or* sales people
equipe de vendas altamente motivada highly motivated sales staff
equipe gerencial management team
equipe reduzida skeleton staff
equívoco (m) misunderstanding
errado, -da wrong
errar miss
erro (m) error *or* mistake *or* slip; fault *or* blame
erro administrativo clerical error
erro aleatório random error
erro de cálculo miscalculation
erro de computação computer error
erro de escrita clerical error
esbanjar overspend
esboçar plan (v)

esboço (m) drawing; rough plan *or* rough draft
esboço (m) de plano draft plan
escala (f) range (n) *or* scale
escala de níveis salariais wage scale
escala de preços scale of charges
escala de tempo time scale
escala móvel de salários incremental scale
escalada (f) climb
escalas: sem escalas non-stop
escalonamento (m) scheduling
escalonar stagger
escambar barter (v)
escambo (m) barter (n)
escassez: com escassez de short of
escassez (f) de mão-de-obra manpower shortage
escola (f) de secretariado secretarial college
escola de comércio commercial college
escolha (f) choice
escolher elect; choose
escolher a opção mais fácil take the soft option
escolher uma opção take up an option
escolhido, -da choice (n) *[thing chosen]*
escrevente (mf) clerk; registrar
escrever write
escrever por extenso write out
escrita (f) writing
escrito à mão handwritten
escritório (m) office
escritório central main office *or* general office
escritório de distribuição variável open-plan office
escritório de fotocópias photocopying bureau
escritório de registro civil registry office
escritório de tradução translation bureau
escritórios (mpl) business premises *or* commercial premises
escritórios para alugar offices to let
escritura (f) contract (n); deed
escritura de garantia deed of covenant
escritura de transmissão de bens imóveis conveyance
escrituração (f) booking

escrituração (f) contábil bookkeeping
escriturário, -ria clerk
escriturário, -ria a cargo do livro-razão de compras bought ledger clerk
escriturário, -ria do livro-razão de vendas sales ledger clerk
escrivaninha (f) desk
escrivão (m) clerk; registrar
escudo (m) *[moeda de Portugal]* escudo *[currency used in Portugal]*
esforço (m) effort
esgotar *[todo o estoque]* run out of *or* sell out *[all stock]*
espaço (m) room *or* space
espaço em branco blank space *or* blank (n)
espaço para anúncio advertising space
espaço para escritório office space
especial special
especialista (mf) specialist
especialização (f) specialization
especializar specialize
especificação (f) specification
especificação do cargo job specification
especificação de itens breakdown of items
especificar specify *or* stipulate
especificar item por item itemize
especulador (m) *[bolsa de valores]* speculator *or* bear (n) *[stock exchange]*
esperado, -da due *or* awaited
espionagem (f) industrial industrial espionage
esquema (m) de atividades timetable (n)
esquerda (f) left
esquina (f) corner (n) *or* angle
essencial essential
estabelecer establish *or* set (v)
estabelecer objetivos set targets
estabelecer verbas orçamentárias appropriate (v) funds]
estabelecer-se set up in business
estabelecimento (m) establishment
estabilidade (f) stability
estabilidade de preços price stability
estabilização (f) stabilization
estabilizar stabilize
estabilizar-se level off *or* level out

estação (f) season *[time of year]*
estação de trabalho workstation *[at computer]*
estação de trem *ou* **estação ferroviária** railway station
estada (f) stay (n) *or* time
estado (m) state (n) *or* condition
estado *[país]* state (n) *[country]*
estado da arte state-of-the-art
estagiário, -ria trainee
estagiário, -ria diplomado, -da graduate trainee
estágio (m) stage (n)
estagnação (f) stagnation
estagnado, -da stagnant
estande (m) de demonstração display stand
estante (f) shelf
estatística (f) statistics
estatístico, -ca statistical
estatístico, -ca statistician
estatuto (m) de uma empresa articles of association *or* articles of incorporation
estatuto de receita statute of limitations
estatutório, -ria statutory
estável stable
estender extend *or* make longer
estender a posse hold over
estilo (m) model (n) *or* style
estimado, -da estimated
estimativa (f) estimate (n)
estimar estimate (v) *or* calculate or evaluate
estimar *[fazer previsão]* forecast (v)
estimar os custos evaluate costs
estimativa (f) estimate (n) *or* estimation or calculation or forecast
estimativa de custo quotation *or* quote or estimate of cost
estimular a economia stimulate the economy
estímulo (m) stimulus
estipulação (f) stipulation
estipulado, -da agreed
estipular stipulate
estivador (m) stevedore
estocagem (f) stockpile (n)
estocar stock (v) *or* stock up
estocar em excesso overstock (v)
estojo (m) case (n) *or* box

estoque (m) stock (n) *or* (US) inventory (n); merchandise
estoque de matéria-prima stock of raw materials
estoque de reserva reserve (n) *[supplies]*
estoque inicial opening stock
estoque no final do exercício closing stock
estoques (mpl) em excesso overstocks
estornar reverse (v)
estorno (m) rebate *or* money back
estrada (f) road
estrada de ferro railway (GB) *or* railroad (US)
estragado, -da shop-soiled
estragar spoil
estrangeiro, -ra foreign *or* overseas
estratégia (f) strategy
estratégia de marketing marketing strategy
estratégia de negócios business strategy
estratégico, -ca strategic
estréia: de estréia opening (adj)
estrutura (f) structure (n)
estrutura de grade grid structure
estrutural structural
estruturar structure (v) *or* arrange
estudar study (v)
estudar ou potencial do mercado analyse the market potential
estudo (m) study (n)
estudo de tempos e movimentos time and motion study
esvaziar empty (v)
etapa (f) stage (n)
etiqueta (f) label (n)
etiqueta com endereço address label
etiqueta de preço price label *or* price tag *or* price ticket
etiqueta via aérea airmail sticker
etiquetar label (v)
eurocheque (m) Eurocheque
eurodólar (m) Eurodollar
euromercado (m) Euromarket
euromoeda (f) Eurocurrency
europeu (m) *ou* européia (f) European
evasão (f) evasion
evasão de divisas flight of capital
evasão fiscal tax evasion
eventualidade (f) contingency

evitar prevent
exame (m) examination *or* inspection *or* survey (n)
examinar check (v) *or* examine
examinar as contas audit the accounts
exatamente exactly
exato, -ta exact *or* accurate
excassez (f) shortage
excedente (m) surplus
excedente (adj) excessive
exceder exceed *or* glut
excelente excellent *or* A1
excepcional exceptional
excessivo excessive
excesso (m) excess *or* surplus
excesso de bagagem excess baggage
excesso de peso overweight
excesso de publicidade hype (n)
exceto (prep) except
excetuando excluding
excluindo excluding *or* exclusive of
excluir exclude
exclusão (f) exclusion
exclusividade (f) exclusivity
exclusivo, -va sole
execução (f) implementation, enforcement
executado (m) judgment debtor
executar implement (v) *or* execute *or* effect
executar um projeto *ou* um plano realize a project *or* a plan
executar uma ordem fulfil an order
executivo (m) principal senior manager *or* senior executive
exemplar (m) *[de livro, jornal]* copy (n) *[book, newspaper]*
exeqüibilidade (f) enforcement
exeqüível manageable; viable
exercer exercise (v)
exercer *ou* direito de opção exercise an option
exercício (m) exercise (n)
exercício *[período]* period
exercício do direito de opção exercise of an option
exercício financeiro financial year
exercício fiscal tax year
exibir display (v)
exigências (fpl) requirements

exigências de mão-de-obra manpower requirements
exigibilidades (fpl) liabilities
exigir demand (v) *or* require *[insurance]*
exigível (m) liability *or* liabilities
exigível a curto prazo current liabilities
exigível a longo prazo long-term liabilities
êxito: ter êxito succeed *or* do well
exoneração (f) dismissal
exoneração de responsabilidade disclaimer
exonerar-se resign
expandir expand
expansão (f) expansion
expansão industrial industrial expansion
expansão rápida boom
expedição (f) consignment; dispatch (n) *or* forwarding; shipping *or* shipment
expedição do pedido order fulfilment
expediente (m) bancário banking hours
expedir ship (v)
experiente experienced
experimentar sample (v) *or* test
experimentar uma recuperação stage a recovery
expirar expire *or* lapse
explicação (f) explanation
explicar explain
explícito, -ta express (adj) *[stated clearly]*
explorar explore
explorar exploit
expor describe *or* disclose; arrange or lay out; exhibit
exportação (f) export (n)
exportações (fpl) exports
exportador (m) exporter
exportar export (v)
exposição (f) display *or* exhibition
exposição ao risco exposure
expositor, -tora exhibitor
expressar express (v) *or* state
expresso, -sa *[explícito]* express (adj) *[stated clearly]*
expresso, -sa *[rápido]* express (adj) *or* fast
extensão (f) extension
exterior outside
exterior (m) overseas (n)
externo, -na external *or* outside; foreign
extinção (f) expiration
extinguir dissolve
extorsão (f) racketeering
extra extra
extra-oficial unofficial *or* off the record
extraordinário extraordinary *or* extra
extras (mpl) extras *or* exceptional items
extras opcionais optional extras
extrato bancário bank statement
extrato (m) de conta statement of account
extrato mensal monthly statement

Ff

fábrica (f) floor plan, factory
fabricação (f) manufacture *or* manufacturing
fabricante (mf) manufacturer
fabricar manufacture (v)
fácil clear *or* easy to understand
facilidade (f) facility *[ease]*
facilidade de pagamento easy terms
facilidades para obtenção de crédito credit facilities
factoring (m) factoring
faixa (f) de preço price range
falência (f) financial crash *or* collapse (n) *or* failure
falência (f) certificada certificated bankruptcy
falência voluntária voluntary liquidation
falha (f) *[defeito]* mechanical fault
falha *[inadimplência contratual]* default (n)
falha failure
falhar fail *or* not to succeed

falido, -da (adj) bankrupt *or* broke (informal)
falido, -da bankrupt (n)
falido não reabilitado undischarged bankrupt
falir fail *or* go bust *or* collapse (v)
falsificação (f) fake (n) *or* falsification or forgery
falsificado, -da counterfeit (adj)
falsificar (v) counterfeit (v); falsify *or* fake *or* forge
falso, -sa false
falta (f) shortage; absence
falta *[culpa]* fault *or* blame
falta de entrega non-delivery
falta de fundos insufficient funds
falta de pagamento dishonour
falta: em falta no estoque out of stock
fase (f) stage (n)
fator (m) factor (n) *[influence]*
fator de carga load factor
fator de custo cost factor
fator de risco *[de um investimento]* downside factor
fator decisivo deciding factor
fator negativo minus factor
fator positivo plus factor
fatorar factor (v)
fatores (mpl) cíclicos cyclical factors
fatores de produção factors of production
fatura (f) invoice
fatura com VAT VAT invoice
fatura detalhada detailed account *or* itemized invoice
fatura pró-forma pro forma invoice
faturamento (m) invoicing *or* billing
faturamento *[volume de vendas]* turnover *[sales]*
faturar bill (v) *or* invoice
faturar *[volume de vendas]* turn over (v) *or* make sales
faturas (fpl) não liquidadas unpaid invoices
favorável favourable
favorecido, -da payee
fax (m) fax (n)
fazer produce (v) *or* make
fax: enviar um fax fax (v)
fazer *ou* **check in** *[no aeroporto]* check in *[at airport]*

fazer *ou* **rascunho de uma carta** draft a letter
ffazer anotação take note
fazer aparecer bring out
fazer compras shop (around)
fazer conexão *[de meios de transporte]* commute
fazer cópia de uma fatura duplicate an invoice
fazer cópia-reserva (computador) back up (v) *[computer file]*
fazer face à despesas meet expenses
fazer greve strike (v)
fazer inventário take stock
fazer lance maior outbid
fazer minuta draw up (v)
fazer negócios transact business
fazer o acompanhamento de um pedido chase *[an order]*
azer progredir advance (v) *[increase]*
fazer propaganda publicize
fazer proposta *[para compra]* bid *or* offer to buy
fazer seguro insure
fazer seguro de vida assure someone's life
fazer trabalho temporário temp (v)
fazer uma amostragem sample (v) *or* ask questions
fazer uma apólice take out a policy
fazer um depósito pay money down
fazer um lançamento complementar contra an entry
fazer um pedido place an order
fazer valer *ou* **fazer vigorar** enforce
fé: de boa fé bona fide
febre (f) de compras panic buying
fechado, -da closed *or* shut (adj)
fechadura (f) lock (n)
fechamento (m) closing (n) *or* closure; completion
fechar close *or* shut (v); seal *[envelope]*
fechar *[um negócio]* clinch *[a deal]*
fechar um escritório *[à noite]* lock up an office
fechar uma conta stop an account; close an account
fechar uma loja *[à noite]* lock up a shop
feedback (m) feedback
feira (f) fair *or* show (n) or exhibition
feira comercial trade fair

feito sob encomenda custom-built *or* custom-made
feriado (m) oficial statutory holiday
feriado público bank holiday *or* public holiday
ferrovia (f) railway (GB) *or* railroad (US)
fiador, -dora surety *or* guarantor
fiador: ser fiador de stand surety for someone
fiança (f) guarantee; surety *or* security
ficar remain *or* stay
ficar *[sobrar]* remain *[be left]*
ficar para trás fall behind *or* be in a worse position
ficar sujeito a *[riscos]* incur *[risk]*
ficha (f) filing card
ficha (f) de arquivo index card
ficha de inscrição *ou* **de matrícula** registration form
fichário (m) card index
fiel (m) de armazém warehouseman
figura (f) figure
filial (f) branch *or* branch office; subsidiary (n)
fim (m) end (n)
fim de mês month end
final final *or* closing (adj)
final (m) end (n)
finalização (f) completion
finalizar end *or* wrap up
finalizar *[aprovar com caráter definitivo]* finalize
finanças (fpl) finances
finanças públicas public finance
financeira (f) finance company
financeiramente financially
financeiro, -ra financial
financiador (m) lender
financiamento (m) finance (n) *or* financing or funding
financiamento por meio de déficits orçamentários deficit financing
financiar finance (v) *or* fund (v)
financiar uma operação finance an operation
findar end (v)
fino, -na fine *or* very good
fins lucrativos: sem fins lucrativos non profit-making
firma (f) firm *or* company or house or business

firma de vendas pelo correio *ou* **firma de vendas por reembolso postal** mail-order business *or* mail-order firm
firmar firm (v)
firme firm (adj)
firmeza (f) steadiness
fiscal (adj) fiscal
fiscal (mf) surveyor
fiscalização (f) control (n) *or* check (n)
fiscalizador, -dora supervisory
fiscalizar control (v) *or* monitor (v)
fita (f) magnética magnetic tape *or* mag tape
fixação (f) fixing
fixação conjunta de preços common pricing
fixação de normas standardization
fixação de preços competitivos competitive pricing
fixação marginal de preços marginal pricing
fixar firm (v)
fixo, -xa fixed *or* set (adj)
flexibilidade (f) flexibility
flexível (adj) flexible
flip chart (m) flip chart
florescer flourish
florim (m) *[moeda da Holanda]* guilder *[currency used in Holland]*
fluir flow (v)
flutuação (f) fluctuation; floating *[of currency]*
flutuação (f) do mercado financeiro float *[money]*
flutuante (adj) fluctuating
flutuar fluctuate; float (v)
fluxo (m) flow (n)
fluxo de caixa cash flow
fluxo de caixa descontado discounted cash flow (DCF)
fluxo de caixa negativo negative cash flow
fluxo de caixa positivo positive cash flow
fluxograma (m) flow chart
FMI *[Fundo Monetário Internacional]* IMF (= International Monetary Fund)
FOB *ou* **fob** FOB *or* f.o.b. (free on board)
fogo (m) fire (n)
folga: de folga *[do trabalho]* off *[away from work]*

folha (f) de papel sheet of paper
folheto (m) brochure or leaflet or prospectus
folheto publicitário enviado pelo correio mailing piece
fomentar advance (v) *[increase]*
fonte (f) de recursos financial resources
fonte de renda source of income
fora de outside
fora das horas de pico off-peak
fora de controle out of control
fora de moda old-fashioned
fora do expediente outside office hours
fora do país abroad
força (f) de trabalho labour force or workforce
força de vendas sales force or sales team or sales people
força maior act of God or force majeure
forçado, -da forced
forcar uma alta de preços force prices up
forçar uma baixa de preços force prices down
forças (fpl) do mercado market forces
forjar forge or fake (v)
forma (f) mode
forma de expressão de um texto form of words
forma de pagamento mode of payment
formal (adj) formal
formalidade (f) formality
formalidades (fpl) alfandegárias ou aduaneiras customs formalities
formar-se train (v)
formulário (m) form (n)
formulário contínuo continuous stationery
formulário declaração do imposto de renda tax form
formulário de expedição consignment note
formulário para candidatura ou inscrição application form
formulário para declaração de bens na alfândega ou aduana customs declaration form
fornecedor, -dora supplier, contractor
fornecer provide or supply (v)
fornecer serviços provide services or cater for
fornecimento (m) supply (n)

foro (m) venue
fortalecer-se rally (v)
forte strong
fotocópia (f) photocopy (n)
fotocopiadora (f) photocopier or copier
fotocopiagem (f) photocopying
fotocopiar photocopy (v) or copy (v)
fracassado, -da unsuccessful
fracassar fall through or flop (v)
fracasso (m) failure or flop (n)
fraco, -ca slack
frágil fragile
franco (m) *[moeda da Bélgica, França, Luxemburgo, Suíça]* franc (n) *[currency used in Belgium, France, Luxembourg, Switzerland]*
franqueado, -da franchisee
franqueador (m) franchiser
franquear franchise (v) or frank (v)
franquia (f) franchise (n) or franchising
franquia postal postage
franquia postal & embalagem postage and packing (franquia postal)
franquiar frank (v); franchise
fraturas (fpl) breakages
fraudar fiddle (v)
fraude (f) fraud or fiddle (n); false pretences
fraudulentamente fraudulently
fraudulento, -ta fraudulent or false
free shop (m) duty-free shop
freguesia (f) clientele or goodwill
freguês, -sa shopper or client
freguês habitual regular customer
freqüência (f) de visitas *[de um representante ou vendedor]* call rate
freqüente frequent
fretador (m) charterer
fretador subcontratado haulage contractor
fretamento (m) freightage
fretar take on freight
fretar charter
fretar um avião charter an aircraft
frete (m) freight or carriage or haulage
frete a pagar no destino freight forward
frete a ser pago pelo destinatário carriage forward
frete aéreo air freight
frete agrupado consolidated shipment

frete de retorno homeward freight
frete freightage
frete gratuito carriage free
frete pago *[pelo remetente]* carriage paid
frigorífico (m) cold store
fuga (f) de capital flight of capital
função (f) position *or* job
funcionamento (m) run (n) *or* running *or* work routine
funcionamento de máquina running of a machine
funcionamento: em funcionamento working (adj)
funcionar operate
funcionário, -ria (m) employee
funcionário público official (n)
funcionário da alfândega customs official
funcionário da secretaria de imposto sobre venda ou consumo Excise officer
funcionário do serviço de informações information officer
funcionários administrativos *ou* funcionários de escritório clerical staff
fundamental central

fundamento (m) basis
fundar uma empresa set up a company
fundir merge
fundo (m) bottom; fund (n)
fundo de comércio goodwill
fundo de pensão *ou* fundo de aposentadoria pension fund
fundo do caixa cash float
Fundo Monetário Internacional *[FMI]* International Monetary Fund (IMF)
fundos: sem fundos *[cheque]* bounce *[cheque]*
fundos (mpl) bloqueados frozen assets
fundos mútuos *ou* fundos de investimentos unit trust
fundos de emergência emergency reserves
fundos públicos public funds
furar a fila jump the queue
furgão (m) van
furto (m) theft *or* pilferage *or* pilfering
furto em lojas shoplifting
fusão (f) *[de empresas]* consolidation
fusão *[de sociedade]* merger
futuro (m) de mercadorias commodity futures

Gg

gabarito (m) standard (n)
galeria (f) **comercial** shopping arcade *or* shopping mall
ganhar take *or* receive money; gain (v) *or* get; earn *[interest]*
ganhar dinheiro earn money; make money
ganhar um contrato win a contract
ganho (m) gain (n) *or* increase in value *or* profit
ganho corrente current yield
ganhos (mpl) takings
ganhos de capital capital gains
gap (m) **no mercado** gap in the market
garantia (f) guarantee (n); collateral ; backing
garantia (f) security *or* warranty *or* surety *or* lien
garantir guarantee (v) *or* safeguard

garantir *[afiançar]* warrant (v) *or* guarantee
garantir fundos secure funds
garantir o pagamento underwrite *[pay costs]*
gargalo (m) bottleneck
gasolina (f) **com desconto** cut-price petrol
gastar waste (v) *or* use too much
gastar *[dinheiro]* spend *[money]*
gastar em excesso overspend
gastar em excesso *ou* orçamento overspend one's budget
gastar menos underspend
gasto (m) cost (n) *or* expenditure *or* expense *or* outlay *or* disbursement
gasto total total expenditure
gastos elevados heavy costs *or* heavy expenditure

gastos com publicidade publicity expenditure
gastos de consumo consumer spending
gastos não incluídos na contabilidade normal de uma empresa below-the-line expenditure
gastos (mpl) suplementares extras
GATT *[Acordo Geral de Tarifas e Comércio]* GATT (= General Agreement on Tariffs and Trade)
genérico general
genuíno, -na genuine
geração (f) de recursos making money
geral general *or* overall or across-the-board
gerência (f) *[administração]* administration
gerência *[gerentes]* management *or* managers
gerência de nível médio middle management
gerencial administrative *or* managerial
gerenciamento (m) management *[action]*
genuíno, -na genuine
gerenciamento médio line management
gerente (mf) adjunto deputy manager
gerente de filial *ou* **gerente de agência** branch manager
gerente de banco bank manager
gerente de compras purchasing manager
gerente de conta account executive
gerente de departamento departmental manager
gerente de distribuição distribution manager
gerente de exportação export manager
gerente de fábrica floor manager
gerente de hotel hotel manager
gerente de marketing marketing manager
gerente de pessoal personnel manager
gerente de produção production manager
gerente de projeto project manager
gerente de publicidade publicity manager *or* advertising manager
gerente de serviço de atendimento à reclamações claims manager
gerente de uma equipe regional de representantes comerciais field sales manager
gerente de vendas sales manager

gerente geral general manager
gerente interino acting manager *or* deputy manager
gerente júnior junior executive *or* junior manager
gerente principal senior manager *or* senior executive
gerente regional area manager
gerir mal mismanage
gestão (f) *[ação]* management *[action]*
global overall *or* across-the-board or comprehensive; worldwide (adj)
gorjeta (f) *[dinheiro]* tip (n) *[money]*
governamental (adj) government (adj)
governar rule (v) *or* be in force
governo (m) government (n)
governo municipal local government
grade (f) grid
gradual gradual
gráfica (f) printer
gráfico (m) de barras bar chart
gráfico de setores pie chart
gráfico de vendas sales chart
grama (m) gram *or* gramme
grampeador (m) stapler
grampear staple (v)
grampear papéis staple papers together
grampo (m) staple (n)
granel (m) bulk
gratificação (f) (productivity) bonus
gratificação de férias holiday pay
gratificação de incentivo incentive bonus
gratificação por falta de sinistralidade no-claims bonus
gratificação por mérito merit award *or* merit bonus
grátis (adj) gratis *or* free
gratuitamente free (adv)
gratuito, -ta free (of charge) *or* complimentary
gravame (m) lien
gravame sobre a importação import levy
greve (f) strike (n)
greve branca *ou* **greve de braços cruzados** sit-down strike
greve de protesto protest strike
greve de solidariedade sympathy strike
greve geral general strike

greve não autorizada por sindicato wildcat strike
greve tartaruga go-slow
greve *ou* **parada (f) técnica** work-to-rule
grevista (mf) striker
grosa (f) *[doze dúzias]* gross (n) (144)
grupo (m) category
grupo *[de pessoas]* group *[of people]*
grupo *[industrial]* group *[of businesses]*
grupo de trabalho working party
grupos sócio-econômicos socio-economic groups
guarda (m) de segurança security guard
guarda-livros (mf) bookkeeper
guarda-vols (m) left luggage office
guardar store (v) *or* keep for future
guerra (f) de cortes nos preços price-cutting war
guerra de preços price war
guia (m) directory
guia (m) classificado classified directory
guia (m) de empresas commercial directory
guia (f) de exportação export licence
guia (f) de importação import licence *or* import permit
guilda (f) guild
guindaste (m) crane

Hh

hábil capable of
habilidade (f) skill; capacity *or* ability
habilitar-se qualify as
habitante (adj) resident
habitante (mf) resident (n)
habitual usual *or* common or frequent; regular or always at same time
harmonização (f) harmonization
hasta (f) pública auction (n)
haver (m) credit side
haveres (mpl) asset
HD (m) *[disco rígido]* hard disk
hectare (m) hectare
herdeiro, -ra beneficiary
hiato (m) gap
hipermercado (m) hypermarket *or* superstore
hipoteca (f) mortgage (n)
hipotecar mortgage (v)
histórico (m) record (n) *[of what has happened]*
holding (f) holding company
homem (m) man (n)
homem de confiança right-hand man
homem-hora man-hour
homologação (f) backing
honorários (mpl) fee *[for services]* or honorarium
honrar respect (v)
honrar um acordo honour a signature
honrar: não honrar um compromisso dishonour
hora (f) hour
hora: por hora per hour *or* hourly
hora de abertura opening time
hora de encerrar o expediente closing time
hora do rush *ou* **hora de movimento intenso** rush hour
hora marcada appointment *[meeting]*
horário (adj) *[por hora]* hourly *[trains, etc.]*
horário (m) timetable
horário comercial business hours; opening hours
horário de check-in check-in time
horário de trabalho *ou* **horário de expediente** office hours
horas extras overtime
horistas (mpl) hourly-paid workers
hotel (m) hotel
hotel de elevada classificação graded hotel
hotel homologado graded hotel

Ii

idade (f) de aposentadoria retirement age
igual equal (adj)
igualar equal (v)
ilegal illegal
ilegalidade (f) illegality
ilegalmente (adv) illegally
ilícito, -ta illicit
ilustre outstanding *or* exceptional
imagem (f) figure
imagem da empresa corporate image
imagem da marca brand image
imagem pública public image
imediatamente immediately
imediato, -ta immediate *or* instant
imediato: para entrega imediata prompt
imitação (f) imitation
imobiliária (f) letting agency
imóvel (m) real estate
ímpar odd
impasse (m) deadlock (n)
impedir block (v)
imperfeição (f) imperfection
imperfeito, -ta imperfect
ímpeto (m) impulse
implementação (f) implementation
implementar implement (v)
implementar um acordo implement an agreement
implemento (m) implement (n)
impor (v) impose
impor penalidade penalize
importação (f) import (n); importation
importação-exportação import-export
importações (fpl) imports
importações visíveis visible imports
importador, -dora importer
importador, -dora importing (adj)
importância (f) importance; amount of money
importante (adj) important
importante: mais importante basic *or* most important
importar import (v)
importar matter (v)
imposto (m) duty *or* tax or levy
imposto básico basic tax
imposto de exportação export duty
imposto de importação import duty *or* customs duty
imposto de renda income tax
imposto de renda progressivo graduated income tax
imposto direto direct tax
imposto do selo stamp duty
imposto indireto indirect tax
imposto pago tax paid
imposto para financiar capacitação profissional training levy
imposto progressivo graded tax
imposto retido na fonte tax deducted at source *or* withholding tax
imposto sobre bens e serviços adquiridos por uma empresa input tax
imposto sobre circulação de mercadoria turnover tax
imposto sobre compra purchase tax
imposto sobre corporação *ou* **sociedade** corporation tax
imposto sobre ganhos de capital capital gains tax
imposto sobre importação import levy
imposto sobre rendimentos output tax
imposto sobre sociedade anônima corporation tax
imposto sobre valor agregado value added tax (VAT)
imposto sobre venda ou consumo excise duty
imposto sobre vendas (ICM) sales tax
impostos (mpl) aduaneiros customs
impostos aduaneiros: sem impostos aduaneiros duty-free
impostos alfandegários *ou* **aduaneiros** customs duty
imprensa (f) press
impresso (m) de computador computer printout
impresso para breves mensagens manuscritas compliment slip
impressora (f) (computer) printer
impressora a laser laser printer

impressora de computador computer printout
impressora de linhas line printer
impressora de margarida daisy-wheel printer
impressora matricial dot-matrix printer
imprimir print out
impulsionar boost
impulso (m) *[ímpeto]* impulse
impulso *[para o consumo de bens]* boost (n)
inacessível unobtainable *or* unavailable
inadimplemento (m) *[de cláusula contratual]* default (n)
inadimplência (f) contratual breach of contract
inadimplência nos pagamentos default on payments
inadimplir default (v)
inalterado, -da unchanged
incapaz incompetent
incentivo (m) incentive
incluir include *or* count (v)
inclusivo inclusive
incompetente incompetent
incondicional unconditional
incorporação (f) incorporation
incorporado, -da built-in
incorporar *[uma empresa]* incorporate *[a company]*
incorrer *[riscos]* incur *[risk]*
incorrer em *[dívida]* incur *[costs]*
incorretamente incorrectly
incorreto, -ta incorrect
incremento (m) increment; rise *or* increase
incremento: com incremento incremental
incremento de capital capital gains
incumbência (f) assignment *or* piece of work
incumbir entrust
indagar enquire *or* inquire
indenização (f) compensation; indemnification *or* indemnity
indenização *[seguros]* benefit (n)
indenização por prejuízos ou danos damages *or* compensation for damage
indenizar indemnify
indenizar *[recompensar]* make good *[a defect or loss]*
indenizar alguém por perdas ou danos indemnify someone for a loss
independente independent
independente de regardless of
indexado, -da index-linked
indexar index
indicação (f) appointment
indicador (m) indicator
indicadores (mpl) econômicos economic indicators
indicar appoint; specify
índice (m) rate (n) *or* amount
índice alfabético alphabetical index
índice de crescimento growth index
índice de lucro profitability *[ratio of profit to cost]*
índice de ocupação occupancy rate
índice de preço/lucro price/earnings ratio (P/E ratio)
índice de preços index of prices *or* price index
índice de preços ao consumidor consumer price index
índice de preços de varejo retail price index
índice de preços por atacado wholesale price index
índice do custo de vida cost-of-living index
índice do mercado market rate
índice noturno night rate
índice ponderado weighted index
índice preço/lucro price/earnings ratio (P/E ratio)
indiciado (m) defendant
indício (m) sign (n)
indireto, -ta indirect
indisponibilidade (f) unavailability
indisponível unavailable
indústria (f) industry
indústria básica key industry
indústria com alto coeficiente de capital capital-intensive industry
indústria de serviços service ndustry *or* tertiary industry
indústria em plena expansão boom industry
indústria nacionalizada nationalized industry
indústria pesada heavy industry
indústria principal staple industry

indústria secundária secondary industry
indústria terciária tertiary industry
industrial (adj) industrial
industrial (mf) industrialist
industrialização (f) industrialization
industrializar industrialize
ineficiência (f) inefficiency
ineficiente inefficient
inexistente absent
inexplicado, -da unaccounted for
inferior low (adj)
inflação (f) inflation
inflação de custos cost-push inflation
inflacionário, -ria inflationary
influência (f) influence (n)
influenciar influence (v)
informação (f) item
informação ou informações information or data
informação de entrada input information
informações sobre ou vôo flight information
informar inform or advise or communicate
informar sobre o progresso do trabalho ou das negociações report on the progress of the work or of the negotiations
infração (f) fiscal tax offence
infra-estrutura (f) infrastructure
infringir infringe
infringir *[um acordo, um contrato]* break *[an agreement, a contract]*
infringir a lei break the law
iniciação (f) induction
inicial initial or starting (adj)
iniciar begin or start or open
iniciar discussões initiate discussions
iniciar um negócio go into business
iniciar uma reunião open a meeting
iniciativa (f) initiative
início (m) start (n) or beginning
início das atividades start-up
início: dar início a uma reunião open a meeting
início: dar início begin
injusto, -ta unfair
inovação (f) innovation
inovador, -dora innovative

inovar innovate
inquérito (m) inquiry
inquilino, -na tenant or occupant
inquirir enquire or inquire
inscrição (f) em concurso application
insignificante negligible
insistir em hold out for
insolvência (f) insolvency or failure
insolvente (adj) insolvent or bankrupt
inspeção (f) examination or inspection
inspecionar inspect
inspetor, -tora surveyor
inspetor da alfândega customs officer
inspetor da Fazenda tax inspector
inspetor de qualidade quality controller
inspetor do VAT VAT inspector
inspetor de fábricas factory inspector or inspector of factories
instalações (fpl) facilities
instalações portuárias harbour facilities
instalar a maquinaria numa fábrica tool up
institucional (adj) institutional
instituição (f) institution
instituição financeira financial institution
instituir iniciar institute (v)
instituto (m) institute (n)
instrução (f) instruction
instruções (fpl) de uso directions for use
instruções para remessa shipping instructions
instruções relativas à expedição forwarding instructions
instruções: dar instruções issue instructions
instruir train (v) or teach
instrumento (m) deed
instrumento de venda bill of sale
instrumentos (mpl) da dívida pública government bonds
insuficiência (f) shortfall
insuficiência de fundos lack of funds
intangível (adj) intangible
integração (f) horizontal horizontal integration
integração vertical vertical integration
integrado, -da built-in
integral full
intensificar o controle tighten up on

intercâmbio (m) swap (n)
interdição (f) ban (n)
interessar interest (v)
interesse (m) pessoal vested interest
interface (f) interface (n)
interino, -na temporary *or* provisional; acting
interior *[campo]* country *[not town]*
intermediário, -ria intermediary *or* middleman
internacional international
interno *[na casa]* in-house *or* internal
interno *[doméstico]* internal *or* inland or inside a country
interpretar interpret
intérprete (mf) interpreter
interromper check (v) *or* stop or block
interromper as negociações break off negotiations
interrupção (f) break (n) *or* check or stop (n)
introdução (f) implementation *or* induction or introduction *[bringing into use]*
introduzir introduce
inundação (f) flood (n)
inundar flood (v)
inutilização (f) cancellation
inutilizar um cheque cancel a cheque
invalidação (f) invalidation
invalidade (f) invalidity
invalidar invalidate *or* void (v)
inválido, -da invalid *or* defective or not valid
inventariar inventory (v)
inventário (m) inventory (n) *or* list of contents; stocktaking
inventário de armazém picking list
inventário de estoque stock list
inventário: fazer inventário inventory (v)
inverter reverse (v)
invertido, -da reverse (adj)
investidor (m) investor

investidor otimista *[quem compra títulos na Bolsa de valores na expectativa de uma valorização]* bull *[stock exchange]*
investidores (mfpl) institucionais institutional investors
investigação (f) investigation *or* enquiry or inquiry
investigar investigate *or* research or follow up
investimento (m) investment
investimento livre de riscos risk-free investment
investimento seguro safe investment *or* secure investment
investimentos (mpl) a juros fixos fixed-interest investments
investimentos em ações de primeira linha blue-chip investments
investimentos externos foreign investments
investir invest
invólucro (m) case (n) *or* box
ir go
ir buscar collect (v) *[fetch]*
irregular irregular
irregularidades (fpl) irregularities
irrestrito, ta unconditional
irrevogável irrevocable
isenção (f) exemption
isenção fiscal exemption from tax *or* tax exemption
isentar exempt (v)
isento, -ta exempt
isento de aluguel rent-free
isento de impostos exclusive of tax *or* tax-exempt *or* free of duty *or* tax-free
isento de porte post free
item (m) item
itens (mpl) perecíveis perishable items
itens diversos miscellaneous items
itens excepcionais exceptional items *or* extraordinary items
itens extraordinários non-recurring items
itinerário (m) itinerary

Jj

janela (f) window
jogo (m) completo de artigos vendidos em uma caixa boxed set
jóia (f) *[direito de admissão]* fee *[for admission]*
joint venture (f) joint venture
jornal (m) newspaper
jornal da empresa house magazine
juiz (m) *ou* **juíza (f)** judge (n) *or* adjudicator
julgamento (m) judgement *or* judgment
julgamento trial *or* court case
julgar judge (v) *or* consider *or* adjudicate in a dispute
julgar uma questão arbitrate in a dispute
júnior (adj) junior
junta (f) board of directors
junta (f) *ou* **tribunal (m) de justiça** arbitration board *or* arbitration tribunal
Junta de Conciliação e Julgamento Trabalhista industrial arbitration tribunal
Junta (f) Comercial Registrar of Companies
juntar accumulate
jurisconsulto (m) attorney
jurisdição (f) jurisdiction
juro (m) interest (n)
juro de mora backwardation
juro elevado high interest
juros (mpl) interest
juros acumulados accrued interest
juros acumulados cumulative interest
juros compostos compound interest
juros acumulados accrued interest
juros fixos fixed interest
juros vencidos accrued interest
justificar justify *or* warrant (v)

Ll

lacuna (f) fiscal tax loophole
lado (m) side
ladrão (m) que furta em lojas shoplifter
lançamento (m) launch (n) *or* launching (n)
lançamento contábil entry *[writing]*
lançamento de uma empresa floating of a company
lançamento fiscal tax assessment
lançar launch (v) *or* release (v) *or* put on the market
lançar *[dar entrada]* enter *or* post *[in accounts book]*
lançar *[divulgar]* release (v) *or* make public
lançar tributo levy (v)
lançar uma empresa float a company
lançar uma entrada post an entry
lance (m) *[em um leilão]* bid (n) *[at an auction]*
lance final closing bid
lata (f) container *[box, tin]*
lavar *[dinheiro]* launder (money)
lavrar ata minute
LC (f) *[letra de câmbio]* L/C (= letter of credit)
lealdade (f) à marca brand loyalty
lealdade do cliente customer loyalty
legal (adj) legal *or* lawful; rightful
legalmente duly *or* legally
legislação (f) legislation; law *or* rule
legítimo, -ma rightful
legível por computador computer-readable
lei (f) law *or* rule
lei da oferta e da procura law of supply and demand

lei das sociedades anônimas company law
lei de contratos contract law *or* law of contract
lei dos rendimentos decrescentes law of diminishing returns
lei: permitido por lei lawful
leilão (m) auction (n); forced sale *or* distress sale
leiloar auction (v)
lembrança (f) reminder
lembrar *ou* **fazer lembrar** remind
lembrete (m) memorandum; reminder
lento, -ta slow
letra (f) de câmbio bill of exchange
letra de favor accomodation bill
letra facilmente descontável bank bill
letras (fpl) de administração letters of administration
letreiro (m) sign (n)
levando: não levando em conta exclusive of
levantamento (m) survey (n) *or* general report
levantamento do estoque stocktaking
levantar *[conseguir]* raise (v) *or* obtain money
levantar *[uma questão]* raise (v) *[a question]*
levar carry *or* transport; take (v)
levar a julgamento prosecute *or* bring an action
levar em conta allow for *or* include
liberar release (v) *or* free (v)
libertação (f) release (n)
libertar free (v)
libra esterlina (f) *[moeda da Grã-Bretanha]* pound Sterling
libra *[peso = 0.45kg]* pound *[weight: 0.45kg]*
licença (f) licence (n) *or* license (US) *or* permit (n); leave (n)
licença maternidade (f) maternity leave
licença para ausentar-se do trabalho leave of absence
licenciamento (m) licensing
licitação (f) bidding
licitante (mf) bidder *or* tenderer
licitante bem-sucedido, -da successful bidder
licitante com maior preço alto highest bidder

lidar handle *or* deal with
líder (mf) do mercado market leader
ligação (f) tie-up *or* link
ligação *[computador]* (computer) port
ligação direta direct dialling
ligação externa *[telefone]* incoming call *[phone]*
ligação internacional international call
ligação telefônica call (n) *or* phone call
ligar call *or* phone; connect
limiar (m) threshold
limitação (f) limitation *or* restraint; restriction
limitado, -da limited
limitar limit (v) *or* restrict
limitar *ou* **crédito** restrict credit
limite (m) limit (n) *or* barrier; restraint
limite de preço price ceiling
limite de crédito credit ceiling
limite de empréstimo lending limit
limite de peso weight limit
limite de saque a descoberto overdraft facility
limite para concessão de crédito credit limit
linguagem (f) burocrática officialese
linguagem de programação programming language *or* computer language
linha (f) de carga *ou* **linha de carregamento** *ou* **linha de flutuação** load line
linha de crédito credit facility; standby arrangements
linha de fundo: lucro (m) ou prejuízo (m) contabilizado ao final de um perído bottom line
linha de montagem assembly line
linha de navegação shipping line
linha de produção production line
linha de produto product line
linha externa outside line
linha telefônica telephone line
linha: em linha direta on line *or* online
liquidação (f) liquidation *or* winding up; closing (n); forced sale
liquidação *[pagamento]* settlement *or* payment
liquidação sale (n) *[at a low price]*
liquidação de fim de estação end of season sale

liquidação de inventário stocktaking sale
liquidação forçada *ou* **liquidação compulsória** compulsory liquidation
liquidação total para fechamento closing-down sale
liquidação voluntária voluntary liquidation
liquidante (mf) liquidator
liquidar cancel; sell off; settle *or* pay off *[debt]*
liquidar *[uma fatura]* settle *[an invoice]*
liquidar *[vender ou próprio negócio]* sell out *[sell one's business]*
liquidar *ou* **estoque** liquidate stock
liquidar um débito discharge a debt *or* to discharge one's liabilities
liquidar um sinistro settle a claim
liquidar uma dívida amortize *or* write off a debt
liquidar uma dívida clear a debt
liquidar uma empresa liquidate a company
liquidar uma empresa wind up a company
liquidez (f) liquidity
líquido, -da net (adj)
lira (f) *[moeda da Itália e da Turquia]* lira *[currency used in Italy and Turkey]*
lista (f) list (n)
lista de correio poste restante
lista de embarque packing list *or* packing slip
lista de endereços address list
lista de estoque stock list
lista de preço price list
lista negra black list
lista telefônica telephone book *or* telephone directory
listagem (f) computer listing
listar list
literatura (f) de vendas sales literature
litígios (mpl) trabalhistas labour disputes
litro (m) litre
livrar-se de determinada coisa get rid of something
livre *[desocupado]* free (adj) *or* not busy
livre *[imune]* free (adj) *or* with no restrictions
livre (adv) franco
livre comércio free trade

livre de impostos tax-free
livre de tributação free of tax
livro (m) book (n)
livro de pedidos order book
livro de vendas sales book
livro-caixa (m) cash book
livro-razão (m) de compras bought ledger *or* purchase ledger
livro-razão de vendas sales ledger
livro-razão nominal *ou* **de resultados** nominal ledger
locação (f) tenancy *[agreement]*
locador (m) landlord
locais (mpl) de venda a varejo retail outlets
local (adj) local
local (m) area *or* region
local *[edifício]* premises
local *[lugar]* site
local de reunião meeting place
local de trabalho business premises *or* commercial premises
local de trabalho place of work
local do leilão auction rooms
local sem moradia incorporada lock-up premises
localização (f) place (n)
localizado, -da based, situated
locar let (v)
locatário, -ria tenant
locatário em gozo de locação sitting tenant
logotipo (m) logo
lograr manage to
loja (f) store (n) *or* shop
loja com descontos cut-price store
loja de bairro corner shop
loja de departamentos department store
loja de fábrica factory outlet
loja de presentes gift shop
loja que vende com desconto discount house *or* discount store
loja de uma cadeia chain store
lojista (mf) trader
longo prazo: a longo prazo long-term *or* long-range
lote (m) lot *[of items]*
lote de produtos batch (n) of products
Ltda. (f) *[= limitada]* Ltd (= limited company)
lucrar capitalize on

lucratividade (f) profitability
lucrativo, -va profitable *or* profit-making
lucro (m) gain (n) *or* increase in value; return or profit
lucro sobre *ou* **capital investido** capital gains
lucro substancial healthy profit
lucro a ser distribuído distributable profit
lucro antes do imposto de renda pretax profit *or* profit before tax
lucro após imposto profit after tax
lucro bruto gross profit *or* gross yield
lucro comercial trading profit
lucro da empresa corporate profits
lucro distribuído *[em dividendos]* dividend yield
lucro líquido net profit *or* clear profit
lucro no papel *ou* **lucro escritural** paper profit
lucro operacional operating profit
lucros (mpl) earnings *[profit]*
lucros crescentes increasing profits
lucros extraordinários excess profits
lucros recorde record profits
lugar (m) place (n) *or* site or spot; venue

Mm

má administração (f) maladministration *or* mismanagement
má gerência mismanagement
má qualidade poor quality
maço (m) de cigarros packet of cigarettes
macroeconomia (f) macro-economics
maioria (f) majority
mais plus
mais antigo senior
mais recente latest
mais vendido, -da top-selling
mal-entendido (m) misunderstanding
mal equipado, -da underequipped
mal pago, -ga underpaid
maleta (f) case (n) *or* suitcase
mala (f) bag
mala direta mailing list
malsucedido, -da unsuccessful
malversação (f) misappropriation
malversar *[dinheiro, verbas]* misappropriate
mandado (m) writ
mandar por telex telex
mandato (m) mandate
mandato tenure
manejo (m) de materiais materials handling
manifesto (m) *[de carga]* manifest
manter maintain *or* keep up or keep going
manter em estoque carry *or* hold or have in stock
manter no mesmo nível maintain *or* keep at same level
manter a oferta de acordo com a demanda keep up with the demand
manter sua posição hold out for
manter uma promessa keep a promise
mantido em estoque in stock
manual (adj) manual
manual (m) manual (n)
manual de funcionamento *ou* **de instruções** operating manual
manual de manutenção service manual
manufatura (f) manufacture (n)
manufaturar manufacture
manuscrito (m) handwriting
manusear handle *or* deal with
manuseio (m) handling
manutenção (f) maintenance *or* keeping things going or keeping in working order or service (n) *[of machine]*
manutenção de contatos maintenance of contacts
manutenção de suprimentos maintenance of supplies
mão-de-obra (f) manpower *or* labour or workforce
mão-de-obra de baixo custo *ou* **mão-de-obra barata** cheap labour
mão-de-obra local local labour
mão-de-obra qualificada skilled labour

maquete (f) model *or* mock-up
máquina (f) machine
máquina copiadora copying machine *or* duplicating machine
máquina de calcular calculator
máquina de franquear franking machine
máquina de troco change machine
máquina registradora cash register
maquinaria (f) plant (n) *or* machinery
maquinaria pesada heavy machinery
marasmo (m) stagnation
marca (f) mark (n)
marca comercial *ou* **marca de fabricação** brand
marca de fábrica trademark *or* trade name
marca registrada registered trademark *or* trade name
marcar *[caracterizar]* mark (v)
marcar *[hora, encontro]* fix *or* arrange
marcar *[o preço]* price (v)
marcar uma reunião para as 15:00 horas fix a meeting for 3 p.m.
marca-texto (m) marker pen
marco (m) *[moeda da Alemanha]* mark (n) *[currency used in Germany]*
margem (f) margin
margem bruta gross margin
margem de erro margin of error
margem de lucro profit margin *or* mark-up
margem líquida net margin
marginal marginal
marinha (f) **mercante** merchant navy
marinho marine
marítimo, -ma maritime
marketing (m) marketing
marketing de massa mass marketing
massa (f) mass
matérias-primas raw materials
material (m) **de demonstração** display material
material de embalagem packaging material *or* packing (material)
material de escritório office equipment
material para estantes ou prateleiras shelving *or* shelves
matriz (f) main office *or* head office; parent company
maximização (f) maximization

maximizar maximize
máximo (m) maximum (n)
máximo, -ma maximum (adj)
meados da semana mid-week
mecanismo (m) device
média (f) average (n) *or* mean; index number
média empresa middle-sized company
média geral general average
média ponderada weighted average
média: em média on the average
mediação (f) mediation *or* arbitration
mediador [árbitro] mediator *or* arbitrator
mediador [solucionador de problemas] troubleshooter
mediano median
mediar mediate
medição (f) **de rentabilidade** measurement of profitability
medida (f) **cúbica** cubic measure
medida de tempo timing
medidas (fpl) measures
medidas measurements
medidas de precaução *ou* **medidas de segurança** safety precautions *or* safety measures
médio, -dia average (adj) *or* medium or mean (adj)
meia dúzia half a dozen *or* a half-dozen
meio, -meia half
meio (m) medium (n)
meio de comunicação channel (n) (of communication)
meio-expediente part-time
meios (mpl) means *or* ways
meios de comunicação em massa mass media
meios de transporte transport facilities
melhor (m) best (n)
melhor (adj) superior (adj) *or* better quality
melhor: *ou* **melhor** best
melhora (f) recovery *or* upturn
melhorar recover *or* get better
membro (m) *[de um grupo]* member *[of a group]*
memo (m) memo
memorando (m) memorandum
memorando de entendimento heads of agreement

memória (f) memory
menor under or less than
menor tarifa bancária bank base rate
menos minus
menos under or less than
mensageiro, -ra messenger
mensageiro especial courier or messenger
mensagem (f) message or communication
mensal monthly (adj)
mensalmente monthly (adv)
mercado (m) market or marketplace
mercado a termo forward market
mercado aberto open market
mercado cativo captive market
mercado comprador buyer's market
Mercado Comum Common Market
mercado de commodities commodity market
mercado de divisas foreign exchange market
mercado de futuros forward market
mercado de oferta seller's market
mercado de produtos primários commodity market
mercado de valores stock market
mercado em alta bull market
mercado em baixa bear market
mercado em potencial potential market
mercado exclusivo closed market
mercado financeiro ou mercado de capitais money markets
mercado fraco weak market
mercado interno ou mercado local domestic market or home market
mercado mundial world market
mercado paralelo black market
mercado potencial market [where a product might sell]
mercado restrito limited market
Mercado Único Europeu Single European Market
mercado visado target market
mercadoria (f) commodity
mercadoria embargada ou penhorada distress merchandise
mercadorias (fpl) merchandise (n) or goods
mercadorias a varejo retail goods
mercadorias com desconto cut-price goods
mercadorias com tarifa alfandegária paga duty-paid goods
mercadorias danificadas em um incêndio fire-damaged goods
mercadorias em trânsito goods in transit
mercadorias ou matérias-primas cotadas no mercado de futuros commodity futures
mercadorias pesadas deadweight cargo
mercados internacionais overseas markets
mérito (m) merit
mês (m) month
mês do calendário calendar month
mesa (f) de escritório desk
mestrado (m) em administração de empresas Master's degree in Business Administration (MBA)
mestre (mf) em administração de empresas Master in Business Administration (MBA)
meta (f) target (n) or aim (n)
metade (f) half (n)
metas (fpl) de produção production targets
método (m) de tentativas trial and error
micro (m) microcomputer
microeconomia (f) micro-economics
microomputador (m) microcomputer
milhão (m) million
milionário, -ria millionaire
mínimo (m) minimum (n)
mínimo, -ma minimum (adj)
mínimo (m) minimum (n)
Ministério (m) da Fazenda Exchequer
minuta (f) rough draft
minutar draft (v); minute
minutar um contrato draft a contract
minuto (m) minute (n) [time]
missão (f) comercial trade mission
misto mixed [neither good nor bad]
misturado mixed [different sorts]
mobilidade (f) mobility
mobilizar mobilize
mobilizar capital mobilize capital
moção: fazer moção move or propose
modelar model (n) [clothes]
modelo (m) model or mock-up or style

modelo (mf) model *[person]*
modelo econômico economic model
modelo para demonstração demonstration model
modem (m) modem
moderado, -da moderate (adj)
moderar moderate (v)
moderno, -na modern *or* up to date
moderno: muito moderno state-of-the-art
modificação (f) alteration *or* change
modificar alter *or* change (v)
modo (m) mode
moeda (f) coin
moeda circulante cash (n)
moeda bloqueada pelo governo blocked currency
moeda conversível convertible currency
moeda corrente legal currency *or* legal tender
moeda escassa tight money
moeda estável stable currency
moeda estrangeira foreign currency *or* foreign exchange
moeda forte hard currency *or* strong currency
moeda fraca *ou* **moeda desvalorizada** soft currency
moeda inflacionada inflated currency
moeda-reserva (f) reserve currency
monetário, -ria monetary
monitor (m) monitor (n) *[screen]*
monitorar monitor (v)
monopólio (m) monopoly
monopólio absoluto absolute monopoly
monopolização (f) monopolization
monopolizar monopolize
monta-carga (m) goods elevator
montagem (f) assembly *or* putting together
montante sum *[of money]*
montar assemble *or* put together; stage (v) *or* organize
montar uma empresa set up a company
mora (f) backwardation
moradia (f) house

moratória (f) moratorium
morto, -ta dead
mostra (f) showroom
mostrar show (v)
mostrar um documento present (v) *or* show a document
mostruário (m) showcase; stand (n)
motivação (f) motivation
motivado, -da motivated
motorista (mf) driver
motorista de caminhão lorry drive *or* trucker
móveis (mpl) de escritório office furniture
mover remove
movimentação (f) movement
movimentado, -ta busy
movimento (m) turnover *[of stock]*
movimentos (mpl) de capitais movements of capital
movimentos de estoque stock movements
mudança (f) alteration *or* change; removal *[to new house]*
mudar alter *or* change (v) become different
mudar *[trocar]* switch (v) *or* exchange
mudar de propriedade change hands
mudar para switch over to
mudar-se remove; move
muito bem remunarado highly-paid
multa (f) fine (n) *or* forfeiture *or* penalty
multar fine (v)
multilateral multilateral
multinacional (f) multinational (n)
multiplicação (f) multiplication
multiplicar multiply
múltiplo, -pla multiple (adj)
mundialmente worldwide (adv)
mundo (m) world
mundo: em todo *ou* **mundo** worldwide (adj)
mutuário, -ria borrower
mútuo, -tua mutual (adj)

Nn

na condição de on condition that
na hora on time
nação (f) mais favorecida most-favoured nation
nacional national or domestic; nationwide
nacionalização (f) nationalization
nada nil
não atingir um alvo miss a target
não auditado, -da unaudited
não confirmado, -da unconfirmed
não entregue undelivered
não especializado, -da unskilled
não execução nonfeasance
não liquidado, -da unpaid
não pagar uma conta dishonour a bill
não pago unpaid
não qualificado, -da unskilled
não subsidiado, -da unsubsidized
não vendido, -da unsold
não-pagamento (m) [de uma dívida] non-payment [of a debt]
não-pagamento de imposto mediante expedientes legais tax avoidance
narrar describe
naufrágio (m) wreck (n) [of ship]
navio (m) ship (n)
navio cargueiro cargo ship
navio de salvamento salvage vessel
navio gêmeo [da mesma frota] sister ship
navio mercante merchant ship or merchant vessel
navio roll on/roll off roll on/roll off ferry
navio transportador de containers container ship
necessário, -ria necessary
necessitar need (v) or take (v)
negar um acordo repudiate an agreement
negligência (f) negligence
negligente negligent
negociação (f) negotiation; dealing
negociação com informação privilegiada insider dealing
negociação difícil hard bargaining

negociação justa fair dealing
negociações salariais wage negotiations
negociador, -dora negotiator
negociante (mf) dealer or merchant
negociar negotiate or handle (v) or deal
negociável negotiable; marketable
negócio (m) [atividade comercial] business or commerce
negócio [operação comercial] deal (n)
negócio desonesto sharp practice
negócio difícil hard bargain
negócio em dinheiro cash deal
negócio negligenciado neglected business
negócio secundário sideline
negócios: a negócios on business
nicho (m) niche
níveis (mpl) de concessão de pessoal manning levels
níveis salariais wage levels
nível (m) level
nível de estoque stock level
nível de renovação reorder level
nivelamento (m) equalization
nivelar-se level off or level out
no exterior abroad
noite (f) night
nome (m) da empresa corporate name
nome da marca brand name
nome: em nome de on behalf of
nomeação (f) appointment [to a job]
nomeação de um administrador judicial letters of administration
nomear appoint
norma (f) norm or rule (n) or standard
normal average (adj) or standard
normas (fpl) code or regulations
normas de conduta code of practice
normas fiscais fiscal measures
nota (f) note (n)
nota de banco banknote
nota de crédito credit note
nota de débito debit note
nota de entrega ou nota fiscal delivery note

nota de saída dispatch note
nota explicativa covering note
nota fiscal invoice (n) *or* bill
nota promissória note of hand
notável outstanding *or* exceptional
notificação (f) notice *or* notification
notificação de nomeação para um cargo letter of appointment
notificação de renovação renewal notice
notificar notify
nova orientação new departure *or* new venture
novo: inteiramente novo *ou* **novo em folha** brand new
nulidade (f) invalidity
nulo, -la null *or* void or not valid
numerar number (v)
numerário (m) cash (n) *or* money

numérico, -ca numeric *or* numerical
número (m) number (n) *or* figure
número da caixa postal PO box number
número da conta de giro giro account number
número da fatura invoice number
número de chamada gratuita toll free number (US)
número de inscrição registration number
número de referência reference number
número de série serial number
número de telefone phone number *or* telephone number
número do cheque cheque number
número do lote batch number
número do pedido order number
números (mpl) figures
números ímpares odd numbers
números pares even numbers

Oo

obediência (f) compliance
objetivar aim (v)
objetivo (m) objective (n) *or* aim (n) or target (n)
objetivo, -va objective (adj)
objetivo de vendas sales target
objeto (m) de uma oferta pública de aquisição takeover target
obrigação (f) assignment *or* piece of work; liability; commitments
obrigação *[compromisso]* obligation *or* duty
obrigação *[título]* government bond
obrigação ao portador bearer bond
obrigações (fpl) liabilities
obrigações adicionais additional charges
obrigações vencidas e não pagas arrears
obrigado, -da liable to
obrigatório *[por contrato]* binding
obsolescência (f) obsolescence
obsolescente obsolescent
obsoleto, -ta obsolete *or* out of date
obstáculo (m) barrier

obstruir plug (v) *or* block
obtenção (f) de dinheiro *ou* **obtenção de riqueza** making money
obtenível obtainable
obtenível: não obtenível unobtainable
obter obtain *or* get
obter fundos secure funds
obter por preempção pre-empt
ocasionar bring
ocultação (f) de ativos concealment of assets
ocultar keep back
ocupação (f) occupancy
ocupação de cargo tenure
ocupacional occupational
ocupado, -da busy *or* engaged
ocupante (mf) occupant
oferecer offer (v)
oferta (f) tender (n) *or* offer to work; tendering; proposal *[insurance]*
oferta de abertura *ou* **oferta inicial** opening bid
oferta de lançamento introductory offer
oferta de prestação de serviços offer to do work

oferta de venda bid *or* offer to sell *or* offer for sale

oferta e procura supply and demand

oferta em espécie cash offer

oferta especial special *or* premium offer

oferta excepcional bargain offer

oferta final closing bid

oferta pública de aquisição takeover bid

ofertante com preço mais elevado highest bidder

ofertas de emprego appointments vacant

ofertas lacradas sealed tenders

oficial (adj) official

oficial (m) de justiça clerk

oficina (f) shop; workshop

oficioso, -sa unofficial *or* off the record

OIT [= *Organização Internacional do Trabalho*] ILO (= International Labour Organization)

óleo (m) oil

omissão (f) omission

omissão [*não execução*] nonfeasance

omitir omit

ônibus (m) bus

ônibus do aeroporto airport bus

online [*em linha direta*] on line *or* online

ônus (m) expense

ônus pesado deadweight

ônus: sem ônus free (adj) [*no payment*]

opção (f) de compra option to purchase *or* to sell

opção choice (n) *or* choosing

opcional optional

OPEP [= *Organização dos Países Exportadores de Petróleo*] OPEC (= Organization of Petroleum Exporting Countries)

operação (f) operation *or* run (n) *or* running *or* work routine; transaction *or* deal

operação [*na bolsa de valores*] dealing [*on stock exchange*]

operação comercial deal (n)

operação em diferentes moedas multicurrency operation

operação turnkey turnkey operation

operacional operational *or* operating

operador, -dora operator

operar run (v) *or* operate *or* work [*machine*]

operário, -ria worker *or* operative (n)

operativo, -va operative (adj)

opinião (f) pública public opinion

oportunidade (f) opportunity

oportunidade de emprego opening (n)

oportunidades de mercado market opportunities

oposto, -ta contrary

optar por uma linha de conduta decide on a course of action

orçamentário budgetary

orçamento (m) budget (n) *or* estimate

orçamento de despesas gerais overhead budget

orçamento de vendas sales budget

orçamento operacional operating budget *or* operational budget

orçamento para promoções promotion budget

orçamento para publicidade advertising budget

orçamento promocional promotional budget

orçamento provisório provisional budget

orçamento publicitário publicity budget

orçar budget (v)

ordem (f) order (n); warrant (n); dictation

ordem: à ordem on order

ordem alfabética alphabetical order

ordem cronológica chronological order

ordem de entrega delivery order

ordem de pagamento money order; bank mandate *or* banker's order

ordem de pagamento internacional foreign money order

ordem do dia agenda

ordem permanente standing order

ordenado (m) salary *or* wage or pay

ordenar put in order

ordinário, -ria ordinary *or* regular

organização (f) organization *or* institution or setup

Organização dos Países Exportadores de Petróleo [*OPEP*] Organization of Petroleum Exporting Countries (OPEC)

organização e métodos organization and methods

organização (f) em série line organization

organização

organização especializada em informações comerciais credit agency
Organização Internacional do Trabalho *[OIT]* International Labour Organization (ILO)
organizacional organizational
organizar organize *or* arrange *or* put in order
organograma (m) organization chart
origem (f) origin
original (m) original (n)
original (adj) original (adj)
oscilar range
ouro (m) e prata (f) em barras *ou* **lingotes** bullion
outdoor hoarding *[for posters]*
outorga (f) *[de poderes]* delegation *[action]*
outorgar award (v) *or* grant

Pp

P&D *[= pesquisa e desenvolvimento]* R&D (= research and development)
pacote (m) pack (n) *or* packet or parcel
pacote de envelopes pack of envelopes
pacote de produtos package of goods
pacto (m) covenant (n) *or* agreement
padrão standard (adj)
padrão (m) standard (n)
padrões (mpl) de produção production standards
padronização (f) *[fixação de normas]* standardization
padronizar standardize
pagador, -dora payer
pagadoria (f) pay desk
pagamento (m) paying (n) *or* payment *or* disbursement *or* settlement *or* expenditure
pagamento *[quitação]* discharge (n) *[of a debt]*
pagamento à vista cash terms
pagamento adiado *ou* **pagamento protelado** deferred payment
pagamento adiantado money up front *or* advance payment
pagamento antecipado prepayment *or* advance payment
pagamento anual yearly payment
pagamento com cheque payment by cheque
pagamento contra entrega cash on delivery (c.o.d.); cash and carry
pagamento de salários atrasados back pay
pagamento em conta payment on account
pagamento em dinheiro payment in cash
pagamento em espécie payment in kind
pagamento em excesso overpayment
pagamento imediato prompt payment
pagamento contra entrega cash and carry
pagamento inicial down payment
pagamento intermediário interim payment
pagamento mediante apresentação payable on demand
pagamento mínimo minimum payment
pagamento parcial partial payment
pagamento por empreitada payment by results
pagamento por horas extras de trabalho overtime pay
pagamento sem demora prompt payment
pagamento semestral half-yearly payment
pagamento simbólico token payment
pagamento total full payment *or* payment in full
pagamento total de uma dívida full discharge of a debt
pagamentos (mpl) da hipoteca mortgage payments
pagamentos mensais monthly payments
pagamentos parcelados progress payments
pagamentos por etapas staged payments
pagante (m) moroso slow payer
pagar pay *[bill, worker]*; disburse; remunerate

pagar: a pagar outstanding *[unpaid]*
pagar: sem pagar unpaid
pagar a conta e ir embora *[de um hotel]* check out *[of hotel]*
pagar antecipadamente pay in advance *or* prepay
pagar com cartão de crédito pay by credit card
pagar com cheque pay by cheque
pagar em espécie pay cash
pagar em prestações pay in instalments
pagar juros pay interest
pagar na origem *[frete]* prepay
pagar os juros de uma dívida service a debt
pagar um dividendo pay a dividend
pagar uma conta *ou* **pagar uma fatura** pay a bill
pagar uma dívida pay up
pagar uma fatura pay an invoice
pagar: a pagar *[título, aluguel, promissória, etc.]* due *or* owing
pagável payable; repayable
pagável antecipadamente payable in advance
pagável contra entrega payable on delivery
pagável em 60 dias payable at sixty days
páginas (fpl) amarelas yellow pages
pago, -ga paid
pago antecipadamente prepaid
pago na origem prepaid
painel (m) panel
painel de consumidores consumer panel
painel de controle switchboard
país (m) country *[state]*
país com *ou* **qual se mantém relações comerciais** trading partner
país de origem country of origin
país em desenvolvimento developing country *or* developing nation
países (mpl) exportadores de petróleo oil-exporting countries
países industrializados industrialized countries
países produtores de petróleo oil-producing countries
países subdesenvolvidos underdeveloped countries
palavras (fpl) de agradecimento speech of thanks
palco (m) stage (n)

paleta (f) pallet
paletizar palletize
papagaio (m) accommodation bill
papéis (mpl) papers
papel (m) paper
papel *[título]* instrument *or* document
papel carbono carbon paper
papel carbono: sem papel carbono *ou* **carbonado** carbonless
papel de embrulho wrapping paper
papel moeda currency note
papel pardo brown paper
papel reciclado recycled paper
papelão (f) *[caixa de papelão]* carton *or* box
papelão *[material]* cardboard *or* card *or* carton *[the material]*
papel-moeda (m) emitido por banco banknote
par par
parada (f) check (n) *or* stop (n)
parado, -da stagnant
parágrafo (m) *[cláusula]* article *or* clause
paraíso (m) fiscal tax haven
paralização (f) stoppage *or* stopping
paralisação *[parar de trabalhar]* knocking off *or* stopping work
parar check (v); stop (v) *[doing something]*
parar: sem parar non-stop
parecer (m) certificate *or* report (n)
parecer (v) appear
paridade (f) parity
parte (f) part (n) *or* proportion; contact (n) *[person]*
parte contratante contracting party
parte inferior bottom
parte interessada party
parte superior top (n) *or* upper surface
parte: da parte de on behalf of
participação (f) interest (n) *[investment]*
participação acionária equity capital
participação no mercado market share
participação nos lucros profit-sharing
participar de discussões enter into discussion
particular private
partida (f) departure *or* going away
partida *[remessa]* batch (n) *[of orders]*
partida a frio cold start

partidário, **-ria** backer
partidas (fpl) departures
partir leave (v) *or* go away
partir rapidamente take off *or* rise fast
passar *[tempo]* spend *[time]*
passivo (m) liability; liabilities
passivo circulante current liabilities
pasta (f) de documentos briefcase
pasta personalizada personalized briefcase
patamar (m) threshold
patente (f) patent
patente solicitada para patent applied for *or* patent pending
patenteado, -da patented
patentear uma invenção patent an invention
patrão (m) boss
patrimônio (m) asset; capital
patrimônio *[participação acionária]* equity capital
patrimônio líquido equity; net assets *or* net worth
patrimônio móvel current assets
patrocinador, -dora sponsor (n)
patrocinar sponsor (v)
patrocínio (m) sponsorship
PC *[microcomputador]* PC (= personal computer)
peça (f) piece; item *[for sale]*
peça de reposição spare part
pechincha (f) good buy *or* bargain (n)
pedágio (m) toll
pedido (m) order (n) *or* request (n)
pedido de compra purchase order
pedido de indenização claim (n)
pedido de urgência rush order
pedido não cumprido unfulfilled order
pedido por reembolso postal mail order
pedido renovado repeat order
pedido: a pedido on request
pedido: fazer pedido order (v) *[goods]*
pedido, -da on order
pedidos (mpl) orders *or* dues
pedidos em atraso backlog of orders
pedidos pendentes outstanding orders *or* back orders
pedir ask *or* request
pedir pagamento de seguro claim (v) insurance

pedir reembolso ask for a refund
penalidade (f) penalty; forfeiture
pendente pending
penetração (f) no mercado market penetration
penetrar um mercado penetrate a market
penhor (m) lien
pensão (f) pension
PEPS *[primeiro que entra, primeiro que sai]* FIFO (= first in first out)
pequenas empresas (fpl) small businesses
pequeno, -na small *or* petty; low (adj)
pequeno empresário (m) small businessman
pequeno porte *ou* **pequena escala** small-scale
pequenos acionistas (mfpl) minor shareholders
per capita per capita
perceber realize *or* understand
percentagem (f) percentage
percurso (m) habitual run (n) *or* regular route
perda (f) damage (n) *or* loss *or* wastage
perda de capital *ou* **perda de valor** capital loss
perda de clientes loss of customers
perda de um pedido loss of an order
perda natural natural wastage
perda no exercício trading loss
perda parcial partial loss
perda sobre papéis paper loss
perda total dead loss
perdas e danos (fpl) damages
perdas recorde record losses
perder lose
perder *[trem, avião]* miss *[train, plane]*
perder dinheiro lose money
perder *ou* **direito** forfeit (v)
perder *ou* **direito à devolução de um depósito** forfeit a deposit
perder por confisco forfeit (v)
perder terreno fall behind *or* be in a worse position
perder um pedido lose an order
perecível perishable
perfil (m) do cargo job specification
perguntar ask
perícia (f) examination *or* inspection

periféricos (mpl) peripherals
perigo (m) de incêndio fire risk
periódico, -ca periodic *or* periodical (adj)
período (m) period
período de amortização *ou* reembolso payback period
período de arrendamento *ou* locação tenancy period
período de baixa downturn
período de calmaria cooling off period
período de experiência trial period; probation
período de locação let (n)
período de movimento máximo peak period
período de notificação period of notice
período de validade period of validity
período letivo term
permanecer remain *or* stay
permanência (f) stay (n) *or* time
permanência de produto na prateleira shelf life of a product
permissão (f) permission
permitir permit *or* allow or let (v)
permuta (f) swop *or* swap
permutar barter (v); exchange (v) *[one thing for another]* or swap
permutável (adj) exchangeable
personalizado, -da personalized
perspectivas (fpl) prospects
pertencer a belong to
perto de close to
pesado, -da heavy
pesar weigh
peseta (f) *[moeda da Espanha]* peseta (n) *[currency used in Spain]*
peso (m) weight
peso bruto gross weight
peso inexato false weight
peso líquido net weight
peso máximo weight limit
peso: de peso heavy *or* important
pesquisa (f) research (n)
pesquisa de avaria damage survey
pesquisa de consumo consumer research
pesquisa de mercado market research
pesquisa de opinião opinion poll
pesquisa e desenvolvimento *[P&D]* research and development (R & D)

pesquisador, -dora research worker *or* researcher
pesquisar research (v); survey (v)
pessoa: por pessoa per capita *or* per head
pessoa jurídica firm (n)
pessoal (adj) personal
pessoal (m) staff *or* personnel or establishment
pessoal administrativo managerial staff
pessoal-chave (m) key personnel *or* key staff
pessoal de escritório office staff
pessoal de hotel hotel staff
pessoal fixo regular staff
pessoal reduzido skeleton staff
pessoal temporário temporary staff
petição (f) application; declaration
petroleiro (m) tanker
petróleo (m) oil
PIB *[Produto Interno Bruto]* GDP (= gross domestic product) *or* GNP (= gross national product)
pico (m) peak (n)
piloto (mf) pilot (n)
piloto (adj) pilot (adj)
pioneiro, -ra pioneer (n)
pioneiro: ser pioneiro pioneer (v)
piso (m) floor
planejador, -dora planner
planejamento (m) planning
planejamento a longo prazo long-term planning
planejamento de mão-de-obra manpower planning
planejamento econômico economic planning
planejamento empresarial corporate planning
planejamento estratégico strategic planning
planejar plan (v) *or* design (v); develop
planejar os investimentos plan investments
planilha (f) *[computador]* spreadsheet *[computer]*
plano (m) design
plano *[esboço]* plan (n) *or* drawing
plano *[projeto]* plan (n) *or* project
plano atualizado periodicamente rolling plan
plano de contingência contingency plan

plano de desenvolvimento de uma empresa corporate plan
plano de pensão *ou* **plano de aposentadoria** pension scheme
plano geral overall plan
plano para a obtenção de dinheiro money-making plan
plano preliminar *ou* **piloto** draft plan
planta (f) plant
plástico bolha (m) bubble pack
plataforma (f) platform
plataforma de carregamento loading ramp
poder (m) aquisitivo purchasing power *or* spending power
poder de barganha em uma negociação bargaining power
política (f) policy
política de crédito credit policy
política de preços flexíveis flexible pricing policy
política de preços pricing policy
política orçamentária budgetary policy
ponderação (f) attention; weighting
ponderar consider
ponto (m) point
ponto de encontro meeting place
ponto de equilíbrio breakeven point
ponto de partida *ou* **ponto inicial** starting point; base (n) *or* initial position or start (n) or beginning
ponto de referência benchmark
ponto de venda eletrônica electronic point of sale (EPOS)
ponto de venda outlet *or* point of sale (p.o.s. or POS)
ponto eletrônico de venda electronic point of sale (= epos *or* EPOS)
ponto mais alto top (n) *or* highest point
ponto mais baixo bottom
ponto percentual percentage point
pontos (mpl) de estrangulamento bottleneck
pontual (mf) on time
pontualmente on time
popular popular
por per
pôr put *or* place (v)
pôr livros *[na estante]* shelve
pôr no correio post (v)
pôr por escrito put in writing
porão (m) *[navio]* hold (n) *[ship]*

pormenores (mpl) particulars
porta (f) door
porta: de porta-em-porta door-to-door
portador, -dora bearer; holder
portador de obrigações debenture holder
portar bear (v) *or* carry
portátil portable
porte (m) postage
porte pago postage paid
porto (m) port *or* harbour
porto de containers container port
porto de embarque port of embarkation
porto de escala port of call
porto de registro port of registry
porto livre free port
pós-datar postdate
posição (f) *[posto]* place (n) *or* job
posição *[situação]* position *or* situation or state of affairs
posição financeira financial position
posição inicial base (n) *or* initial position
positivo, -va positive
posse (f) occupancy
posse *[propriedade]* ownership
posse *[título de posse]* tenure
posse de ações shareholding
possibilidade (f) possibility; potential (n)
possível possible *or* potential (adj) *or* prospective
possuir own (v) *or* possess
postal postal
posta-restante (f) poste restante
posto (m) post (n) *or* place (n)
posto de fronteira customs entry point
posto sobre trilhos free on rail
postura (f) negociadora bargaining position
potencial (adj) potential
potencial (m) potential (n)
poupança (f) savings
poupar save *or* save up *or* save on
poupar save
prateleira (f) shelf
prática (f) procedure
praticar dumping dump goods on a market

praticas (fpl) comerciais legais *ou* **justas** fair trading
práticas de contenção restrictive practices
prático handy
praxe (f) custom
prazo: a prazo on account *or* long term
prazo *[vigência]* term *[time of validity]*
prazo (m) de validade de um produto period of validity *or* sell-by date *or* shelf life
prazo limitado time limitation
prazo médio medium-term
prazo-limite (m) deadline
preciso, -sa accurate *or* exact
preço (m) price (n) *or* cost (n)
preço *[tarifa]* rate (n) *or* tariff
preço à vista cash price *or* cash terms
preço acordado agreed price
preço atual current price
preço cheio *ou* **preço de venda ao público** full price
preço colocado no armazém price ex warehouse
preço colocado no cais price ex quay
preço com a entrega de artigo usado trade-in price
preço com desconto discount price
preço competitivo competitive price
preço de catálogo catalogue price
preço de compra purchase price
preço de custo cost price
preço de fábrica factory price *or* price ex factory
preço de fatura invoice price
preço de fechamento closing price
preço de intervenção intervention price
preço de lista list price
preço de mercado market price
preço de oferta offer price *or* supply price
preço de revenda resale price
preço de subvenção support price
preço de venda selling price
preço de venda recomendado manufacturer's recommended price (MRP)
preço do petróleo oil price
preço exagerado overcharge (n)
preço excepcional bargain price
preço fixo firm price *or* set price

preço inicial opening price
preço justo fair price
preço limiar threshold price
preço líquido net price
preço máximo maximum price *or* ceiling price
preço médio average price
preço mínimo aceitável reserve price
preço na entrega delivered price
preço na fábrica price ex works
preço no local de venda spot price
preço para revendedor trade price
preço recomendado pelo fabricante manufacturer's recommended price (MRP)
preço reduzido cut price
preço simbólico token charge
preço teto ceiling price
preço total all-in price
preço totalmente incluído inclusive charge
preço unitário unit price
preço varejista retail price
preço/lucro (m) price/earnings (P/E)
precoce early
preços: a preços competitivos competitively priced
preços arrasadores knockdown prices
preços baixos keen prices
preços estáveis stable prices
preços fixos peg prices
preços flexíveis flexible prices
preços inflacionados inflated prices
preços mínimos rock-bottom prices *or* knockdown prices
preços populares popular prices
prédio (m) premises
pré-empacotar prepack *or* prepackage
preencher complete
preencher um cheque write out a cheque
preencher uma lacuna fill a gap
preestabelecido, -da agreed
preferência (f) preference
preferência de passagem right of way
preferencial preferential
preferir prefer
pré-financiamento (m) pre-financing
prejuízo (m) damage (n) *or* loss
prejuízo acumulado deficit *or* shortfall

prejuízo líquido net loss
premiar award (v)
prêmio (m) bonus
prêmio *[ágio]* premium *[extra charge]*
prêmio *[recompensa]* award (n)
prêmio *[seguro]* premium *[insurance]*
prêmio adicional additional premium
prêmio de renovação renewal premium
prêmio de risco risk premium
prêmio do seguro insurance premium
prendedor (m) de papel paperclip
prender lock (v)
preocupação (f) concern (n) *or* worry
preparar develop *or* plan (v)
preparar uma reunião arrange a meeting
preparar as cifras process figures
preparar uma fatura raise an invoice
preparar-se train (v) *or* learn
preparar-se para provide for
prescrição (f) dictation
pré-seleção (f) shortlist (n)
pré-selecionar shortlist (v)
presente current *or* present
presente *[estar lá]* present (adj) *[being there]*
presente (m) present (n) *or* gift
presentear *[dar]* present (v) *or* give *[as gift]*
presidente (mf) de um grupo chairman *[of committee]*
pressa (f) rush (n)
prestação (f) instalment
prestamista (m) moneylender
prestar contas a alguém report to someone
prestar contas settle an account
prestar serviço de manutenção service (v) *[a machine]*
prestígio (m) prestige
prevaricar default (v)
prevenção (f) prevention
prevenir prevent
prevenir-se para provide for
preventivo, -va preventive; protective
prever *[dizer ou que poderá acontecer]* tip (v) *[say what might happen]*
prever *[fazer previsão]* forecast (v)
previdência (f) social social security
prévio, -via prior *or* previous

previsão *[estimativa]* forecast (n) *or* forecasting
previsão de longo prazo long-term forecast
previsão de mão-de-obra manpower forecasting
previsão de vendas sales forecast
previsão do fluxo de caixa cash flow forecast
previsão do mercado market forecast
previsão provisória de vendas provisional forecast of sales
previsão: fazer previsão forecast (v)
previsto, -ta estimated *or* projected
primário, -ria primary
primeira classe first-class
de primeira classe ou categoria A1
primeira opção first option
primeiro, -ra top (adj); prime
primeiro (m) first
primeiro que entra, primeiro que sai *[PEPS]* first in first out (FIFO)
primeiro trimestre first quarter
primeiro: de primeira qualidade up-market
principal (adj) principal (adj) *or* basic (adj) or most important or main; central
principal (m) principal (n) *[money]*
princípio (m) principle; start (n) *or* beginning
privado, -da private
privatização (f) privatization
privatizar privatize
privilégio (m) fiscal tax allowance *or* tax concession
pro rata pro rata
probatório, -ria probationary
problema (m) problem
proceder proceed; succeed *[do as planned]*
procedimento (m) procedure
procedimento burocrático paperwork
procedimento de seleção selection procedure
processamento (m) *[denúncia]* prosecution *[legal action]*
processamento de dados data processing
processamento de informação *ou* **de estatísticas** processing of information *or* of statistics

processamento de textos word-processing
processamento do pedido order processing
processamento em lotes *ou* **em batch** batch processing
processar process (v) *or* deal with
processar *[levar a julgamento]* prosecute *or* bring an action or sue
processar alguém take someone to court
processo (m) process (n); trial *or* court case
processo decisório decision-making processes
processo judicial court case *or* lawsuit; judicial processes or legal proceedings
processos (mpl) industriais industrial processes
procura (f) demand (n) *or* need
procura sazonal seasonal demand
procuração (f) power of attorney; proxy *[deed]*
procurador, -dora proxy *[person]*
produção (f) production *[making]*
produção *[bens]* output *[of goods]*
produção agrícola produce (n) *[food]*
produção em série mass production
produção nacional domestic production
produção total total output
produtividade (f) productivity
produtivo, -va productive
produto (m) product *or* produce
produto básico *ou* **primário** commodity
produto com defeito reject (n)
produto de prestígio prestige product
produto derivado *ou* **produto secundário** by-product
produto final end product
produto interno bruto *[PIB]* gross domestic product (GDP) *or* gross national product (GNP)
produto para mercado de consumo em massa mass market product
produto principal staple product
produto sensível a mudanças de preço price-sensitive product
produtor producer
produtos (mpl) goods
produtos acabados finished goods
produtos competitivos competitive products
produtos concorrentes competing products

produtos de alta qualidade high-quality goods
produtos de marca própria own brand goods
produtos de rótulo próprio own label goods
produtos (mpl) fabricados *ou* **manufaturados** manufactured goods
produtos perecíveis perishables
produtos semi-acabados semi-finished products
produzir produce *or* make; output *[computer]*
produzir carros em massa mass-produce cars
produzir em excesso overproduce
produzir em massa mass-produce
profissional (mf) professional (n) *or* expert
profissional (adj) professional (adj) *or* expert; occupational
pró-forma *[fatura]* pro forma (invoice)
programa (m) programme *or* program; agenda
programa de computador computer program
programa de pesquisa research programme
programa para computador software
programa piloto pilot scheme
programação (f) scheduling
programação de computador computer programming
programador, -dora de computador computer programmer
programar horário *ou* **atividades** timetable (v)
programar um computador program a computer
progredir progress (v)
progredir rapidamente boom (v)
progressivo, -va graduated
progresso (m) progress (n) *or* advance (n)
progresso: fazer progresso get along
proibição (f) ban (n)
proibição de horas extras overtime ban
proibição de importação import ban
proibido, -da forbid
proibir ban (v)
proibitivo, -va prohibitive
projetado, -da projected
projetar design (v) *or* plan (v)

projeto (m) project *or* plan; product design

projeto de lei *[no Congresso ou no Parlamento]* bill *[in Parliament]*

prolongar extend

promessa (f) promise (n) *or* undertaking

prometer promise (v)

promoção (f) promotion

promoção de um produto promotion of a product

promoção de vendas sales promotion

promocional promotional

promotor, -tora de vendas sales executive

promover promote

promover um novo produto promote a new product

promover uma imagem da empresa promote a corporate image

pronto, -ta ready; prompt

propaganda (f) advertisement

propaganda com formulário anexo coupon ad

propaganda do ponto de venda point of sale material (POS material)

propaganda do produto product advertising

propaganda por mala direta direct-mail advertising

propaganda: fazer propaganda plug (v) *or* publicize

propina (f) bribe (n) *or* backhander *[informal]*

proponente (mf) bidder

propor *[uma moção]* propose *[a motion]* or move

proporção (f) proportion

proporcional proportional *or* pro rata

proporcionar bring in *or* net (v)

propor-se a propose to *[do something]*

proposta (f) proposal *or* suggestion

propriedade (f) ownership

propriedade coletiva common ownership

propriedade conjunta collective ownership *or* joint ownership

propriedade imobiliária real estate

propriedade industrial industrial estate

propriedade múltipla multiple ownership

propriedade privada private ownership *or* private property

proprietária (f) proprietress

proprietário (m) proprietor

proprietário *[locador]* landlord

proprietário exclusivo *ou* **proprietária, -rio exclusiva** sole owner

proprietário, -ria owner

prorrogação (f) renewal; extension *or* making longer

prorrogar delay (v) *or* renew or extend *[grant]*

prorrogar a validade hold over

prospecto (m) prospectus

prosperar flourish

próspero, -ra flourishing

prosseguimento (m) continuation

prosseguir continue

proteção (f) defence *or* defense; protection

proteção *[salvaguarda]* hedge (n)

proteção ao consumidor consumer protection

protelado, -da deferred

protelar defer

protestar protest (v) *[against something]*

protestar uma nota protest a bill

protesto (m) protest (n) *[against something]*; protest (n) *[official document]*

protesto sentado sit-down protest

protetor, -tora protective

protocolo (m) docket

prova (f) probation; examination *or* test; proof

prova *[ensaio]* trial *or* test of product

prova documental documentary evidence *or* proof

provar sample (v) *or* test; demonstrate

provável prospective

prover provide

providenciar make provision for

provisão *[estoque de reserva]* reserve (n) *[supplies]*

provisão para depreciação allowance for depreciation

provisão para despesas imprevistas contingency fund

provisório, -ria provisional; acting

próximo de close to

publicação (f) periódica periodical

publicidade (f) publicity *or* advertising

publicidade nacional national advertising

publicidade pelo correio mail shot
público, -ca public (adj)

punir penalize

Qq

QG *[quartel general]* HQ (= headquarters)
quadro (m) de associados membership
quadro (m) de pessoal personnel *or* staff
quadros estatísticos actuarial tables
qualidade (f) quality
qualidade de semicorrespondência near letter-quality (NLQ)
qualidade inferior *ou* baixa qualidade low-grade
qualidade superior top quality
qualidade: de excelente qualidade fine *or* very good
qualificações (fpl) profissionais professional qualifications
qualificado, -da qualified *or* skilled
qualidado, -da com reservas ou com restrições qualified with reservations
qualificar-se como qualify as
quantia (f) amount of money
quantia paga amount paid
quantia (f) paga de uma só vez lump sum
quantia total total amount
quantidade (f) quantity
quantidade total total amount
quanto a regarding
quarta parte quarter *[25%]*
quartel general headquarters (HQ)
quarto (m) room

quarto (m) *[quarta parte]* quarter *[25%]*
quarto trimestre fourth quarter
que *ou* comprador se acautele caveat emptor
que pode ser cobrado cashable
quebra (f) de contrato breach of contract
quebra de recorde record-breaking
quebrado, -da bankrupt *or* broke (informal)
quebrar *[falir]* crash (v) *[fail]*
queda (f) drop (n) *or* fall (n)
queda brusca slump (n) *or* rapid fall
queda nas vendas drop in sales *or* slump in sales
queixa (f) complaint
queixar-se complain
queixoso, -sa plaintiff
querelante (mf) plaintiff
questão (f) claim (n); matter to be discussed *or* discussion
questões (fpl) trabalhistas labour disputes
quilo (m) *ou* quilograma (m) kilo *or* kilogram
quitação (f) discharge (n) *[of a debt]*
quitar dívidas release dues
quorum (m) quorum
quota (f) quota
quota de importação import quota

Rr

racionalização (f) rationalization
racionalizar rationalize
radicado based *[in a place]*
rapidamente fast (adv)
rápido, -da express (adj) *or* fast

rápido: *ou* mais rápido possível asap *or* as soon as possible
rascunhar draft (v)
rascunho (m) draft (n) *or* rough plan or rough draft

rateado pro rata
ratear distribute *or* share
rateio (m) distribution
ratificação (f) ratification
ratificar ratify
razão (m) *ou* **razonete (m)** ledger
razão social corporate name
reajustar readjust
reajuste (m) readjustment *or* adjustment
real real *or* actual
realização (f) fulfilment
realização de ativos realization of assets
realizar undertake
realizar ativos realize property *or* assets
realizar um projeto *ou* **um plano** realize a project *or* a plan
realizar uma reunião hold a meeting *or* a discussion
realizar-se take place
reaplicação (f) reapplication
reaplicar reapply; reinvest
reativação (f) upturn; turnround *or* making profitable again
reavaliação (f) reassessment *or* revaluation
reavaliar reassess *or* revalue
reaver repossess
rebaixar lower (v)
rebocador (m) road haulier
recado (m) message *or* communication
recebedor (m) receiver *or* liquidator
receber collect (v)
receber: a receber receivable *or* outstanding *[unpaid]*
receber *[dinheiro]* receive *or* take or collect *[money]*
receber uma chamada take a call
recebimento (m) receipt *or* receiving
receita (f) receipts *or* takings; revenue; take (n) *[money received]*
receita orçamentária budget (n) *[of government, person, company]*
receita de publicidade revenue from advertising
receita de vendas sales revenue
receita líquida net receipts
receita total total revenue
receitas invisíveis invisible earnings
recepção (f) reception (desk)

recepcionista (mf) receptionist *or* reception clerk
receptor, -tora receiver
recessão (f) recession
recibo (m) receipt *[paper]*
recibo da alfândega customs receipt
recibo de depósito deposit slip *or* paying-in slip
recibo de vendas sales receipt
recibo negociável de depósito bancário certificate of deposit
reciclagem (f) profissional retraining
reciclar recycle
reciclar *[retreinar]* retrain
recipiente (m) container *[box, tin]*
reciprocidade (f) reciprocity
recíproco, -ca reciprocal
reclamação (f) complaint
reclamante (mf) claimant
reclamante legal rightful claimant
reclamar complain (about)
recobrir cover (v) *[put on top]*
recolhimento (m) collection
recolhimento fiscal tax collection
recomeçar resume
recomendação (f) recommendation
recomendar recommend *or* say something is good
recomendar *[sugerir]* recommend *or* suggest action
recompensa (f) award (n) *or* compensation
recompensar award (v); make good *[a defect or loss]*
recompra (f) buy back
reconciliação (f) reconciliation
reconciliação de contas reconciliation of accounts
reconciliar reconcile
reconhecer authenticate
reconhecer um sindicato recognize a union
reconhecimento (m) recognition
reconhecimento de um sindicato union recognition
reconvenção (f) counter-claim (n)
reconvir counter-claim (v)
recorde (m) record (n) *[better than before]*
recorrente recurrent
recorrer appeal *[against a decision]*

recorrer a apply to *or* affect
recuperação (f) upturn
recuperação *[resgate]* recovery *or* retrieval *or* getting something back
recuperação rally (n)
recuperação de dados data retrieval
recuperar resume
recuperar *[reaver]* repossess; recover *or* get something back *or* retrieve
recuperar *[reconvir]* counter-claim
recuperar *[salvar]* salvage
recuperar as perdas recoup one's losses
recuperar-se recover *or* get better
recuperável recoverable
recurso (m) fund (n)
recurso *[apelação]* appeal (n) *[against a decision]*
recursos (mpl) *[dinheiro]* resources *or* means *[money]*
recursos financeiros financial resources
recursos (mpl) insuficientes *ou* **escassos** insufficient funds *[US]*
recursos naturais natural resources
recusa (f) refusal
recusar refuse *or* turn down
redação (f) wording
rede (f) network (n)
rede de distribuição distribution network
redigir draw up (v)
redigir um contrato draw up a contract
redistribuir redistribute
redução (f) reduction *or* cut (n)
redução *[contração]* shrinkage
redução *[corte de despesas]* retrenchment
redução *[diminuição]* lowering *or* decrease; slowdown
redução de custos cost-cutting
redução de preços price reduction *or* decrease in price *or* mark-down
reduções fiscais tax reductions
redundância (f) redundancy
redundante redundant
reduzido reduced *or* lower
reduzir reduce *or* decrease *or* scale down *or* cut *or* lower
reduzir *[velocidade]* slow down
reduzir as despesas cut down on expenses, reduce expenditure
reduzir despesas reduce expenditure
reduzir drasticamente os preços *ou* **condições de crédito** slash prices *or* credit terms
reduzir *ou* **valor** *[ativos]* write down *[assets]*
reduzir os preços reduce prices *or* mark down
reeleger re-elect
reeleição (f) re-election
reembolsar repay *or* refund (v) *or* pay back
reembolsável refundable *or* repayable
reembolso (m) rebate *or* money back *or* reimbursement *or* repayment *or* refund (n)
reembolso de gastos *ou* **de despesas** reimbursement of expenses
reembolso final final discharge
reembolso total full refund *or* refund in full
reempregar re-employ
reemprego (m) re-employment
reestruturação (f) restructuring
reestruturação de uma empresa restructuring of the company
reestruturar restructure
reexaminar revise
reexportação (f) re-export (n)
reexportar re-export
refazer-se rally (v)
referência: com referência a with reference to *[dealing with]*
referente a relating to
referir-se a refer to *or* apply to
refinanciamento (m) de uma dívida funding of a debt
refinanciamento (m) de um empréstimo refinancing of a loan
reforma (f) reorganization
reforma: de reforma retiring
regatear bargain (v)
regateio (m) bargaining
reger rule (v) *or* be in force
região (f) area *or* region
regional (mf) regional *or* local
registrado, -da (adj) registered
registrar record (v) *or* enter or write in *or* log (v)
registrar uma carta register a letter
registrar mercadorias *ou* **produtos** book goods

registrar as chamadas telefônicas log calls
registrar uma empresa register a company
registrar uma marca register a trademark
registrar uma propriedade register a property
registrar-se em um hotel register (v) or check in at a hotel
registro (m) registration or registry or register
registro *[emenda]* docket
registro *[histórico]* record (n) *[of what has happened]*
registro *[para pessoal]* record (n) *[for personnel]*
registro da empresa na junta comercial companies' register or register of companies
Registro Mercantil Registrar of Companies
registro no Lloyd's Lloyd's register
registros (mpl) records
regra (f) rule (n)
regras (fpl) code
regulamentação (f) *[lei]* regulation
regulamentação de prevenção de incêndio fire regulations
regulamentado pelo governo government-regulated
regulamentar regulate *[by law]*
regulamentos (mpl) regulations
regulamentos de precaução safety regulations
regular (adj) *[habitual]* regular *[always at same time]*
regular (adj) *[ordinário]* regular or ordinary or routine (adj)
regular (v) regulate or adjust
reimportação (f) reimport (n); reimportation
reimportar reimport (v)
reinvestimento (m) reinvestment
reinvestir reinvest
reivindicação (f) claim (n)
reivindicação de pagamento de seguro insurance claim
reivindicação salarial wage claim
reivindicante (mf) claimant
reivindicar claim (v) *[right]*
reivindicar pagamento de seguro claim (v) insurance

rejeição (f) rejection
rejeitar reject (v)
relação (f) *[lista]* list (n)
relação *[coeficiente]* ratio
relação de preço price list
relacionar list (v)
relações (fpl) relations
relações industriais industrial relations
relações públicas (RP) public relations (PR)
relatar report (v) or describe
relativo a relating to or regarding
relatório (m) report (n)
relatório anual annual report
relatório confidencial confidential report
relatório de despesas statement of expenses
relatório de viabilidade feasibility report
relatório intermediário interim report
relatório sobre o progresso de um trabalho progress report
relevante relevant
remessa (f) forwarding or despatch
remessa *[envio de dinheiro ou valores]* remittance
remessa *[embarque]* shipment
remessa *[partida]* batch (n) *[of orders]*
remessa expressa express shipment
remetente (mf) sender
remeter remit (v)
remeter *[pelo correio]* mail (v)
remeter por cheque remit by cheque
remeter por via aérea airmail (v)
remeter por via expressa express (v) *[send fast]*
remissão (f) de dívida release (n)
remover lift (v) or remove
remuneração (f) remuneration or payment
remuneração *[por serviços prestados]* compensation
remuneração *[salário]* pay (n) or salary
remunerar remunerate
renda (f) income or returns or profits or earnings
renda bruta gross income
renda de investimento investment income

renda fixa fixed income *or* regular income
renda isenta de impostos non-taxable income
renda líquida net earnings *or* net income
renda pessoal personal income
renda proveniente de aluguel rental income
renda real real income *or* real wages
renda total total income
renda tributável taxable income
rendas (fpl) earnings *or* salary; profit
render *[juros]* bear (v) *or* yield (v) *[interest]* or produce (v) *[interest]*
render *[pagar]* bear (v) *[costs]* or pay for
render *[produzir]* bring in
rendimento (m) income *or* returns or profits; performance; throughput
rendimento *[rentabilidade]* yield (n) *[on investment]*
rendimento bruto gross earnings
rendimento em dividendos dividend yield
rendimento líquido net income *or* net salary; net yield
rendimentos (mpl) earnings
rendimentos por ação earnings per share *or* earnings yield
renomeação (f) reappointment
renomear reappoint
renovação (f) renewal; redevelopment
renovação de um pedido reorder (n) *or* renewal of an order
renovação de uma concessão *ou* **de uma assinatura** *ou* **de uma letra** renewal of a lease *or* of a subscription or of a bill
renovar renew *or* redevelop; resume or start again
renovar os estoques restock
renovar um pedido reorder (v) *or* repeat an order
renovar uma assinatura renew a subscription
renovar uma concessão renew a lease
renovar uma letra de câmbio renew a bill of exchange
rentabilidade (f) yield (n) *[on investment]*; cost-effectiveness
rentabilidade profitability
rentável economic *or* profitable or cost-effective or profit-making

renúncia (f) renunciation; waiver *[of right]*
renunciar abandon
renunciar a resign
renunciar a um direito waive a right
reorganização (f) reorganization
reorganizar reorganize
reparação (f) por prejuízos ou danos compensation for damage
reparar repair (v)
reparo (m) repair (n)
repartição (f) agency
repartição pública office
repartir allocate *or* share (v) *or* divide among
repelir repudiate
repetir repeat
repetir: que se repete recurrent
repor put back *[to later]*
repor os estoques restock
reposição (f) renewal; replacement *[item]*
reposição de estoques restocking
repositor shelf filler
representação (f) presentation *or* exhibition
representante (mf) agent *or* representative; delegate (n)
representante comercial commission rep
representante de vendas sales representative *or* salesman
representar represent
representativo, -va representative (adj)
reprimir keep back
reprodução (f) imitation
reproduzir duplicate (v)
reprovação (f) blame (n)
reprovar blame (v)
repudiar repudiate
repudiar um acordo repudiate an agreement
requerer require *or* need; apply for *or* ask for
requerimento (m) application
requisição (f) request (n)
requisitos (mpl) necessários requirements
rescindir rescind *or* cancel
rescindir um contrato cancel a contract
rescisão (f) cancellation *or* termination

rescisão de contrato breach of contract
reserva (f) reserve (n) *[of money]*; store (n) *[of items}*
reserva *[restrição]* reservation
reserva antecipada advance booking
reserva do mesmo lugar feita duas vezes double-booking
reservar reserve (v); stockpile (v)
reservar em excesso overbook
reservar o mesmo lugar duas vezes double-book
reservar um quarto *ou* **uma mesa** *ou* **um assento** reserve a room *or* a table or a seat
reservas (fpl) reserves; room reservations
reservas *[de matérias-primas]* resources; stockpile (n)
reservas: com reservas qualified *or* with reservations
reservas cambiais currency reserves
reservas em caixa excedente cash reserves
reservas ocultas *ou* **reservas latentes** hidden reserves
resgatador, -ra de empresas white knight
resgatar redeem; retrieve
resgatar um título redeem a bond
resgatar uma apólice surrender a policy
resgatável redeemable
resgate (m) recovery *or* retrieval or getting something back
resgate *[salvamento]* salvage (n) *[action]*
resgate (m) *[apólice de seguro]* surrender (n) *[insurance policy]*
resgate (de um empréstimo) redemption *[of a loan]*
residência (f) house; domicile; residence
residente resident (adj)
residente (mf) resident (n)
resíduos (mpl) waste (n)
resolução (f) resolution
resolver um problema solve a problem
resolver-se resolve
respeitar respect (v)
respeito: a respeito de with reference to
responder (dar uma resposta) answer *or* reply (v)

responder por (ser responsável por) account for
responder uma carta answer a letter
responsabilidade (f) responsibility
responsabilidade contratual contractual liability
responsabilidade ilimitada unlimited liability
responsabilidade limitada limited liability
responsabilidades (fpl) responsibilities
responsabilizar entrust
responsável (mf) pelo progresso de um trabalho progress chaser
responsável pela capacitação training officer
responsável pelas relações públicas public relations officer
responsável perante alguém responsible to someone
responsável por liable for *or* responsible for
resposta (f) reply (n) *or* response or answer (n)
resposta: dar uma resposta reply (v)
ressalva (f) restriction
ressarcimento (m) compensation
ressegurador, -dora reinsurer
ressegurar reinsure
resseguro (m) reinsurance
restituição (f) repayment *or* refund (n) *or* return
restituição oficial official return
restituir repay *or* refund (v)
restituível repayable; returnable
resto (m) remainder *or* things left
restos (mpl) waste (n)
restrição (f) restriction; restraint *or* limitation or limit
restrição reservation
restrição ao crédito credit freeze
restrição ao livre comércio restraint of trade
restrições: com restrições qualified *or* with reservations
restrições: sem restrições clear (adj) *or* free
restrições (fpl) à importação import restrictions
restringir restrict *or* limit
restritivo, -va restrictive
resultado (m) result *or* effect
resultado líquido net profit

resultado líquido após pagamento de tributos after-tax profit
resultados (mpl) *[lucros e perdas de uma empresa]* results *[company's profit or loss]*
resultar de result from
resultar em result in
resumir brief (v)
retalhista (mf) retailer
retardar delay (v)
retenção (f) fiscal tax deductions *[taken from salary to pay tax]*
retificação (f) rectification *or* correction
retificar rectify *or* correct (v) or amend
retirada (f) withdrawal *[of money]*
retirar lift (v) *or* remove
retirar dinheiro withdraw money
retirar uma oferta withdraw an offer
retirar gradualmente phase out
retirar um embargo lift an embargo
retirar uma licitação de aquisição withdraw a takeover bid
retirar-se stand down
retomar resume
retomar negociações resume negotiations
retornar uma ligação phone back
retorno (m) *[lucro]* return (n) *or* profit
retorno *[volta]* return (n) *[going back]*
retorno efetivo effective yield
retorno sobre investimento return on investment (ROI)
retreinar retrain
retroativo, -va retroactive
retrocesso (m) slowdown
réu (m) defendant
reunião (f) meeting
reunião de diretoria *ou* **reunião de qualquer corpo administrativo** board meeting
reunião de pessoal staff meeting
reunião de vendas sales conference
reunir convene
reunir em uma lista bracket together
reunir recursos pool resources
reunir-se com alguém meet someone
revelação (f) disclosure
revelar disclose

revenda (f) resale
revendedor (m) dealer
rever reexaminar revise
reversão (f) reversal
reverso reverse (adj)
revés (m) setback
revigoramento (m) rally (n)
revisão (f) inspection; service (n) of a machine
revisão de salários salary review
revista (f) journal *or* magazine
revista profissional especializada trade journal *or* trade magazine
revogação (f) reversal
revogar reverse (v) *or* revoke
riquezas (fpl) resources
riscar cross off *or* cross out
risco (m) risk (n)
risco financeiro financial risk
ritmo (m) de produção rate of production
rodovia (f) road
rolar um crédito *ou* **uma dívida** roll over credit *or* a debt
romaneio (m) packing list *or* packing slip
romaneio (m) de embarque dispatch note
romper break (v)
romper um acordo break an agreement
rotação (f) de estoque stock turnover
rotatividade (f) turnover *[of staff]*
rotatividade de estoque turnround *[of goods sold]*
rotina (f) routine (n)
rotineiro, -ra routine (adj)
rotulagem (f) labelling
rotular label (v)
rótulo (m) label (n)
roubo (m) theft
royalty (m) royalty
RP (= relações públicas) PR (= public relations)
rubricar initial (v)
ruir fail *or* go bust or collapse (v)
ruptura (f) breakdown (n)
rupturas (fpl) breakages

Ss

sacado (m) drawee
sacador (m) drawer
sacar dinheiro draw money
sacar em excesso *ou* **sacar a descoberto** overdraw
saída (f) base (n) *[initial position]*
saída máxima peak output
sair-se fare (v)
sala (f) room
sala de embarque departure lounge
sala de reunião do conselho de administração boardroom
sala de trânsito transit lounge
sala de conferências conference room
salão de exposição exhibition hall
salão VIP VIP lounge
salário (m) salary *or* wage
salário assegurado guaranteed wage
salário atraente attractive salary
salário bruto gross salary
salário desemprego unemployment pay
salário inicial starting salary
salário mínimo minimum wage
salário por hora hourly wage
salário-tarefa (m) piece rate
saldar uma dívida pay up
saldo (m) remainder
saldo a receber balance due to us
saldo bancário bank balance
saldo credor *ou* **saldo positivo** credit balance
saldo de caixa cash balance
saldo de conta balance (n)
saldo devedor debit balance
saldo final closing balance
saldo transportado balance brought down *or* balance brought forward *or* balance carried forward
saldos (mpl) **em dólares** dollar balances
salvados, -das salvage (n) *[things saved]*
salvaguarda (f) hedge (n)
salvaguardar safeguard
salvamento (m) salvage (n) *[action]*
salvar salvage (v)
salvar *[no computador]* save *[on computer]*
salvo erro ou omissão errors and omissions excepted (e. & o.e.)
saque (m) *[de dinheiro]* draft *[of money]*
saque a descoberto overdraft
saque à vista sight draft
saque bancário bank draft
satisfação (f) satisfaction
satisfação do cliente customer satisfaction
satisfação no cargo job satisfaction
satisfatório adequate
satisfazer satisfy *or* meet *or* serve
satisfazer uma demanda satisfy *or* meet a demand
satisfeito, -ta content (adj)
saturação (f) saturation
saturar saturate
saturar o mercado saturate the market
saúde (f) health
sazonal seasonal
se não acontecer failing that
seção (f) department
seção de reclamações complaints department
secretaria (f) *[de estado]* department *[in government]*
secretaria de administração de alfândega e imposto sobre o consumo Customs and Excise *or* Excise Department
secretária eletrônica answering machine
secretaria executiva personal assistant (PA)
secretário, -ria secretary
secretário (m) **de estado** government minister
secretário-geral (m) *[de uma empresa]* secretary *[of a company]*
secreto, -ta secret (adj)
sede (f) base (n) *or* head office *or* main office *or* headquarters
segredo (m) secret (n)
seguir proceed *or* follow *or* chase *or* succeed *or* follow someone
segunda via (f) duplicate (n)

segunda via do recibo duplicate receipt *or* duplicate of a receipt
segundo under *or* according to
segundo, -da second (adj)
segundo aviso as per advice
segundo trimestre second quarter
segundo: de segunda mão secondhand
segurado, -da (m) *[seguros]* beneficiary
segurador, -dora insurer
segurador, -dora de riscos marítimos marine underwriter
segurança (f) safety *or* security
segurança steadiness
segurança de emprego security of employment
segurança de posse *ou* **de ocupação** security of tenure
segurança no emprego job security
segurar insure
segurável insurable
seguro (m) insurance *or* assurance
seguro, -ra safe (adj) *or* reliable
seguro de vida life assurance *or* life insurance *or* whole-life insurance
seguro contra incêndio fire insurance
seguro contra terceiros third-party insurance
seguro contra todos os riscos all-risks policy
seguro de automóveis motor insurance
seguro marítimo marine insurance
seguro residencial house insurance
seguro saúde health insurance
seguro temporal term insurance
seguro total comprehensive insurance
selar seal (v) *or* attach a seal
selar stamp (v)
seleção (f) selection
seleção de artigos de um pedido order picking
selecionar candidatos, -tas screen candidates
selo (m) stamp (n)
selo de ofício seal (n)
selo de qualidade quality label
semana (f) week
semana: por semana per week
semanalmente weekly
semelhante approximate
semestre (m) half-year
senhorio (m) landlord

sênior senior
sentença (f) ruling (n)
sentença *[Direito]* award (n)
sentenciar adjudicate in a sentence
separado, -da separate (adj)
separar separate (v)
seqüestrar sequester *or* sequestrate
seqüestro (m) sequestration
ser responsável por account for
série (f) range (n) *or* series of items *or* category
serviço (m) service (n)
serviço *[em restaurantes]* cover charge
serviço após compra after-sales service
serviço burocrático clerical work
serviço de atendimento a reclamações *ou* **reclamações (fpl)** claims department
serviço de atendimento ao cliente customer service department
serviço (m) **de atendimento telefônico** answering service
serviço de copa room service
serviço de encomenda postal parcel post
serviço de informações information bureau
serviço de recorte *[de jornais e revistas]* clipping service
serviço deficiente poor service
serviço imediato prompt service
serviços (mpl) **de computação** computer services
servir serve
setor (m) sector
setor primário primary industry
setor privado private sector
setor público public sector
setor terciário tertiary sector
signatário, -ria signatory
silo (m) *[grãos]* elevator *[grain]*
símbolo (m) token
símbolo de posição social status symbol
simples basic (adj) *or* simple *or* clear *or* easy to understand
simples *[único]* single
simulado, -da dummy
sinal (m) sign (n)
sinal *[entrada]* down payment
sinal de discar dialling tone
sinal de ocupado *[telefone]* engaged tone

sindicalista (mf) trade unionist
sindicato (m) (trade) union
síndico (m) receiver *or* liquidator *or* official receiver
síndico *[de massa falida]* assignee
síndrome de Fênix phoenix syndrome
sinergia (f) synergy
sintonia (f) **fina** fine tuning
sistema (m) system
sistema bancário banking
sistema de comércio internacional com reciprocidade aduaneira fair trade
sistema de computador computer system
sistema de distribuição de produtos channels of distribution
sistema de giro bancário giro system
sistema de resgate retrieval system
sistema (m) **de segurança no escritório** office security
sistema em tempo real real-time system
Sistema Monetário Europeu European Monetary System (EMS)
sistema operacional operating system
sistema tributário tax system
sistemas (mpl) **de controle** control systems
situação (f) situation *or* position or place or state of affairs
situação de base benchmark
situação do fluxo de caixa cash flow statement
situação legal legal status
situado based
situar place (v)
SME *[= Sistema Monetário Europeu]* EMS (= European Monetary System)
sob condição on approval
sob contrato under contract
sob controle under control
sob nova administração under new management
sobra (f) surplus
sobrar remain *[be left]*
sobrecapacidade (f) overcapacity
sobressalente (m) spare part
sobrestadia (f) demurrage
sobrestimar overestimate (v)
sobretaxa (f) surcharge
sobretaxa overcharge (n)

sobretaxa sobre as importações import surcharge
social social
sociedade (f) company *or* partnership *or* co-ownership *or* society *or* guild
sociedade anônima (S.A.) Public Limited Company (Plc)
sociedade com um grande coeficiente de endividamento highly-geared company
sociedade comercial trading company
sociedade fiduciária trust company
sociedade limitada (Ltda.) private limited company; limited partnership
sociedade por ações corporation
sociedade por cotas de responsabilidade limitada *[Ltda.]* limited liability company (Ltd)
sociedades (fpl) **industrializadas** industrialized societies
sócio, -cia partner *or* associate *or* member of a group
sócio minoritário junior partner
sócio comanditário sleeping partner
sócio principal senior partner
sócios, -cias *[participantes]* membership *or* all the members
sofrer danos suffer damage
software (m) software
solicitação (f) request (n)
solicitação de emprego job application *or* application for a job
solicitação de pagamento call (n) for money
solicitar request (v) *or* ask *or* apply for *or* ask for
solicitar mais detalhes ask for further details *or* particulars
solicitar um registro de patente file a patent application
solicitar pedidos solicit orders
solicitar por escrito apply in writing
solicitar reembolso ask for a refund
sólido firm (adj)
solto, -ta loose (adj)
solução (f) solution *or* answer
solução de problemas problem solving
solucionador de problemas troubleshooter *or* problem solver
solucionar settle *or* arrange things
solucionar um problema solve a problem
solvência (f) solvency

solvente solvent
soma (f) sum *or* total; addition
soma de dinheiro sum of money
somar count *or* add *or* total
somar uma coluna de números add up a column of figures
sondagem (f) de opinião canvassing
sonegação (f) evasion *or* fraud
sonegar evade
sonegar impostos evade tax
sortido mixed *[different sorts]*
spot *[compra com entrega imediata]* spot *[purchase]*
stand (m) stand (n) *[at exhibition]*
status (m) *[condição social]* status
sub judice sub judice
subarrendamento (m) sublease (n)
subarrendar sublease (v)
subcontratante (mf) subcontractor
subcontratar subcontract
subcontratar trabalho farm out work
subcontrato (m) subcontract (n)
subdiretor (m) deputy managing director
subempreteiro, -ra subcontractor
subfaturamento (m) pro forma (invoice)
subgerente (mf) assistant manager
subida (f) climb
subir (v) climb *or* rise
sublocação (f) sublease (n); subcontract (n)
sublocador, -dora sublessor
sublocar sublet *or* sublease
sublocatário, -ria subcontractor; sublessee
subornar bribe
suborno (m) bribe (n) *or* backhander *[informal]*
subproduto (m) by-product
subsidiado pelo governo government-sponsored
subsidiar subsidize
subsidiária (f) filial subsidiary (n)
subsidiário, -ria subsidiary (adj)
subsídio (m) subsidy *or* subvention
subsídio pelo aumento do custo de vida cost-of-living allowance
substituir replace *or* take over
substituir alguém deputize for someone
substituto, -ta deputy; replacement

subtotal subtotal
subvenção (f) incentive payments
subvenção subvention *or* subsidy
subvencionar subsidize
sucesso (m) success
sucursal (f) branch office
suficiente (mf) sufficient
sugerir suggest *or* recommend
sujeito, -ta a subject to *or* liable to
superar top (v) *or* go higher than
superestimar overestimate (v)
superfície (f) area *[surface]*
superfície útil floor space
superintendente (mf) chief executive *or* chief executive officer (CEO)
superior *[melhor]* superior (adj) *or* better quality
superior, -ora superior (n) *[person]*
superlotação (f) overbooking
supermercado (m) supermarket
superprodução (f) overproduction
superproduzir overproduce
supervalorizar overvalue
supervisão (f) supervision
supervisionar supervise
supervisor, -ra supervisor
supervisor, -ra supervisory
suplementar supplementary *or* additional
suplementares (mpl) extras
suplemento (m) supplement
suplemento de termo de seguro additional premium
suplente (m) deputy
suplente (mf) proxy *[person]*
suposto, -ta dummy
suprimentos (mpl) supply (n) *or* stock of goods
suprimir excise (v) *or* cut out
suprir supply (v)
surgir appear
sursis probation
suspender suspend *or* discontinue; stop (v)
suspender *[uma sessão]* adjourn
suspender pagamentos stop payments
suspender um processo judiciário abandon an action
suspensão (f) suspension *or* stoppage *or* stopping

suspensão de entregas suspension of deliveries

suspensão de pagamentos stoppage of payments *or* suspension of payments

suspensão de uma sentença stay of execution

suspenso, -sa off *or* cancelled

sustentar maintain *or* keep going

Tt

tabela (f) de preços fixos fixed scale of charges
tabelião (m) público notary public
tabulação (f) tabulation
tabulador (m) tabulator
tabular tabulate
tacógrafo (m) tachograph
talão (m) de cheques cheque book
talonário (m) de recibos receipt book
tamanho (m) size
tamanho do estoque de uso corrente stock size
tamanho extragrande outsize (OS)
tamanho normal regular size
tamanho: de tamanho médio medium-sized
tampar plug (v) *or* block
tangível tangible
tara (f) tare; deadweight
tarifa (f) rate (n) *or* price
tarefa *[obrigação]* job *or* piece of work *or* assignment
tarefa *[peça]* piece
tarifa *[preço]* tariff *or* price
tarifa horária time rate
tarifa preferencial preferential duty *or* preferential tariff
tarifa protetora protective tariff
tarifa reduzida reduced rate *or* cheap rate
tarifas (fpl) aduaneiras customs tariffs
tarifas alfandegárias ou aduaneiras customs tariff
tarifas de frete freight rates
tarifas de frete aéreo air freight charges *or* rates
tarifas de publicidade advertising rates
tarifas de seguro insurance rates
tarifas diferenciadas differential tariffs
tarifas portuárias harbour dues
tarifas postais postal charges *or* postal rates
tarifas publicitárias progressivas graded advertising rates
taxa (f) duty *or* tax
taxa *[honorários]* fee *[for services]*
taxa *[índice]* rate (n) *or* amount
taxa *[de ligação interurbana]* toll
taxa (f) de aeroporto airport tax
taxa corrente *ou* **taxa predominante** going rate
taxa cruzada *[em cotações da bolsa]* *ou* **taxa de câmbio *[entre moedas]*** cross rate
taxa de câmbio rate of exchange *or* exchange rate
taxa de câmbio *[taxa de conversão]* conversion price *or* conversion rate
taxa de câmbio desfavorável unfavourable exchange rate
taxa de câmbio em vigor current rate of exchange
taxa de câmbio estável stable exchange rate
taxa de câmbio fixa fixed exchange rate
taxa de cobrança collection charges *or* collection rates
taxa de conversão conversion price *or* conversion rate
taxa de crescimento growth rate
taxa de depreciação depreciation rate
taxa de desconto discount rate
taxa de erro error rate
taxa de imposto normal standard rate (of tax)
taxa de inflação rate of inflation
taxa de ingresso admission charge
taxa de inscrição *ou* **de matrícula** registration fee *or* fee for admission
taxa de juros interest rate

taxa de juros privilegiada prime rate *or* prime
taxa de retorno rate of return; discount rate
taxa fixa flat rate
taxa horária hourly rate
taxa pertinente ao valor ad valorem tax
taxa preferencial prime rate *or* prime
taxa (f) projetada forward rate
taxa rodoviária road tax
taxa uniforme flat rate
taxação (f) levy (n)
taxação taxation
taxação de ações stock market valuation
taxação elevada high taxation
taxar tax (v)
taxar pouco undercharge
taxar uma compra charge a purchase
taxas (fpl) de câmbio flutuantes floating exchange rates
taxas bancárias bank charges
taxas monetárias money rates
taxas portuárias port charges *or* port dues
tecla (f) key
tecla de controle control key
tecla de maiúsculas shift key
teclado (m) keyboard (n)
teclado numérico numeric keypad
técnica (f) skill
técnicas (fpl) de angariação de votos *ou* clientes canvassing techniques
técnicas de gerenciamento *ou* de administração management techniques
técnicas de marketing marketing techniques
telefonar phone (v) *or* telephone (v) or call (v)
telefone (m) phone (n) *or* telephone (n)
telefone a cartão card phone
telefone celular cellular telephone
telefone interno internal telephone
telefone público pay phone
telefonema (m) phone call
telefonista (mf) telephonist *or* operator
televendas (fpl) telesales
telex (m) telex (n)
tema (m) area *or* subject
tema problemático problem area

tempo (m) de computação computer time
tempo de espera *ou* tempo de preparação lead time
tempo de preparação de uma máquina make-ready time
tempo integral full-time
tempo livre spare time
tempo ocioso *ou* tempo para manutenção ou reparos em máquinas down time
temporada (f) season
temporário, -ria temporary
tendência (f) trend
tendência para *ou* crescimento upward trend
tendências (fpl) do mercado market trends
tendências econômicas economic trends
tentativa: método de tentativas trial and error
ter own *or* possess
ter *[em estoque]* carry *or* have in stock
ter como objetivo target (v)
terceiro (m) third party
terceiro trimestre third quarter
terminal (adj) terminal
terminal (m) aéreo air terminal *or* airport terminal
terminal de computador computer terminal
terminal de containers container terminal
terminar terminate *or* end (v) or close (v)
término (m) closure *or* winding up; expiration or time limit *[contract]*
termo: a termo long term *or* forward
termo: nos termos acordados on agreed terms
termos (mpl) terms
termos de referência terms of reference
terra (f) *ou* terreno (m) land (n)
território (m) territory
Tesouro (m) *ou* tesouraria (f) treasury
testar test (v)
teste (m) examination *or* test
teste gratuito free trial
testemunha (f) reference; witness
teto (m) (de preço) price ceiling
texto (m) wording
típico, -ca representative (adj)

tipo (m) inferior low-grade
tira (f) de papel slip (n) *or* piece of paper
tiragem (f) *[jornal]* circulation *[newspaper]*
tirar fotocópias photocopy
tirar uma folga take time off work
título (m) instrument *or* document; government bond
título *[certificado de uma ação]* share certificate
título ao portador bearer bond
título bancário bill (n) *[written promise to pay]*
título de cargo job title
título de longo prazo long-dated bill
título de posse tenure
título de sócio membership card
título intransferível non-negotiable instrument
título irresgatável irredeemable bond
título não negociável non-negotiable instrument
título negociável negotiable instrument
título que oferece um fator de risco mínimo gilt-edged securities
título resgatável a critério do emitente *ou* **título resgatável antecipadamente** callable bond
títulos (mpl) a curto prazo short-dated bills
títulos comerciáveis bankable paper
títulos de alto risco junk bonds
títulos de crédito securities
títulos do governo government stock
títulos governamentais government bonds
todas as despesas pagas all expenses paid
todas as taxas incluídas inclusive of tax
tomada (f) *[aquisição]* takeover
tomada de decisão decision making
tomada de empréstimo borrowing
tomada elétrica electric plug
tomador, -dora de empréstimo borrower
tomar (v) emprestado borrow
tomar a iniciativa take the initiative
tomar conta de attend to
tomar medida legal take legal action
tomar medidas make provision for *or* act (v) *or* take action

tomar uma decisão reach a decision
tonelada (f) ton
tonelada métrica tonne
tonelagem (f) tonnage
tonelagem bruta gross tonnage
tonelagem (f) onerosa deadweight tonnage
total (adj) total (adj); full-scale; comprehensive; outright
total (m) total (n) *or* sum
total acumulado running total
total geral grand total
totalidade (f) total (n)
totalizar total (v)
trabalhador, -dora worker
trabalhador autônomo self-employed
trabalhador de meio-expediente part-timer
trabalhador manual manual worker
trabalhador temporário casual worker
trabalhadores (mpl) semi-especializados semi-skilled workers
trabalhar work (v)
trabalho (m) work (n)
trabalho: a trabalho on business
trabalho bem remunerado well-paid job
trabalho burocrático clerical work
trabalho de campo field work
trabalho de escrita paperwork
trabalho de meio-expediente part-time work *or* part-time employment
trabalho em processo work in progress
trabalho em turnos shift work
trabalho manual manual work
trabalho por tarefa *ou* **empreitada** piecework
trabalho rotineiro routine work
trabalho temporário casual work
trabalho urgente rush job
tradução (f) translation
tradutor, -tora translator
traduzir translate
trainee management trainee
transação (f) transaction *or* deal
transação à vista cash transaction *or* cash deal
transação comercial business transaction

transação fraudulenta fraudulent transaction

transferência (f) transfer (n); assignment *or* cession

transferência bancária bank transfer

transferência de bens imóveis conveyance

transferência de fundos transfer of funds

transferir transfer (v) *or* move to new place; carry or transport

transferir uma sessão adjourn *or* postpone

transferir temporariamente *[funcionário, -ria]* second (v) *[member of staff]*

transferível transferable

transformar process (v) *[raw materials]*

transformar em moeda realize property *or* assets

transgredir *[um acordo, um contrato]* break *[an agreement, a contract]*

trânsito (m) transit

transmissão (f) communication *[general]*

transmissão *[alienação]* disposal

transmissão *[em máquinas]* drive (n) *[part of machine]*

transmitente (m) assignor

transportadora (f) *[empresa de transportes]* carrier *[company]*

transportar transport (v) *or* carry; bring; ferry (v)

transportar carga por via aérea airfreight (v)

transportar por navio em containers containerize *[ship in containers]*

transporte (m) transport (n); transfer

transporte *[frete]* road haulage *or* carriage

transporte *[total a transportar de uma página a outra, ou de um ano para o outro]* carry forward

transporte de superfície surface transport

transporte ferroviário rail transport

Transporte Internacional Rodoviário TIR (= Transports Internationaux Routiers)

transporte marítimo em containers containerization *[shipping in containers]*

transporte por caminhão *ou* **transporte rodoviário** trucking

transporte público public transport

transporte rodoviário road transport

tratar deal (v)

tratar com alguém deal with someone

tratar de *ou* **tratar com** concern (v) *or* deal with

trazer bring

treinamento (m) training

treinamento empresarial management training

treinamento fora do trabalho off-the-job training

treinamento interno in-house training

treinamento no trabalho on-the-job training

treinar train (v) *or* teach

trem (m) train (n)

trem de carga *ou* **trem de mercadorias** freight train *or* goods train

trem (m) transportador de mercadorias em containers freightliner

tribunal (m) court *or* law courts

tribunal de aluguéis rent tribunal

tribunal de arbitramento adjudication tribunal

tribunal de júri adjudication tribunal

tribunal de justiça law courts

tribunal trabalhista industrial tribunal

tributação (f) taxation

tributação direta direct taxation

tributação indireta indirect taxation

tributação progressiva progressive taxation

tributar tax (v)

tributário, -ria (adj) fiscal

tributável taxable

tributo (m) tax *or* levy

tributo atrasado back tax

trilho (m) rail

trimestral quarterly (adj)

trimestralmente quarterly (adv)

trimestre (m) quarter *[three months]* *or* term

triplicado in triplicate

triplicar treble (v) *or* triple (v)

triplo triple (adj)

tripulado, -da manned

tripular man (v)

troca (f) swop *or* swap; trading

troca direta barter (n) *or* bartering

troca parcial part exchange

troca: efetuar trocas diretas barter (v)

trocado (m) small change
trocar barter (v); change (v) *or* switch (v) or exchange
trocar *[dinheiro]* change (v) *[money]*; exchange (v) *[currency]*
trocar *[permutar]* exchange (v) *[one thing for another]* or swap

troco (m) change (n) *[cash]*
tudo incluído all-in
turno (m) *[equipe de trabalhadores]* shift (n) *[team of workers]*
turno da noite night shift
turno diário day shift

Uu

UE *[União Européia]* EU (= European Union)
UEPS *[ultimo que entra, primeiro que sai]* LIFO (= last in first out)
último (m) **que entra, primeiro que sai** *[UEPS]* last in first out (LIFO)
último *[mais recente]* latest
último trimestre last quarter
União Européia *[UE]* European Union (EU)
único, -ca sole *or* single; one-off
unidade (f) unit *[item]*
unidade de armazenamento storage unit
unidade de demonstração display unit
unidade de disco disk drive
unidade de produção production unit
unidade monetária monetary unit
uniforme (adj) flat (adj) *or* dull; equal

unilateral unilateral *or* one-sided
unir join *or* connect
urgente urgent
usado, -da employed *or* used; secondhand
usar use (v)
usina (f) plant *or* factory
uso (m) use *or* utilization
uso: de fácil uso user-friendly
usual usual *or* common or frequent
usuário, -ria user
usuário, -ria final end user
útil useful *or* handy
utilização (f) utilization
utilização da capacidade instalada capacity utilization
utilizado, -da employed *or* used
utilizar use (v); run (v)

Vv

vaga (f) job vacancy
vaga para emprego situations vacant
vagão (m) truck *or* railway wagon
vago, -ga vacant
vale (m) voucher *or* gift coupon
vale postal postal order *or* money order
vale-presente (m) gift voucher
valer be worth
valer: fazer valer enforce
validade (f) validity
validar *[documentos]* execute
válido, -da valid

valise case (n) *or* suitcase
valor (m) value (n) *or* worth (n); amount of money
valor: sem valor worthless
valor escriturado *ou* **valor contabilizado** book (n)
valor atual present value
valor contábil *ou* **valor escritural** book value
valor de escassez scarcity value
valor de mercado market value
valor de reposição replacement value

valor de resgate surrender value
valor declarado declared value
valor devido amount owing
valor estimado estimated figure
valor histórico *ou* valor inicial historic(al) cost *or* historical figures
valor nominal nominal value *or* face value or par value
valor par par value
valor patrimonial asset value
valor total da fatura total invoice value
valores (mpl) conversíveis convertible loan stock
valores mobiliários securities
valorização (f) appreciation *[in value]*
valorização dos estoques stock valuation
valorizar value (v)
valorizar-se appreciate *or* increase in value
valorizar-se rapidamente boom (v)
vantagem (f) benefit (n)
varejista (mf) retail dealer *or* retailer
varejo (m) retail (n)
variação (f) variation *or* variance
variações (fpl) sazonais seasonal variations
variar range (v) *or* fluctuate
variedade (f) range (n) *or* series of items
VAT (= imposto sobre valor agregado) VAT (= value added tax)
VAT: com VAT de 0% zero-rated
vazamento (m) leakage
vazio, -zia empty (adj)
veículo (m) vehicle
veículo articulado articulated lorry *or* articulated vehicle
veículo pesado para o transporte de mercadorias heavy goods vehicle (HGV)
velho, -lha old
vencer mature (v) *or* fall due
vencer *ou* prazo lapse
vencido, -da *[atrasado]* overdue
vencido, -da *[título, aluguel, promissória, etc.]* due *or* owing
vencimento (m) expiration *or* expiry
venda (f) sale (n) *or* selling
venda: à venda for sale *or* on sale
venda a crédito hire purchase (HP)
venda à vista cash sale

venda com cartão de crédito credit card sale
venda de ações share issue
venda de forma não agressiva soft sell
venda de porta-em-porta door-to-door selling
venda de um produto abaixo do custo para atrair compradores loss-leader
venda direta direct selling
venda (f) embargada *ou* penhorada distress selling
venda forçada forced sale
venda ou devolução sale or return
venda pela metade do preço half-price sale
venda por atacado *ou* venda em bloco block booking
venda por leilão sale by auction
vendabilidade (f) saleability
vendas (fpl) sales
vendas a domicílio door-to-door selling *or* house-to-house selling
vendas a prazo forward sales
vendas a varejo retailing
vendas baixas low sales
vendas estimadas estimated sales
vendas internas domestic sales *or* home sales
vendas líquidas net sales
vendas previstas projected sales
vendas recorde record sales
vendas registradas book sales
vendável saleable *or* marketable
vendedor (m) seller *or* vendor
vendedor (m) *[balconista]* salesman *or* sales clerk *[in shop]*
vendedor (m) *[representante de vendas]* salesman *or* representative
vendedor domiciliar door-to-door salesman
vendedor itinerante commercial traveller
vendedores (mpl) counter staff
vender sell *or* market (v)
vender a preço mais baixo que o concorrente undercut a rival
vender a varejo *ou* a retalho retail (v) *[sell for a price]*
vender com entrega futura sell forward
vender mais barato undersell
verba (f) fund (n)
verbal verbal

verbas (fpl) disponíveis available capital
verificação (f) verification or check (n) or examination or inspection; control (n) or check (n)
verificação aleatória random check
verificar verify or examine or control
verso (m) *[de documento]* back (n)
vetar uma decisão veto a decision
vez: uma vez que provided that or providing
via *[através de]* via
via: segunda via duplicate (n)
viabilidade (f) feasibility
viagem (f) de negócios ou **viagem de trabalho** business trip
viagem de volta homeward journey
viável viable or manageable
vigência (f) term *[time of validity]*
vigor: em vigor ruling (adj)
vigorar run (v) or be in force
vigorar: fazer vigorar enforce
vigoroso, -sa strong
vincular deposit (v)
violação (f) da garantia breach of warranty
violação do regulamento aduaneiro infringement of customs regulations
violar uma patente infringe a patent
vir depois de succeed or follow someone
vírgula (f) decimal decimal point
visado, -da certificated
visar aim (v)
visar *[autenticar]* certify
visita (f) call (n) or visit
vista: à vista *[vendas]* cash (sales)
visita de negócios business call
visita inesperada ou **visita imprevista** cold call
vista (f) sight
vista: à vista cash (adv)
visto (m) visa
visto de entrada entry visa
visto de residência residence permit
visto de trânsito transit visa
visto para entradas múltiplas multiple entry visa
vistoriar survey (v) or inspect
vitrina (f) window display or showcase or showroom or display case
vitrina de loja shop window
volta (f) return (n) or going back
volume (m) volume; capacity or space
volume comercial ou **volume de negócios** volume of trade or volume of business
volume de produção production capacity
volume de vendas sales volume or volume of sales; turnover
volumoso, -sa bulky
vôo (m) flight
vôo (m) de longa distância long-distance or long-haul flight
vôo fretado ou **vôo charter** charter flight
vôo regular scheduled flight
voto (m) de agradecimento vote of thanks
voto de Minerva ou **voto de desempate** ou **voto decisivo** casting vote
voto por procuração proxy vote
vulto: de grande vulto major

Ww Xx Yy Zz

workstation (f) workstation *[at computer]*
zero (m) zero
zona (f) area or region
zona comercial commercial district
zona de livre comércio ou **zona franca** free (trade) zone
zona industrial industrial estate

English-Portuguese
Inglês-Português

Aa

A1 excelente *ou* de primeira classe
abandon abandonar *ou* desistir *ou* renunciar
abandon an action suspender um processo judiciário
abatement abatimento (m)
abroad fora do país *ou* no exterior
absence ausência (f) *ou* falta (f) *ou* afastamento (m)
absent ausente *ou* inexistente
absolute monopoly monopólio (m) absoluto
accelerated depreciation depreciação (f) acelerada
accept (v) *[agree]* aceitar *ou* concordar com
accept (v) *[take something]* aceitar
accept a bill aceitar uma conta
accept delivery of a shipment aceitar a entrega de uma carga ou mercadoria
accept liability for something aceitar obrigações ou responsabilidade por determinada coisa
acceptable aceitável
acceptance aceite (m) *ou* aceite de título comercial
acceptance of an offer aceite (m) de um pedido
acceptance sampling amostra (f) para aprovação
accommodation address caixa (f) postal
accommodation bill letra (f) de favor *ou* papagaio (m)
according to conforme *ou* de acordo com
account (n) conta (f)
account contas
account executive gerente (mf) de conta
account for responder por *ou* ser responsável por
account in credit conta (f) credora
account on stop conta (f) bloqueada
account: on account por conta *ou* a prazo
accountant contador, -dora
accounting (n) contabilidade (f)
accounting (adj) contábil
accounts department departamento (m) de contabilidade
accounts payable contas (fpl) a pagar
accounts receivable contas (fpl) a receber
accrual provisão (f) *ou* acúmulo (m)
accrual of interest acúmulo (m) de juros
accrue acrescer *ou* aumentar *ou* acumular
accrued interest juros (mpl) vencidos *ou* juros acumulados
accumulate acumular *ou* juntar
accurate preciso, -sa *ou* exato, -ta *ou* correto, -ta
acknowledge receipt of a letter acusar recebimento de uma carta
acknowledgement notificação (f) de recebimento
acquire a company adquirir uma empresa *ou* comprar uma empresa
acquisition aquisição (f) *ou* compra (f)
across-the-board global (adj) *ou* geral
act (v) tomar medidas
act of God força (f) maior
acting interino, -na *ou* provisório, -ria
acting manager gerente (mf) interino
action *[lawsuit]* ação (f) judicial
action *[thing done]* ação (f)
action for damages ação (f) por perdas e danos
actual real (mf) *ou* atual (mf) *ou* efetivo, -va
actuals commodity (f) física
actuarial tables quadros (mpl) estatísticos
actuary atuário (m)
ad valorem de acordo com *ou* valor
ad valorem tax taxa (f) pertinente ao valor
add somar *ou* adicionar *ou* acrescentar
add on 10% for service adicionar 10% pelo serviço
add up a column of figures somar uma coluna de números
addition *[calculation]* adição (f) *ou* soma (f)
addition *[thing added]* acréscimo (m) *ou* aditamento (m) *ou* adição (f)

additional complementar (adj) *ou* suplementar

additional charges obrigações (fpl) adicionais

additional premium prêmio (m) adicional *ou* suplemento de termo de seguro

address (n) endereço (m)

address (v) endereçar *ou* dirigir *ou* encaminhar

address a letter *or* **a parcel** endereçar uma carta *ou* um pacote

address label etiqueta (f) com endereço

address list lista de endereços

addressee destinatário, -ria

adequate adequado, -da *ou* apropriado, -da *ou* satisfatório, -da

adjourn adiar *ou* transferir *ou* suspender *[uma sessão]*

adjourn a meeting adiar uma reunião

adjudicate in a dispute adjudicar *ou* julgar *ou* sentenciar

adjudication adjudicação (f) *ou* decisão (f) judicial

adjudication tribunal tribunal (m) de júri

adjudicator adjudicador (m) *ou* árbitro (m) *ou* juiz (m)

adjust ajustar *ou* acordar

adjustment ajuste (m) *ou* acerto (m) *ou* reajuste (m) *ou* correção (f)

administration administração (f) *ou* gerência (f)

administrative administrativo (adj)

administrative expenses despesas (fpl) administrativas

admission *[confession]* confissão (f)

admission *[entry]* admissão (f) *ou* entrada (f)

admission charge taxa (f) de ingresso

admit *[confess]* admitir *ou* confessar

admit *[let in]* admitir *ou* deixar entrar

advance (adj) adiantado, -da *ou* avançado, -da *ou* antecipado, -da

advance (n) *[increase]* progresso (m) *ou* avanço

advance (n) *[loan]* adiantamento (m)

advance (v) *[increase]* desenvolver *ou* fomentar *ou* fazer progredir

advance (v) *[lend]* adiantar *ou* emprestar

advance booking reserva (f) antecipada

advance on account adiantamento (m) na prestação de contas

advance payment pagamento (m) antecipado *ou* pagamento adiantado

advertise anunciar

advertise a new product anunciar um produto novo

advertise a vacancy anunciar uma vaga

advertisement anúncio (m) *ou* propaganda (f)

advertiser anunciante (m)

advertising publicidade (f)

advertising agency empresa (f) de publicidade *ou* agência (f) publicitária

advertising budget orçamento (m) para publicidade

advertising campaign campanha (f) publicitária

advertising manager gerente (mf) de publicidade

advertising rates tarifas (fpl) de publicidade

advertising space espaço (m) para anúncio

advice note aviso (m) de expedição

advise *[tell what happened]* avisar *ou* informar

advise *[what should be done]* aconselhar

adviser *or* **advisor** consultor, -tora *ou* assessor, -sora

affidavit declaração (f) escrita juramentada

affiliated afiliado, -da *ou* associado, -da

affirmative afirmativo

afford poder comprar *ou* proporcionar

after-sales service serviço após compra

after-tax profit resultado (m) líquido após pagamento de tributos

agency agência (f) *ou* repartição (f)

agenda programa (m) *ou* ordem (f) do dia

agent *[representative]* agente (mf) *ou* representante (mf)

agent *[working in an agency]* agente (mf) *ou* representante (mf)

AGM (= **annual general meeting**) AGO (f) (= assembléia geral ordinária)

agree *[accept]* concordar *ou* aceitar

agree *[approve]* concordar *ou* aprovar

agree *[be same as]* concordar com

agree to do something concordar em fazer alguma coisa

agree with *[be same as]* concordar com *ou* corresponder a

agree with *[of same opinion]* concordar com *ou* entrar em acordo *ou* chegar a um acordo

agreed convencionado, -da (adj) *ou* preestabelecido, -da *ou* estipulado, -da

agreed price preço (m) acordado

agreement acordo (m) *ou* contrato (m) *ou* pacto (m) *ou* convênio (m)

agricultural agrícola

aim (n) objetivo (m) *ou* meta (f)

aim (v) visar *ou* objetivar

air ar (m)

air freight frete (m) aéreo

air freight charges *or* **rates** tarifas (fpl) de frete aéreo

air letter aerograma (m)

air terminal terminal (m) aéreo

airfreight (v) transportar carga por via aérea

airline empresa (f) de transporte aéreo

airmail (n) correio (m) aéreo

airmail (v) remeter (v) por via aérea

airmail sticker etiqueta (f) "via aérea"

airport aeroporto (m)

airport bus ônibus (m) do aeroporto

airport tax taxa (f) de aeroporto

airport terminal terminal (m) aéreo

airtight packaging embalagem (f) hermeticamente fechada

all expenses paid todas as despesas pagas

all-in tudo incluído

all-in price preço (m) total

all-risks policy seguro (m) contra todos os riscos

allocate distribuir *ou* alocar *ou* apropriar *ou* repartir *ou* designar *ou* destinar

allow *[agree]* consentir

allow *[give]* conceder *ou* dar

allow *[permit]* permitir *ou* autorizar

allow 10% for carriage dar 10% de desconto para *ou* transporte

allow for levar em conta

allowance for depreciation provisão (f) para depreciação

alphabetical order ordem (f) alfabética

alter alterar *ou* modificar *ou* mudar

alteration alteração (f) *ou* modificação (f) *ou* mudança (f)

alternative (adj) alternativo, -va

alternative (n) alternativa (f)

amend emendar (v) *ou* retificar *ou* corrigir

amendment emenda (f) *ou* correção (f) *ou* alteração (f) *ou* aditamento (m)

American americano, -na

amortization amortização (f)

amortize amortizar *ou* liquidar uma dívida

amount *[of money]* montante (m) *ou* valor (m) *ou* importância (f) *ou* quantia (f)

amount owing valor (m) devido

amount paid quantia (f) paga

amount to chegar a *ou* elevar-se a

analyse *or* **analyze** analisar

analyse the market potential estudar *ou* analisar o potencial do mercado

analysis análise (f)

announce anunciar

announcement declaração (f)

annual anual (adj)

annual accounts contas (fpl) do exercício

annual general meeting (AGM) assembléia (f) geral ordinária *ou* AGO

annual report relatório (m) anual

annually anualmente

answer (n) resposta (f) *ou* solução (f)

answer (v) responder

answer a letter responder uma carta

answer the telephone atender o telefone

answering machine secretária eletrônica

answering service serviço (m) de atendimento telefônico

antedate antedatar

apologize desculpar-se

apology desculpa (f)

appeal (n) *[against a decision]* apelação (f) *ou* recurso (m)

appeal (n) *[attraction]* atração (f) *ou* atrativo (m)

appeal (v) *[against a decision]* apelar *ou* recorrer

appeal to (v) *[attract]* atrair

appear aparecer *ou* surgir *ou* parecer *ou* comparecer a juízo *[Direito]*

appendix apêndice (m)

applicant for a job candidato, -ta a um emprego

application solicitação (f) de emprego *ou* inscrição (f) em concurso *ou* petição (f) *ou* requerimento (m)

application for a job solicitação (f) de emprego

application form formulário (m) para candidatura *ou* formulário de inscrição

apply for *[ask for]* requerer *ou* solicitar

apply for a job candidatar-se a um emprego

apply in writing solicitar por escrito

apply to *[affect]* referir-se a

appoint designar *ou* nomear *ou* indicar

appointment *[job]* designação (f) *ou* indicação (f) *ou* nomeação (f)

appointment *[meeting]* compromisso (m) *ou* hora (f) marcada *ou* entrevista (f)

appointment *[to a job]* nomeação (f) *ou* designação (f)

appointments book agenda (f)

appointments vacant ofertas (fpl) de emprego

appreciate *[how good something is]* apreciar *ou* avaliar

appreciate *[increase in value]* valorizar-se

appreciation *[how good something is]* apreciação (f)

appreciation *[in value]* valorização (f) *ou* acréscimo (m) de valor

appropriate (v) funds apropriar fundos *ou* estabelecer verbas orçamentárias *ou* destinar

approval aprovação (f) *ou* confirmação (f)

approval: on approval sob condição

approve the terms of a contract aprovar os termos de um contrato

approximate aproximado, -da *ou* semelhante

approximately aproximadamente

arbitrate in a dispute julgar uma questão

arbitration arbitramento (m) *ou* arbitragem (f) *ou* mediação (f)

arbitration board *or* **arbitration tribunal** junta (f) *ou* tribunal (m) de justiça

arbitrator árbitro (m) *ou* arbitrador *ou* mediador

area *[of town]* região (f) *ou* bairro (m) *ou* loca (m)

area *[region]* região (f) *ou* área (f) *ou* zona (f) *ou* local (m)

area *[subject]* assunto (m) *ou* tema (m)

area *[surface]* área (f) *ou* superfície (f)

area code código (m) da região

area manager gerente (mf) regional

argument argumento (m) *ou* argumentação (f)

arrange a meeting organizar *ou* preparar uma reunião

arrange *[set out]* expor

arrangement *[compromise]* acordo (m) *ou* compromisso (m)

arrangement *[system]* arranjo (m) *ou* disposição (f)

arrears obrigações (fpl) vencidas e não pagas

arrival chegada (f)

arrivals chegadas (fpl)

arrive chegar

article *[clause]* artigo (m) *ou* parágrafo (m) *ou* cláusula (f)

article *[item]* artigo (m)

articles of association *or* **articles of incorporation** estatuto (m) de uma empresa *ou* contrato social

articulated lorry *or* **articulated vehicle** veículo (m) articulado

as per advice segundo aviso

as per invoice de acordo com a fatura

as per sample conforme amostragem

asap (= as soon as possible) o mais rápido possível

ask *[enquire]* perguntar

ask *[request]* pedir

ask for a refund pedir reembolso *ou* solicitar reembolso

ask for further details *or* **particulars** solicitar mais detalhes

assembly *[meeting]* assembléia (f) *[reunião]*

assemble *[put together]* montar

assembly *[putting together]* montagem (f)

assembly line linha (f) de montagem

assess determinar *ou* avaliar *ou* calcular

assess damages avaliar danos e prejuízos

assessment of damages determinação de danos e prejuízos

asset ativo (m) *ou* patrimônio (m) *ou* haveres (mpl)

asset value valor (m) patrimonial

assets and liabilities ativos (mpl) e passivos

assign a right to someone atribuir um direito a alguém

assignee cessionário (m) *ou* endossatário (m) *ou* síndico (m) *[de massa falida]*
assignment *[cession]* cessão (f) *ou* transferência (f)
assignment *[work]* tarefa (f) *ou* obrigação (f) *ou* incumbência (f)
assignor cedente (m) *ou* transmitente (m)
assist ajudar *ou* assistir *ou* auxiliar
assistance ajuda (f) *ou* auxílio (m)
assistant assistente (mf) *ou* auxiliar *ou* adjunto (m)
assistant manager subgerente (mf) *ou* gerente adjunto
associate (adj) associado, -da
associate (n) sócio, -cia *ou* associado, -da
associate company empresa (f) coligada *ou* empresa afiliada
association associação (f) *ou* corporação (f) *ou* confederação (f)
assurance garantia (f) *ou* seguro (m)
assurance company empresa (f) seguradora
assurance policy apólice (f) de seguro
assure someone's life fazer seguro de vida
attach anexar *ou* embargar *ou* arrestar
attack (n) ataque (m)
attack (v) atacar
attend a meeting assistir a uma reunião
attend to cuidar de *ou* tomar conta de
attention atenção (f) *ou* consideração (f) *ou* ponderação (f)
attorney advogado, -da *ou* jurisconsulto (m)
attract atrair
attractive salary salário (m) atraente

auction (n) leilão (m) *ou* hasta pública (f)
auction (v) leiloar
auction rooms local (m) do leilão
audit (n) auditoria (f)
audit (v) auditar
audit the accounts examinar as contas *ou* auditar as contas
auditing auditoria (f) *ou* relativo à auditoria
auditor auditor
authenticate autenticar *ou* reconhecer
authority autoridade (f) *ou* empresa pública *ou* autarquia
authorization autorização (f)
authorize *[give permission]* autorizar *[dar permissão]*
authorize payment autorizar pagamento
authorized autorizado, -da
availability disponibilidade (f)
available disponível *ou* acessível
available capital capital (m) disponível *ou* verbas (fpl) disponíveis *ou* disponibilidade (f) financeira
average (adj) médio, -dia *ou* normal
average (n) média (f)
average (n) *[insurance]* avaria (f) *[em seguro]*
average (v) calcular a média
average price preço (m) médio
avoid evitar
await instructions aguardar instruções
award (n) prêmio (m) *ou* recompensa (f) *ou* sentença (f) *[Direito]* *ou* adjudicação (f) *[de contrato]*
award (v) recompensar *ou* premiar *ou* adjudicar *ou* outorgar *ou* conceder
award a contract to someone adjudicar um contrato a alguém

Bb

back (n) verso (m) *[de documento]*
back orders pedidos (mpl) pendentes
back pay pagamento de salários atrasados
back tax tributo (m) atrasado

back up (v) *[computer file]* fazer cópia-reserva *[computatdor]*
back up *[support]* apoiar *ou* afiançar
backdate antedatar
backer avalista (mf) *ou* partidário, -ria

backhander suborno (m) *[informal]*

backing endosso (m) *ou* apoio (m) *ou* homologação (f) *ou* aprovação (f) *ou* garantia (f)

backlog of orders pedidos (mpl) em atraso

backup (adj) *[computer]* backup *[computador]*

backup copy backup (m) *ou* cópia de backup *ou* cópia-reserva

backwardation juro (m) de mora *ou* mora (f)

bad buy compra (f) ruim

bad debt dívida (f) incobrável

bag mala (f)

bail someone out afiançar

balance (n) saldo (m) de conta

balance (v) equilibrar

balance (v) a budget equilibrar o orçamento

balance brought down saldo (m) transportado

balance brought down *or* **brought forward** *or* **carried forward** saldo (m) transportado

balance due to us saldo (m) a receber

balance of payments balanço (m) de pagamentos

balance of trade balança (f) comercial

balance sheet balancete (m) *ou* balanço (m)

ban (n) proibição (f) *ou* interdição (f)

ban (v) proibir

bank (n) banco (m)

bank (v) depositar em banco *ou* converter bens em dinheiro

bank account conta (f) bancária

bank balance saldo (m) bancário

bank base rate menor tarifa bancária

bank bill (GB) letra (f) facilmente descontável

bank bill (US) cambial (f) bancária

bank book caderneta (f) bancária

bank borrowings empréstimos (mpl) bancários

bank charges despesas (fpl) bancárias *ou* taxas (fpl) bancárias

bank credit crédito (m) bancário

bank deposits depósitos (mpl) bancários

bank draft saque (m) bancário

bank holiday feriado (m) público

bank loan empréstimo (m) bancário

bank manager gerente (mf) de banco

bank mandate ordem (f) de pagamento

bank statement extrato bancário

bank transfer transferência (f) bancária

bankable paper títulos (mpl) comerciáveis

banker banqueiro (m)

banker's draft documento (m) emitido por um banco, pagável contra apresentação

banker's order ordem (f) de pagamento

banking atividade (f) bancária *ou* sistema (m) bancário

banking hours expediente (m) bancário

banknote nota de banco (f) *ou* papel-moeda (m) emitido por banco

bankrupt (adj) falido, -da

bankrupt (n) falido, -da (m) *ou* insolvente (mf)

bankrupt arruinar

bankruptcy falência (f) *ou* bancarrota (f)

bar chart gráfico (m) de barras

bar code código (m) de barras

bargain (n) barganha (f) *ou* pechincha (f)

bargain (n) *[deal]* contrato (m) *ou* acordo (m)

bargain (n) *[stock exchange]* compra (f) *[bolsa de valores]*

bargain (v) regatear *ou* barganhar

bargain offer oferta (f) excepcional

bargain price preço (m) excepcional

bargaining regateio (m)

bargaining position postura (f) negociadora

bargaining power poder (m) de barganha em uma negociação

barrier barreira (f) *ou* obstáculo (m) *ou* limite (m)

barter (n) escambo (m) *ou* troca (f) direta

barter (v) escambar *ou* trocar *ou* permutar *ou* efetuar trocas diretas

bartering troca (f)

base (n) *[initial position]* base (f) *ou* posição (f) inicial *ou* saída (f) *ou* ponto (m) de partida

base (n) *[place]* sede (f) *ou* base (f)

base (v) *[start to calculate from]* calcular a partir de *ou* basear-se em

base year ano (m) base

based *[in a place]* radicado, -da *ou* situado, -da *ou* localizado, -da

basic (adj) *[most important]* principal *ou* mais importante

basic (adj) *[simple]* básico *ou* simples *[linguagem de programação de computadores]*

basic discount desconto (m) básico

basic tax imposto (m) básico

basis base (f) *ou* fundamento (m)

batch (n) *[of orders]* partida (f) *ou* remessa (f)

batch (n) *[of products]* lote (m) *[de produtos]*

batch (v) agrupar

batch number número (m) do lote

batch processing processamento (m) em lotes *ou* processamento em batch

bear (n) *[stock exchange]* especulador (m) *[bolsa de valores]*

bear (v) *[carry]* portar *ou* conduzir

bear (v) *[interest]* render juros

bear (v) *[pay for]* render *[pagar]*

bear market mercado (m) em baixa

bearer portador, -dora

bearer bond título (m) ao portador *ou* obrigação (f) ao portador

begin começar *ou* iniciar *ou* dar início

beginning começo (m) *ou* princípio (m) *ou* início (m) *ou* ponto (m) de partida

behalf: on behalf of em nome de *ou* da parte de

belong to pertencer a

below-the-line expenditure gastos não incluídos na contabilidade normal de uma empresa

benchmark benchmark (m) *ou* ponto (m) de referência *ou* situação (f) de base

beneficiary beneficiário, -ria (m) *ou* herdeiro, -ra (m) *ou* segurado, -da (m) *[seguros]*

benefit (n) benefício (m) *ou* vantagem (f) *ou* indenização (f) *[seguros]*

benefit from (v) beneficiar-se de

berth (n) ancoradouro (m)

berth (v) atracar *ou* ancorar *ou* encostar no cais

best (adj) melhor

best (n) melhor (m)

best-selling car carro (m) mais vendido

bid (n) *[at an auction]* lance (m) *[em um leilão]*

bid (n) *[offer to buy]* oferta (f) *[para compra]*

bid (n) *[offer to do work]* oferta (f) *[de prestação de serviços]*

bid (n) *[offer to sell]* oferta (f) *[de venda]*

bid (v) *[offer to buy]* fazer proposta *[para compra]*

bidder licitante (mf) *ou* proponente (mf)

bidding concorrência (f) *ou* licitação (f)

bilateral bilateral (adj)

bill (n) (US) nota (f) de banco

bill (n) *[in a restaurant]* conta (f) *[em um restaurante]*

bill (n) *[in Parliament]* projeto (m) de lei *[no Congresso ou no Parlamento]*

bill (n) *[list of charges]* fatura (f) *ou* nota

bill (n) *[written promise to pay]* título (m) bancário

bill (v) faturar

bill of exchange letra (f) de câmbio

bill of lading conhecimento (m) de embarque

bill of sale instrumento (m) de venda

billing faturamento (m) *ou* cobrança (f)

billion bilhão (m)

bills for collection contas (fpl) a receber

bills payable contas (fpl) a pagar

bills receivable contas (fpl) a receber

binding obrigatório (adj) *[por contrato]*

black economy economia (f) informal

black list (n) lista (f) negra

black market câmbio (m) negro *ou* mercado (m) paralelo

blacklist (v) colocar na lista negra

blame (n) reprovação (f) *ou* culpa (f) *ou* censura (f)

blame (v) culpar *ou* reprovar *ou* censurar

blank em branco

blank (n) espaço (m) em branco

blank cheque cheque (m) em branco

blank space espaço (m) em branco

blister pack embalagem (f) com plástico-bolha

block (n) *[building]* bloco (m) *[em edifício]*

block (n) *[of shares]* bloco (m) de ações *ou* quantidade relevante de ações

block (v) impedir *ou* bloquear *ou* interromper

block booking venda (f) por atacado *ou* venda em bloco

blocked currency moeda (f) bloqueada pelo governo

blue chip ação (f) de primeira linha *ou* blue chip

blue-chip investments investimentos (mpl) em ações de primeira linha

board (n) *[group of people]* diretoria (f) *ou* junta (f) *ou* comitê (m) *ou* conselho (m)

board (v) embarcar (v) *ou* ir a bordo

board meeting reunião (f) de diretoria *ou* reunião de qualquer corpo administrativo

board of directors conselho (m) de administração

board: on board a bordo ou embarcado, -da

boarding card *or* **boarding pass** cartão (m) de embarque

boardroom sala (f) de reunião do conselho de administração

bona fide de boa fé

bond *[borrowing by government]* obrigação (f) *ou* título (m)

bonded warehouse armazém (m) alfandegado

bonus gratificação (f) *ou* bonificação (f) *ou* prêmio (m) *ou* abono (m) *ou* dividendo (m) suplementar

bonus issue dividendo (m) em ações

book (n) livro (m) *ou* registro (m) *ou* escrita (f)

book (v) goods registrar mercadorias ou produtos

book sales vendas (fpl) registradas

book value valor (m) contábil *ou* valor escritural

booking escrituração (f)

booking clerk despachante (mf)

booking office bilheteria (f)

bookkeeper guarda-livros (mf) *ou* encarregado (m) da escrituração contábil

bookkeeping escrituração (f) contábil *ou* contabilidade (f)

boom (n) alta (f) *ou* expansão (f) econômica acelerada e repentina *ou* expansão rápida

boom (v) valorizar-se rapidamente *ou* progredir rapidamente

boom industry indústria (f) em plena expansão

boost (n) impulso (m) *[para ou consumo de bens]*

boost (v) impulsionar

border tax adjustment ajuste (m) de impostos ou tarifas

borrow tomar emprestado

borrower tomador, -dora de empréstimo *ou* mutuário, -ria

borrowing tomada (f) de empréstimo

borrowing power capacidade de uma empresa obter empréstimos

boss patrão (m) *ou* chefe (mf)

boss (informal) chefe (mf)

bottleneck gargalo (m) *ou* pontos (mpl) de estrangulamento

bottom parte (f) inferior *ou* fundo (m) *ou* ponto (m) mais baixo

bought ledger livro-razão (m) de compras

bought ledger clerk escriturário a cargo do livro-razão de compras

bottom line linha (f) de fundo: lucro (m) *ou* prejuízo (m) contabilizado ao final de um período

bounce *[cheque]* sem fundos *[cheque]*

box number número (m) da caixa postal

boxed set jogo (m) completo de artigos vendidos em uma caixa

boycott (n) boicote (m)

boycott (v) boicotar

bracket (n) *[tax]* alíquota (f)

bracket together agrupar *ou* reunir *[em uma lista]*

branch filial (f) *ou* agência (f) *ou* sucursal (f)

branch manager gerente (mf) de filial *ou* gerente de agência

branch office sucursal (f) *ou* filial (f) *ou* agência (f)

brand marca (f) comercial *ou* marca de fabricação

brand image imagem (f) da marca

brand loyalty lealdade (f) à marca

brand name nome (m) da marca

brand new inteiramente novo *ou* novo em folha

breach of contract quebra (f) de contrato *ou* rescisão (f) de contrato *ou* inadimplência (f) contratual

breach of warranty violação (f) da garantia

break (n) interrupção (f)

break (v) romper ou infringir *ou* transgredir

break an agreement romper um acordo

break down (v) *[itemize]* dividir em partes

break down (v) *[machine]* enguiçar *[um equipamento]*

break down (v) *[talks]* romper
break even (v) equilibrar *ou* atingir um ponto de equilíbrio
break off negotiations interromper negociações
break the law infringir a lei
breakages rupturas (fpl) *ou* fraturas (fpl)
breakdown (n) *[items]* divisão (f) *ou* classificação (f) *ou* especificação (f) *ou* discriminação (f) *[de itens]*
breakdown (n) *[machine]* enguiço (m) *[de um equipamento]*
breakdown (n) *[talks]* ruptura (f) *ou* interrupção
breakeven point ponto (m) de equilíbrio
bribe (n) suborno (m) *ou* propina (f)
bribe (v) subornar
brief (v) resumir *ou* dar instruções
briefcase pasta (f) *[para papéis, documentos, etc.]*
bring (v) trazer *ou* transportar *ou* proporcionar *ou* ocasionar
bring a civil action processar (v)
bring in render (v) *ou* produzir
bring out apresentar *ou* destacar *ou* fazer aparecer
British britânico, -ca
brochure brochura (f) *ou* folheto (m)
broke (informal) quebrado, -da (adj) *ou* falido, -da
broker corretor (m) *ou* agente (mf)
brokerage *or* **broker's commission** corretagem (f)
brown paper papel (m) pardo
bubble pack plástico-bolha
budget (n) orçamento (m) *ou* receita (f) orçamentária
budget (v) orçar
budget account contas (fpl) ou depósitos (mpl) orçamentários
budgetary orçamentário, -ria
budgetary control controle (m) orçamentário
budgetary policy política (f) orçamentária
budgeting elaboração (f) do orçamento *ou* administração (f) orçamentária
building society associação de crédito e poupança para financiar aquisições imobiliárias
built-in incorporado, -da *ou* integrado, -da (m)
bulk granel *ou* por atacado

bulk buying compra (f) no atacado *ou* compra a granel
bulk shipments despacho (m) de granel
bulky volumoso, -sa
bull *[stock exchange]* investidor (m) otimista *[quem compra títulos na Bolsa de valores na expectativa de uma valorização]*
bull market mercado (m) em alta
bulletin boletim (m) oficial
bullion ouro (m) e prata (f) em barras ou lingotes
bureau de change casa (f) de câmbio
bus ônibus (m)
business *[commerce]* negócio (m) *ou* empreendimento (m) *ou* atividade (f) comercial, industrial ou financeira
business *[company]* empresa (f)
business *[discussion]* questão (f)
business address endereço (m) comercial
business call visita (f) de negócios
business card cartão (m) de visita
business centre centro (m) empresarial
business class classe (f) executiva
business equipment equipamento (m) de escritório
business hours horário (m) comercial
business letter carta (f) comercial
business lunch almoço (m) de negócios
business premises *or* **commercial premises** local (m) de trabalho *ou* escritórios (mpl)
business strategy estratégia (f) de negócios
business transaction transação (f) comercial
business trip viagem (f) de negócios *ou* viagem de trabalho
business: on business a negócios *ou* a trabalho
businessman *or* **businesswoman** empresário (m) *ou* empresária (f)
busy movimentado, -da (adj) *ou* ocupado, -da
buy (v) comprar
buy back recompra (f)
buy for cash compra à vista em dinheiro
buyer *[for a store]* comprador, -dora
buyer *[person]* comprador, -dora *ou* adquirente (mf)
buyer's market mercado (m) comprador

buying atividade (f) de compra *ou* compra (f) *ou* aquisição (f)

buying department departamento (m) de compras

by-product subproduto (m) *ou* produto derivado *ou* produto secundário

Cc

c.i.f. (= cost, insurance and freight) CIF *[custo + seguro + frete]*

c/o (= care of) a/c *[aos cuidados de]*

cable address endereço (m) telegráfico

calculate calcular *ou* computar *ou* estimar *ou* avaliar

calculation cálculo (m) *ou* cômputo (m) *ou* avaliação (f) *ou* estimativa (f)

calculator calculadora (f) *ou* máquina (f) de calcular

calendar month mês (m) civil

calendar year ano civil (m)

call (n) *[for money]* solicitação (f) de pagamento

call (n) *[phone]* ligação (f) telefônica *ou* chamada (f) telefônica

call (n) *[stock exchange]* chamada (f) para integralização de capitais

call (n) *[visit]* visita (f)

call (v) *[ask to do something]* solicitar *ou* pedir

call (v) *[phone]* telefonar *ou* ligar *ou* chamar

call (v) **a meeting** convocar uma reunião *ou* assembléia

call box cabina (f) telefônica

call off a deal anular um contrato *ou* anular um acordo

call rate freqüência (f) de visitas *[de um representante ou vendedor]*

callable bond título (m) resgatável a critério do emitente *ou* título resgatável antecipadamente

campaign campanha (f)

cancel cancelar *ou* anular *ou* liquidar *ou* rescindir

cancel a cheque anular um cheque *ou* inutilizar um cheque

cancel a contract rescindir um contrato

cancellation cancelamento (m) *ou* anulação (f) *ou* rescisão (f) *ou* inutilização (f)

cancellation clause cláusula (f) de rescisão

cancellation of an appointment cancelamento (m) de uma reunião

candidate candidato, -a

canvass angariar *ou* solicitar votos ou clientes

canvasser cabo (m) eleitoral ou angariador de votos *ou* clientes

canvassing angariação (f) de votos ou clientes

canvassing techniques técnicas (fpl) de angariação de votos ou clientes

capable of capaz (adj) *ou* apto *ou* hábil *ou* competente

capacity *[ability]* aptidão (f) *ou* habilidade (f) *ou* capacidade (f) *ou* competência (f)

capacity *[production]* capacidade (f) *ou* volume (m) *[de produção]*

capacity *[space]* cubagem (f) *ou* volume (m)

capacity utilization utilização (f) da capacidade instalada

capital capital (m) *ou* patrimônio *ou* ativo fixo *ou* imobilizado *ou* principal

capital account conta (f) de capital *ou* conta de ativo fixo

capital assets ativo (m) fixo *ou* bens (mpl) de capital *ou* bens permanentes fixos ou imobilizados

capital equipment bens (mpl) de capital *ou* equipamento (m)

capital expenditure despesas (fpl) de capital *ou* dispêndio (m) de capital

capital gains ganhos (mpl) de capital *ou* lucro (m) sobre *ou* capital investido *ou* incremento de capital

capital gains tax imposto (m) sobre ganhos de capital

capital goods bens (mpl) de capital *ou* bens de produção

capital loss perda (f) de capital *ou* perda de valor

capital-intensive industry indústria (f) com alto coeficiente de capital
capitalization capitalização (f)
capitalization of reserves capitalização (f) das reservas
capitalize capitalizar
capitalize on lucrar
captive market mercado (m) cativo
capture captar *ou* capturar
carbon copy cópia (f) a papel carbono
carbon paper papel (m) carbono
carbonless sem papel carbono
card *[business card]* cartão (m) de visita
card *[material]* papelão (m)
card *[membership]* título (m) de sócio *ou* carteira (f) de sócio
card *[postcard]* cartão (m) postal
card index (n) fichário (m)
card phone telefone a cartão
card-index (v) colocar (v) no fichário
card-index file fichário (m)
card-indexing colocar (f) de informações em arquivo de fichas
cardboard cartão (m) *ou* papelão (m) *ou* cartolina (f) *[material]*
cardboard box caixa (f) de papelão
care of (c/o) aos cuidados de *[a/c]*
cargo carga (f) *ou* carregamento (m)
cargo ship navio (m) cargueiro
carnet *[document]* documento (m) que permite a circulação de bens sujeitos à tarifas alfandegárias que são pagas no destino final
carriage transporte (m) *ou* frete (m) *ou* carreto (m)
carriage forward frete (m) a ser pago pelo destinatário
carriage free frete (m) gratuito
carriage paid frete (m) pago *[pelo remetente]*
carrier *[company]* transportadora (f) *ou* empresa (f) de transporte
carrier *[vehicle]* veículo de transporte (m)
carry *[approve in a vote]* aprovar (v) *[por votação]*
carry *[have in stock]* manter *ou* ter *[em estoque]*
carry *[pay, produce]* pagar *[juros]*
carry *[transport]* transportar *ou* transferir *ou* levar
carry forward transporte (m) *[total a transportar de uma página a outra, ou de um ano para ou outro]*
carry on a business continuar o negócio
carry over a balance apresentar saldo a transportar
cartel cartel (m)
carton *[box]* caixa (f) de papelão
carton *[material]* papelão (m)
case (n) *[box]* caixa (f) *ou* estojo (m) *ou* invólucro (m)
case (n) *[suitcase]* maleta (f) *ou* valise (f)
case (v) *[put in boxes]* embalar *ou* encaixotar *ou* colocar em estojo
cash (adv) à vista *ou* em dinheiro *[vendas]*
cash (n) *[money]* dinheiro (m) *[em espécie]* *ou* numerário (m) *ou* moeda (f) circulante
cash a cheque descontar um cheque
cash account conta (f) de caixa
cash advance adiantamento (m) em dinheiro
cash and carry entrega (f) no ato do pagamento *ou* pagamento (m) contra entrega
cash balance saldo (m) de caixa
cash book livro-caixa (m)
cash card cartão (m) do banco *[para compras em dinheiro ou retirada de dinheiro em caixas eletrônicos]*
cash deal transação (f) à vista *ou* negócio (m) em dinheiro
cash deposit depósito (m) em espécie
cash desk balcão (m) *[onde está a caixa registradora]*
cash discount *or* **discount for cash** desconto (m) para pagamento à vista
cash dispenser caixa (m) automático *ou* caixa eletrônico
cash float fundo (m) do caixa
cash flow fluxo (m) de caixa *ou* cash flow (m)
cash flow forecast previsão (f) do fluxo de caixa
cash flow statement situação (f) do fluxo de caixa
cash in hand dinheiro (m) em caixa
cash offer oferta (f) em espécie
cash on delivery (c.o.d.) pagamento (m) contra entrega
cash payment pagamento (m) em espécie

cash price *or* **cash terms** preço (m) à vista

cash purchase compra (f) à vista *ou* compra em dinheiro

cash register caixa (f) registradora *ou* máquina (f) registradora

cash reserves reservas (fpl) em caixa excedente

cash sale venda (f) à vista

cash terms pagamento (m) à vista

cash till caixa (f) registradora

cash transaction transação (f) à vista

cash voucher comprovante (m) de caixa

cashable que pode ser cobrado

cashier caixa (m) *[funcionário]*

cashier's check (US) cheque (m) visado

casting vote voto (m) de Minerva *ou* voto de desempate *ou* voto decisivo

casual work trabalho (m) temporário

casual worker trabalhador (m) temporário

catalogue catálogo (m)

catalogue price preço (m) de catálogo

category categoria (f) *ou* classe (f) *ou* série (f) *ou* grupo (m)

cater for fornecer (v) serviços *ou* abastecer *ou* aprovisionar

caveat emptor "que o comprador se acautele"

ceiling teto (adj) *ou* máximo

ceiling price preço (m) máximo *ou* preço teto

cellular telephone telefone (m) celular

central central (adj) *ou* principal *ou* fundamental

central bank Banco (m) Central

central purchasing compras (fpl) centralizadas

centralization centralização (f)

centralize centralizar

centre centro (m)

CEO (= chief executive officer) CEO *[superintendente]*

certificate certificado (m) *ou* atestado (m) *ou* parecer (m)

certificate of approval certificado (m) de homologação

certificate of deposit recibo (m) negociável de depósito bancário *ou* certificado de depósito bancário *ou* certificado de depósito de mercadorias

certificate of guarantee certificado (m) de garantia

certificate of origin certificado (m) de origem

certificate of registration certificado (m) de registro

certificated autenticado, -da *ou* visado, -da *ou* autorizado, -da

certificated bankruptcy falência (f) certificada

certified accountant contador, -dora registrado, -da

certified cheque cheque (m) visado

certified copy cópia (f) autenticada

certify autenticar (v) *ou* visar *ou* certificar *ou* atestar

cession cessão (f) *ou* transferência (f)

chain *[of stores]* cadeia (f) *[de lojas]*

chain store lojas (fpl) de uma cadeia

chairman *[of committee]* presidente (mf) de um grupo

chairman *[of company]* diretor (m) presidente

chairman and managing director diretor (m) presidente

Chamber of Commerce câmara (f) de comércio

change (n) *[cash]* troco (m)

change (n) *[difference]* alteração (f) *ou* mudança (f) *ou* troca (f) *ou* modificação (f)

change (v) *[become different]* mudar *ou* alterar *ou* trocar *ou* modificar

change (v) *[money]* trocar (v) *[dinheiro]*

change hands mudar de propriedade

change machine máquina (f) de troco

channel (n) canal (m) *ou* meio (m) de comunicação

channel (v) encaminhar

channels of distribution canais (mpl) de distribuição *ou* sistema (m) de distribuição de produtos

charge (n) *[in court]* acusação (f) *[no tribunal]*

charge (n) *[money]* custo (m) *ou* encargo (m) *ou* débito (m) *ou* despesa (f)

charge (n) *[on account]* débito (m) *[em conta]*

charge (v) *[in court]* acusar *[no tribunal]*

charge (v) *[money]* cobrar, debitar

charge a purchase taxar uma compra

charge account conta (f) de débito *ou* conta de crédito para efetivação de compras

charge card cartão (f) de crédito
chargeable debitável (adj)
charges forward o mesmo que FOB *[o comprador pagará as despesas de transporte]*
charter (n) contrato (m) de afretamento
charter (v) fretar
charter an aircraft fretar um avião
charter flight vôo (m) fretado *ou* vôo charter
charter plane avião (m) fretado
charterer fretador (m) *ou* afretador (m)
chartering fretamento (m) *ou* afretamento (m)
chase *[an order]* fazer o acompanhamento de um pedido
chase *[follow]* seguir *ou* verificar
cheap barato, -ta
cheap labour mão-de-obra (f) de baixo custo *ou* mão-de-obra barata
cheap money dinheiro (m) a juros baixos
cheap rate tarifa (f) reduzida
check (n) *[examination]* verificação (f) *ou* conferência (f)
check (n) *[stop]* interrupção (m) *ou* parada (f)
check (v) *[examine]* verificar *ou* conferir *ou* examinar
check (v) *[stop]* interromper *ou* parar
check in *[at airport]* fazer *ou* check in *[no aeroporto]*
check in *[at hotel]* registrar-se *[em um hotel]*
check out *[of hotel]* pagar a conta e ir embora *[de um hotel]*
check sample amostra (f) para verificação
check-in *[at airport]* check-in *[no aeroporto]*
check-in counter balcão (m) de check-in
check-in time horário (m) de check-in
checkout *[in supermarket]* caixa (f) *[no supermercado]*
cheque cheque (m)
cheque (guarantee) card cartão (m) do banco
cheque account conta (f) bancária com uso de cheques
cheque book talão (m) de cheques
cheque number número (m) do cheque
cheque stub canhoto (m) do talão de cheques

cheque to bearer cheque (m) ao portador
chief chefe (mf)
chief (adj) principal *ou* mais importante
chief clerk chefe (mf) de seção
chief executive *or* **chief executive officer (CEO)** CEO (mf) *ou* superintendente
choice (n) escolha (f) *ou* preferência (f)
choice (n) *[choosing]* opção (f) *ou* alternativa (f)
choice (n) *[items to choose from]* escolha (f)
choice (n) *[thing chosen]* escolhido, -da (m)
choose escolher
Christmas bonus abono (m) de Natal
chronic crônico (adj)
chronological order ordem (f) cronológica
circular (n) circular (f)
circular letter carta circular (f)
circular letter of credit carta (f) circular de crédito
circulation *[money]* circulação (f)
circulation *[newspaper]* tiragem (f) *[jornal]*
civil law Direito (m) Civil
claim (n) reclamação (f) *ou* demanda (f) *ou* ação judicial (f) *ou* questão (f) *ou* reivindicação (f) *ou* pedido (m) de indenização
claim (v) insurance pedir *ou* reivindicar pagamento de seguro
claim (v) *[right]* acionar *[judicialmente]* *ou* reivindicar
claim (v) *[suggest]* alegar *ou* afirmar
claimant reivindicante (mf) *ou* reclamante
claims department serviço (m) de atendimento a reclamações
claims manager gerente (mf) do serviço de atendimento a reclamações
class classe (f)
classification classificação (f)
classified ads *or* **classified advertisements** classificados (mpl) *ou* anúncios (mpl) classificados
classified directory guia (m) classificado
classify classificar
clause cláusula (f) *ou* artigo (m) *ou* parágrafo (m)
clawback devolução (f) de pagamento

clear (adj) *[easy to understand]* fácil *ou* simples

clear (adj) *[free]* sem restrições

clear (v) *[stock]* apurar lucro líquido

clear a cheque compensar um cheque

clear a debt liquidar uma dívida

clear profit lucro (m) líquido

clearance certificate certificado (m) de despacho aduaneiro

clearance of a cheque compensação de um cheque

clearing *[paying]* compensação (f)

clearing bank banco (m) comercial *[Inglaterra]* ou banco pagador *[EUA]*

clerical administrativo, -va *ou* burocrático, -ca

clerical error erro (m) de escrita *ou* erro administrativo

clerical staff funcionários (mpl) administrativos *ou* funcionários de escritório

clerical work trabalho (m) burocrático *ou* serviço burocrático

clerk escriturário, -ria *ou* auxiliar (mf) de escritório *ou* oficial (mf) de justiça *ou* escrevente (mf)

client cliente (mf)

clientele clientela (f)

climb (n) subida (f) *ou* ascensão (f) *ou* escalada (f)

climb (v) subir

clinch concluir (v) *ou* fechar *[um negócio]*

clipping service serviço (m) de recorte *[de jornais e revistas]*

close (n) *[end]* encerramento (m)

close (v) *[end]* fechar *ou* concluir *ou* terminar *ou* encerrar *[após ou trabalho]*

close a bank account encerrar uma conta bancária

close a meeting encerrar uma reunião

close an account fechar uma conta

close down fechar *ou* encerrar as atividades

close to próximo, -ma *ou* perto de

closed fechado, -da *ou* encerrado, -da

closed circuit TV circuito (m) fechado de televisão

closed market mercado (m) exclusivo

closing (adj) final

closing (n) encerramento (m) *ou* fechamento (m) *ou* liquidação (f)

closing balance saldo (m) final

closing bid lance (m) final *ou* oferta (f) final

closing date data (f) de encerramento *ou* data de fechamento

closing price preço (m) de fechamento

closing stock estoque (m) no final do exercício

closing time encerramento (m) de expediente

closing-down sale liquidação (f) total para fechamento

closure fechamento (m) *ou* encerramento (m) *ou* término (m) *ou* conclusão (f)

co-creditor co-credor (m)

co-director co-diretor (m)

co-insurance co-seguro (m)

co-operate colaborar *ou* cooperar

co-operation cooperação (f) *ou* colaboração (f)

co-operative cooperativo, -va

co-operative (n) cooperativa (f)

co-opt someone cooptar *ou* admitir em uma sociedade

co-owner co-proprietário (m)

co-ownership sociedade (f)

COD *or* **c.o.d.** (= cash on delivery) pagamento contra entrega

code código (m) *ou* normas (fpl) *ou* regras (fpl)

code of practice normas (fpl) de conduta

coding codificação (f)

coin (n) moeda (f)

coin (v) cunhar

cold call visita inesperada *ou* visita imprevista

cold start começo (m) do zero

cold storage armazenamento em câmara frigorífica

cold store frigorífico (m) *ou* câmara (f) frigorífica

collaborate colaborar *ou* cooperar

collaboration colaboração (f) *ou* cooperação (f)

collapse (n) colapso (m) *ou* falência (f)

collapse (v) falir *ou* ruir *ou* desmoronar

collateral (adj) caucionado

collateral (n) caução (f) *ou* garantia *ou* colateral (m)

collect (v) *[fetch]* ir buscar

collect (v) *[money]* cobrar *ou* arrecadar *ou* receber

collect a debt cobrar uma dívida

collect call (US) chamada (f) a cobrar

collection *[money]* cobrança (f) *ou* arrecadação (f)

collection *[post]* recolhimento (m)

collection charges *or* **collection rates** despesas (fpl) de cobrança *ou* taxa (f) de cobrança

collective coletivo, -va

collective ownership propriedade (f) conjunta

collective wage agreement acordo (m) coletivo de trabalho

collector cobrador, -dora *ou* coletor, -tora

commerce comércio (m)

commercial (adj) comercial

commercial (n) *[radio, TV]* comercial (m) *[em rádio ou tv]*

commercial attaché adido (mf) comercial

commercial college escola (f) de comércio

commercial course curso (m) de comércio

commercial directory guia (m) de empresas

commercial district zona (f) comercial

commercial failure bancarrota (f)

commercial law Direito (m) Comercial

commercial traveller vendedor (m) itinerante

commercial undertaking empreendimento (m) comercial

commercialization comercialização (f)

commercialize comercializar

commission *[committee]* comitê (m) *ou* delegação (f)

commission *[money]* comissão (f) *[dinheiro]*

commission agent comissionário (m) *ou* consignatário (m)

commission rep representante (mf) comercial

commit *[crime]* cometer

commit funds to a project destinar fundos a um projeto

commitments compromissos (mpl) *ou* obrigação (f) *ou* empréstimo (m)

commodity mercadoria (f) *ou* bem (m) consumível *ou* produto (m) básico *ou* produto primário

commodity exchange bolsa (f) de mercadorias

commodity futures mercadorias (fpl) *ou* matérias-primas cotadas no mercado (m) de futuros

commodity market mercado (m) de commodities

common *[frequent]* usual

common *[to more than one]* comum a todos

common carrier empresa (f) de transporte coletivo

Common Market Mercado (m) Comum

common ownership propriedade coletiva (f) *ou* condomínio (m)

common pricing fixação (f) conjunta de preços

communicate comunicar *ou* informar

communication *[general]* comunicação (f) *ou* transmissão (f)

communication *[message]* mensagem (f) *ou* aviso (m)

communications comunicações (fpl)

community comunidade (f)

commute *[exchange]* permutar *ou* trocar

commute *[travel]* fazer conexão *[de meios de transporte]*

commuter pessoa que viaja diariamente para o trabalho

companies' register *or* **register of companies** registro da empresa na junta comercial

company companhia (f) *ou* empresa (f) *ou* sociedade (f) *ou* firma (f)

company director diretor (m) de empresa

company law lei (f) das sociedades anônimas

company secretary secretário (m) geral

comparability comparabilidade (f)

comparable comparável

compare comparar

compare with comparar com

comparison comparação (f)

compensate compensar

compensation compensação (f) *ou* remuneração (f) *[por serviços prestados]* *ou* recompensa (f)

compensation for damage indenização (f) *ou* ressarcimento (m) de prejuízos e danos

compete with someone *or* **with a company** concorrer com alguém *ou* com uma empresa

competing competitivo

competing firms empresas (fpl) concorrentes

competing products produtos (mpl) concorrentes

competition concorrência (f)

competitive competitivo, -va

competitive price preço (m) competitivo

competitive pricing fixação de preços competitivos

competitive products produtos (mpl) competitivos

competitively priced a preços (mpl) competitivos

competitiveness competitividade (f)

competitor concorrente (m)

complain about queixar-se *ou* reclamar

complaint reclamação (f) *ou* queixa (f)

complaints department seção (f) de reclamações

complementary complementar

complete (adj) completo, -ta

complete (v) completar *ou* preencher

completion acabamento (m) *ou* fechamento (m) *ou* finalização (m)

completion date data (f) de término *ou* data de encerramento

completion of a contract cumprimento (m) de um contrato

compliance cumprimento (m) *ou* obediência (f)

complimentary gratuito, -ta

complimentary ticket bilhete (m) de cortesia *ou* entrada (f) de cortesia

compliments slip impresso (m) para breves mensagens manuscritas

comply with agir de acordo com

composition with creditors composição (f) com credores

compound interest juros (mpl) compostos

comprehensive abrangente (mf) *ou* total (mf) *ou* global (mf)

comprehensive insurance seguro (m) total

compromise (n) acordo (m) *ou* compromisso (m) *ou* conciliação (f)

compromise (v) chegar a um acordo

compulsory compulsório, -ria

compulsory liquidation liquidação (f) forçada *ou* liquidação compulsória

compulsory purchase compra (f) compulsória

computer computador (m)

computer bureau bureau (m) de computação

computer department departamento (m) de computação

computer error erro (m) de computação

computer file arquivo (m) de computador

computer language linguagem (f) de programação

computer listing listagem (f)

computer printer impressora (f) de computador

computer printout impresso (m) de computador

computer program programa (m) de computador

computer programmer programador, -dora de computador

computer programming programação (f) de computador

computer services serviços (mpl) de computação

computer system sistema (m) de computador

computer terminal terminal (m) de computador

computer time tempo (m) de computação

computer-readable legível por computador

computer-readable codes códigos (mpl) legíveis por computador

computerize computadorizar

computerized computadorizado, -da

concealment of assets ocultação (f) de ativos

concern (n) *[business]* empresa (f) *ou* firma (f)

concern (n) *[worry]* preocupação (f)

concern (v) *[deal with]* tratar de *ou* tratar com

concession *[reduction]* redução (f)

concession *[right]* concessão (f)

concessionaire concessionário (m)

conciliation conciliação (f)

conclude *[agreement]* concluir

condition *[state]* condição (f) *ou* estado (m)

condition *[terms]* condição (f)

condition: on condition that contanto que

conditional condicional

conditions of employment condições (fpl) de trabalho

conditions of sale condições (fpl) de venda
conduct negotiations conduzir negociações
conference conferência (f)
conference phone aparelho (m) de tele-conferência
conference room sala (f) de conferências
confidence confiança (f)
confidential confidencial
confidential report relatório (m) confidencial
confidentiality confidencialidade (f)
confirm confirmar *ou* autenticar *ou* corroborar
confirm a booking confirmar uma reserva
confirm someone in a job confirmar uma contratação para um emprego
confirmation confirmação (f)
conflict of interest conflito (m) de interesses
conglomerate conglomerado (m) de empresas
connect articular *ou* ligar *ou* unir
connecting flight conexão (f) aérea
connection conexão (f)
consider considerar *ou* ponderar *ou* apreciar *ou* julgar
consign consignar *ou* confiar *ou* entregar em confiança
consignee consignatário, -ria
consignment *[sending]* expedição (f)
consignment *[things sent]* entrega (f)
consignment note formulário (m) de expedição
consignor consignador (m) *ou* consignante
consist of compor-se de *ou* estar constituído por
consolidate consolidar
consolidate *[shipments]* agrupar remessas
consolidated consolidado, -da
consolidated shipment frete (m) agrupado
consolidation consolidação (f) *ou* fusão (m) *[de empresas]*
consortium consórcio (m)
constant constante
consult consultar
consultancy consultoria (f)

consultancy firm empresa (f) de consultoria
consultant consultor, -tora *ou* assessor, -sora
consulting engineer engenheiro (m) consultor
consumables bens (mpl) de consumo
consumer consumidor, -ra
consumer credit crédito (m) ao consumidor
consumer durables bens (mpl) de consumo duráveis
consumer goods bens (mpl) de consumo
consumer panel painel (m) de consumidores
consumer price index índice (m) de preços ao consumidor
consumer protection proteção (f) ao consumidor
consumer research pesquisa (f) de consumo
consumer spending gastos (mpl) de consumo
consumption consumo (m)
contact (n) contato (m)
contact (v) contratar *ou* entrar em contato
contain conter (v)
container *[box, tin]* embalagem (f) *ou* caixa (f) *ou* lata (f) *ou* engradado (m) *ou* recipiente (m)
container *[for shipping]* container (m)
container port porto (m) de containers
container ship navio (m) transportador de containers
container terminal terminal (m) de containers
containerization *[putting into containers]* colocação (f) de carga em containers
containerization *[shipping in containers]* transporte (m) marítimo em containers
containerize *[put into containers]* colocar em containers
containerize *[ship in containers]* transportar por navio em containers
content satisfeito, -ta
contents (n) conteúdo (m)
contested takeover aquisição (f) contestada
contingency contingência (f) *ou* eventualidade (f)
contingency fund provisão (f) para despesas imprevistas

contingency plan plano (m) de contingência
continual contínuo *ou* constante
continually continuamente
continuation continuação (m) *ou* prosseguimento (m)
continue continuar *ou* prosseguir
continuous contínuo, -nua
continuous feed abastecimento (m) contínuo *ou* alimentação (f) contínua
continuous stationery formulário (m) contínuo
contra account conta (f) de compensação *ou* conta de contrapartida
contra an entry fazer um lançamento complementar
contra entry contrapartida (f) de lançamento
contract (n) contrato (m) *ou* escritura (f)
contract (v) contratar (v) *ou* contrair
contract law *or* **law of contract** lei (f) de contratos
contract note aviso (m) de compra e venda
contract of employment contrato (m) de trabalho
contract work empreitada (f)
contracting party parte (m) contratante
contractor contratador, -dora *ou* fornecedor, -dora *ou* empreiteiro, -ra
contractual contratual
contractual liability responsabilidade (f) contratual
contractually contratualmente
contrary contrário, -ria *ou* oposto, -ta
contrast (n) contraste (m)
contribute contribuir
contribution contribuição (f)
contribution of capital contribuição (f) de capital
contributor contribuinte (mf)
control (n) *[check]* controle (m) *ou* verificação (f) *ou* fiscalização (f)
control (n) *[power]* direção (f) *ou* comando (m)
control (v) controlar *ou* verificar *ou* fiscalizar
control a business dirigir uma empresa
control key tecla (f) de controle
control systems sistemas (mpl) de controle

controlled economy economia (f) dirigida
controller (US) controlador (m)
controller *[who checks]* controlador (m) *ou* auditor
controlling (adj) de controle
convene convocar (v) *ou* reunir
convenient conveniente
conversion câmbio (m) *ou* conversão de moeda *ou* apropriação (f) indébita
conversion of funds desfalque (m) *ou* apropriação (f) indébita de fundos
conversion price *or* **conversion rate** taxa (f) de conversão *ou* taxa de câmbio
convert converter
convertibility convertibilidade (f)
convertible currency moeda (f) conversível
convertible loan stock valores (mpl) conversíveis
conveyance transporte (m) *ou* transferência (f) de bens imóveis *ou* escritura de transmissão de bens imóveis
conveyancer advogado, -da especialista em alienação de imóveis
conveyancing preparo (m) do documento para a transferência de bens imóveis
cooling off period período (m) de calmaria
cooperative society cooperativa (f)
copartner sócio *ou* associado
cope enfrentar
copier fotocopiadora (f)
copy (n) *[of a document]* cópia (f) *[de um documento]*
copy (n) *[book, newspaper]* exemplar (m) *[de livro, jornal]*
copy (v) copiar *ou* fotocopiar *ou* tirar fotocópias
copying machine *or* **duplicating machine** máquina (f) copiadora
corner (n) *[angle]* canto (m) *ou* ângulo *ou* esquina (f)
corner (n) *[monopoly]* controle (m) de mercado
corner shop loja (f) de bairro
corner the market controlar o mercado
corporate image imagem (f) da empresa
corporate name nome (m) da empresa *ou* razão (f) social

corporate plan plano (m) de desenvolvimento de uma empresa
corporate planning planejamento (m) empresarial
corporate profits lucro (m) da empresa
corporation sociedade (f) anônima *ou* empresa *ou* sociedade por ações
corporation tax imposto (m) sobre corporação *ou* sociedade
correct (adj) correto *ou* certo
correct (v) corrigir *ou* retificar
correction correção (f) *ou* retificação (f) *ou* ratificação (f)
correspond with someone corresponder-se com alguém
correspond with something corresponder a algo
correspondence correspondência (f)
correspondent *[journalist]* correspondente (mf)
correspondent *[who writes letters]* correspondente (mf)
cost (n) custo (m) *ou* gasto (m) *ou* preço (m)
cost (v) custar
cost accountant contador (m) *ou* responsável pela contabilidade de custos
cost accounting contabilidade (f) de custos
cost analysis análise (f) de custos
cost centre centro (m) de custos
cost factor fator (m) de custo
cost of living custo (m) de vida
cost of sales custo (m) de vendas
cost plus custo (m) adicional *ou* contrato por administração
cost price preço (m) de custo
cost, insurance and freight (c.i.f.) custo, seguro e frete *[CIF]*
cost-benefit analysis análise (f) de custo-benefício
cost-cutting redução (f) de custos
cost-effective rentável
cost-effectiveness rentabilidade (f)
cost-of-living allowance subsídio (m) pelo aumento do custo de vida
cost-of-living bonus bônus (m) pelo aumento do custo de vida
cost-of-living increase aumento (m) do custo de vida
cost-of-living index índice (m) do custo de vida

cost-push inflation inflação (f) de custos
costing custeio (m)
costly dispendioso, -sa
costs custos (mpl)
counsel assessoria (f) legal
count (v) *[add]* somar
count (v) *[include]* considerar *ou* incluir
counter balcão (m)
counter staff vendedores (mpl)
counter-claim (n) reconvenção (f)
counter-claim (v) reconvir *ou* recuperar
counter-offer contraproposta (f)
counterbid contraproposta (f)
counterfeit (adj) falsificado, -da
counterfeit (v) falsificar
counterfoil canhoto (m) *[do cheque bancário]*
countermand contra-ordem (f)
countersign autenticar
country *[not town]* interior (m) *ou* campo (m)
country *[state]* país (m)
country of origin país (m) de origem
coupon cupom (m)
coupon ad propaganda (f) com formulário anexo
courier *[guide]* acompanhante (m) de viagem
courier *[messenger]* courier (m) *ou* mensageiro (m) especial
court tribunal (m)
court case processo (m) judicial
covenant (n) convenção (f) *ou* cláusula *ou* ajuste (m) *ou* acordo *ou* pacto *ou* contrato
covenant (v) convencionar
cover (n) *[insurance]* cobertura (f) *[seguro]*
cover (n) *[top]* cobertura (f)
cover (v) *[expenses]* cobrir
cover (v) *[put on top]* cobrir *ou* recobrir
cover a risk cobrir um risco
cover charge couvert (m) *ou* serviço *[em restaurantes]*
cover costs cobrir o custo
cover note apólice (f) temporária de seguro
covering letter carta (f) explicativa
covering note nota (f) explicativa
crane guindaste (m)

crash (n) *[accident]* colisão (f) *ou* batida (f) *ou* choque (m)
crash (n) *[financial]* falência (f) *ou* bancarrota
crash (v) *[fail]* quebrar *[falir]*
crash (v) *[hit]* colidir *ou* bater
crate (n) engradado (m) *ou* caixote (m)
crate (v) engradar *ou* encaixotar
credit (n) crédito (m)
credit (v) creditar
credit account conta (f) credora *ou* conta de crédito
credit agency organização (f) especializada em informações comerciais
credit balance saldo (m) credor *ou* saldo positivo
credit bank banco (m) de crédito
credit card cartão (m) de crédito
credit card sale venda com cartão de crédito
credit ceiling limite (m) de crédito
credit column coluna (f) de crédito
credit control controle (m) de crédito
credit entry abono (m)
credit facilities facilidades (fpl) para obtenção de crédito
credit freeze restrição (f) ao crédito
credit limit limite (m) para concessão de crédito
credit note nota (f) de crédito
credit policy política (f) de crédito
credit rating avaliação (f) de crédito *ou* análise de crédito
credit side haver (m)
credit-worthy digno (m) de crédito
credit: on credit a crédito
creditor credor (m)
cross a cheque cruzar um cheque
cross off riscar *ou* cancelar *ou* eliminar
cross out riscar *ou* eliminar
cross rate taxa (f) cruzada *[em cotações da bolsa]* *ou* taxa de câmbio *[entre moedas]*
crossed cheque cheque (m) cruzado
cubic cúbico
cubic measure medida (f) cúbica
cum com
cum coupon com cupom
cum dividend com dividendo
cumulative cumulativo, -va

cumulative interest juros (mpl) acumulados
cumulative preference share ação (f) preferencial com dividendos acumulados
currency moeda (f) corrente *ou* dinheiro (m)
currency conversion conversão (f) de moeda
currency note papel (m) moeda
currency reserves reservas (fpl) cambiais
current corrente (adj)
current account conta (f) corrente
current assets ativo (m) circulante *ou* patrimônio (m) móvel *ou* ativo corrente
current cost accounting contabilidade (f) de custos correntes
current liabilities exigível (m) a curto prazo *ou* passivo circulante
current price preço (m) atual
current rate of exchange taxa de câmbio em vigor
current yield ganho (m) corrente
curriculum vitae (CV) curriculum vitae (m) *ou* currículo
curve curva (f)
custom costume (m) *ou* alfândega (f)
custom-built *or* **custom-made** feito sob encomenda
customer cliente (mf) *ou* comprador, -dora
customer appeal elemento (m) de atração para o cliente
customer loyalty lealdade (f) do cliente
customer satisfaction satisfação (f) do cliente
customer service department serviço (m) de atendimento ao cliente
customs aduana (f) *ou* alfândega (f)
Customs and Excise *or* **Excise Department** secretaria de administração de alfândega e imposto sobre o consumo
customs barrier barreira (f) alfandegária
customs broker despachante (mf) alfandegário *ou* aduaneiro
customs clearance desembaraço (m) alfandegário *ou* aduaneiro
customs declaration declaração (f) de bens na alfândega *ou* aduana

customs declaration form formulário (m) para declaração de bens na alfândega *ou* aduana

customs duty impostos (mpl) alfandegários *ou* aduaneiros

customs entry point posto (m) de fronteira

customs examination controle (m) alfandegário *ou* aduaneiro

customs formalities formalidades (fpl) alfandegárias *ou* aduaneiras

customs officer inspetor, -ra da alfândega

customs official funcionário, -ria da alfândega

customs receipt recibo (m) da alfândega

customs seal chancela (f) alfandegária

customs tariff tarifas (fpl) alfandegárias *ou* aduaneiras

customs union acordo (m) alfandegário *ou* aduaneiro

cut (n) corte (m) *ou* redução (f)

cut (v) cortar *ou* reduzir

cut down on expenses reduzir as despesas

cut price (n) preço (m) reduzido

cut-price (adj) com desconto

cut-price goods mercadorias (fpl) com desconto

cut-price petrol gasolina (f) com desconto

cut-price store loja (f) com descontos

cut-throat competition competição (f) acirrada

CV (= curriculum vitae) curriculum vitae (m) *ou* currículo

cycle ciclo (m)

cyclical cíclico, -ca

cyclical factors fatores (mpl) cíclicos

Dd

daily diário (m)

daisy-wheel printer impressora (f) de margarida

damage (n) prejuízo (m) *ou* dano (m) *ou* avaria (f) *ou* perda (f)

damage (v) danificar *ou* avariar

damage survey pesquisa (f) de avaria

damage to property dano (m) patrimonial *ou* dano à propriedade *ou* danos (mpl) materiais

damaged avariado, -da

damages perdas e danos (fpl) *ou* indenização (f) *[por dano ou prejuízo]*

data dados (mpl) *ou* informações (fpl)

data processing processamento (m) de dados

data retrieval recuperação (f) de dados

database banco (m) de dados

date (n) data (f)

date (v) datar

date of receipt data (f) de recebimento

date stamp carimbo (m) datador

dated datado, -da

day dia (m)

day *[working day]* dia (m) útil

day shift turno (m) diário

day-to-day dia-a-dia (m)

dead (adj) *[person]* morto, -ta *ou* falecido, -da

dead account conta (f) não movimentada

dead loss perda (f) total

deadline data-limite (f) *ou* data (f) de vencimento *ou* prazo-limite (m)

deadlock (n) impasse (m)

deadlock (v) chegar a um impasse

deadweight ônus (m) pesado

deadweight cargo carga (f) onerosa

deadweight tonnage tonelagem (f) onerosa

deal (n) negócio (m) *ou* acordo *ou* operação (f) comercial

deal (v) negociar *ou* tratar *ou* lidar

deal with an order despachar um pedido

deal with someone tratar com alguém

dealer revendedor (m) *ou* negociante (mf)

dealing *[commerce]* transação (f) *ou* negociação

dealing *[stock exchange]* operação (f) *[na bolsa de valores]*
dear caro, -ra *ou* dispendioso, -sa
debenture debênture (f)
debenture holder portador (m) de obrigações
debit (n) dívida (f) *ou* débito (m)
debit an account (v) debitar uma conta
debit balance saldo (m) devedor
debit column coluna (f) de débitos
debit entry entrada (f) de débito
debit note nota (f) de débito
debits and credits débitos e créditos *ou* ativos e passivos
debt dívida (f)
debt collection cobrança (f) de dívida
debt collection agency entidade (f) de cobrança de pagamentos atrasados
debt collector cobrador, -dora de impostos
debtor devedor, -dora
debtor side coluna (f) de débitos
debts due dívidas (fpl) a pagar
decentralization descentralização (f)
decentralize descentralizar
decide decidir
decide on a course of action optar por uma linha de conduta
deciding decisivo, -va
deciding factor fator (m) decisivo
decimal (n) decimal (mf)
decimal point vírgula (f) decimal
decision decisão (f)
decision maker que tem o poder de decidir
decision making tomada (f) de decisão
decision-making processes processo (m) decisório
deck convés (m)
deck cargo carga (f) de convés
declaration declaração (f) *ou* petição (f)
declaration of bankruptcy abertura (f) de falência
declaration of income declaração (f) de renda
declare declarar
declare goods to customs declarar mercadorias à alfândega
declare someone bankrupt decretar a falência de alguém
declared declarado, -da

declared value valor (m) declarado
decline (n) decréscimo (m) *ou* diminuição (f)
decline (v) *[fall]* diminuir *ou* baixar
decontrol controle (m) governamental da economia
decrease (n) redução (f) *ou* diminuição *ou* decréscimo (m)
decrease (v) reduzir *ou* diminuir
decrease in price redução (f) de preços
decrease in value diminuição (f) de valor
decreasing decrescente
deduct deduzir *ou* abater *ou* descontar
deductible dedutível
deduction abatimento (m) *ou* desconto (m) *ou* dedução (f)
deed documento (m) *ou* instrumento (m) *ou* contrato (m) *ou* escritura (f)
deed of assignment acordo (m) de cessão ou transferência
deed of covenant escritura (f) de garantia
deed of partnership contrato (m) social
deed of transfer documento (m) de cessão *[de propriedade]*
default (n) falha (f) *[inadimplência contratual]*
default (v) inadimplir (v) *ou* prevaricar
default on payments inadimplência (f) nos pagamentos
defaulter devedor (m) remisso *ou* inadimplente
defect defeito (m)
defective *[faulty]* defeituoso, -sa
defective *[not valid]* inválido, -da
defence *or* **defense** *[legal]* defesa (f)
defence *or* **defense** *[protection]* defesa (f) *ou* proteção (f)
defence counsel advogado (m) de defesa
defend defender
defend a lawsuit defender em um processo judicial
defendant réu (m) *ou* indiciado *ou* acusado
defer diferir *ou* protelar *ou* adiar
defer payment adiar o pagamento
deferment adiamento (m)
deferment of payment adiamento (m) de pagamento
deferred diferido, -da *ou* protelado, -da *ou* adiado, -da

deferred creditor credor (m) de pagamento adiado

deferred payment pagamento (m) adiado *ou* pagamento protelado

deficit déficit (m) *ou* prejuízo (m) acumulado

deficit financing financiamento (m) por meio de déficits orçamentários

deflation deflação (f)

deflationary deflacionário, -ria

defray *[costs]* custear

defray someone's expenses cobrir as despesas de alguém

del credere del credere

del credere agent agente (mf) a del credere

delay (n) demora (f) *ou* atraso (m)

delay (v) retardar *ou* prorrogar *ou* adiar *ou* atrasar

delegate (n) delegado (m) *ou* representante (mf)

delegate (v) delegar

delegation *[action]* outorga (f) *[de poderes]*

delegation *[people]* delegação (f)

delete apagar

deliver entregar *ou* apresentar *ou* distribuir

delivered price preço (m) na entrega

delivery *[bill of exchange]* apresentação (f)

delivery *[goods]* entrega (f) *[de mercadorias]*

delivery date data (f) de entrega

delivery note nota (f) de entrega *ou* nota fiscal

delivery of goods entrega (f) de mercadorias

delivery order ordem (f) de entrega

delivery time data (f) de entrega

delivery van caminhonete (f) de entrega

delivery man entregador (m)

demand (n) *[for payment]* demanda (f)

demand (n) *[need]* demanda (f) *ou* procura

demand (v) demandar *ou* exigir

demand deposit depósito (m) em conta corrente

demonstrate demonstrar *ou* provar

demonstration demonstração (f)

demonstration model modelo (m) para demonstração

demonstrator demonstrador, -dora *[de produtos]*

demurrage sobrestadia (f)

department *[in government]* secretaria (f) *[de estado]*

department *[in an office]* departamento (m) *[em um escritório]*

department *[in shop]* seção (f) *[em loja]*

department store loja (f) de departamentos

departmental departamental

departmental manager gerente (mf) de departamento

departure *[going away]* partida (f)

departure *[new venture]* nova orientação (f)

departure lounge *[airport]* sala (f) de embarque

departures partidas (fpl)

depend on depender de

depending on dependendo de

deposit (n) *[in bank]* depósito (m) *[bancário]*

deposit (n) *[paid in advance]* caução (f)

deposit (v) depositar *ou* caucionar *ou* vincular

deposit account conta (f) de depósito

deposit slip comprovante (m) de depósito *ou* recibo de depósito

depositor depositante (mf)

depository *[place]* depositário (m)

depot depósito (m) *ou* armazém

depreciate *[amortize]* amortizar

depreciate *[lose value]* depreciar *ou* desvalorizar

depreciation *[amortizing]* amortização (f)

depreciation *[loss of value]* depreciação (f) *ou* desvalorização (f)

depreciation rate taxa (f) de depreciação

depression depressão (f)

dept (= **department**) depto (m) *[=departamento]*

deputize for someone substituir alguém

deputy delegado, -da *ou* substituto, -ta *ou* adjunto, -ta

deputy manager gerente (mf) adjunto

deputy managing director subdiretor (m)

deregulation desregulamentação (f)

describe descrever *ou* narrar *ou* expor *ou* relatar

description descrição (f)

design (n) design (m) *ou* desenho (m) *ou* plano (m)

design (v) planejar *ou* projetar

design department departamento (m) de projeto

desk mesa (f) de escritório *ou* escrivaninha (f)

desk diary agenda (f) de escritório

desk-top publishing (DTP) editoração (f) eletrônica

despatch (= dispatch) despachar

destination destino (m)

detail (n) detalhe (m)

detail (v) detalhar

detailed detalhado, -da

detailed account fatura (f) detalhada

determine determinar

Deutschmark marco (m) alemão

devaluation desvalorização (f)

devalue desvalorizar

develop *[build]* construir

develop *[plan]* elaborar *ou* preparar

developing countries países (mpl) em desenvolvimento

developing country *or* **developing nation** país (m) em desenvolvimento

development desenvolvimento (m)

device dispositivo (m) *ou* mecanismo (m)

diagram diagrama (m)

dial (v) discar

dial a number discar um número

dialling discagem (f)

dialling code código (m) de discagem

dialling tone sinal (m) de discar

diary agenda (f)

dictate ditar

dictating machine ditafone (m)

dictation prescrição (f) *ou* ordem

differ diferir

difference diferença (f)

differences in price *or* **price differences** diferenças (fpl) de preço

different diferente

differential (adj) diferencial

differential tariffs tarifas (fpl) diferenciadas

digit dígito (m)

dilution of equity diluição (f) do capital

direct (adj) direto, -ta

direct (adv) direto

direct (v) dirigir

direct cost custo (m) direto

direct debit débito (m) direto

direct dialling discagem (f) direta

direct mail mala (f) direta

direct mailing envio (m) de mala direta

direct selling venda (f) direta

direct tax imposto (m) direto

direct taxation tributação (f) direta

direct-mail advertising propaganda (f) por mala direta

direction direção (f)

directions for use instruções (fpl) de uso

directive diretiva (f)

director diretor (m)

director general (DG) diretor geral (m)

directory catálogo (m) *ou* guia (m)

disburse desembolsar *ou* pagar

disbursement desembolso (m) *ou* pagamento (m)

discharge (n) *[of debt]* pagamento (m) *ou* quitação (f)

discharge a debt *or* **to discharge one's liabilities** liquidar um débito

disclaimer exoneração (f) de responsabilidade

disclose divulgar *ou* revelar *ou* expor

disclose a piece of information divulgar uma informação

disclosure divulgação (f) *ou* revelação (f)

disclosure of confidential information divulgação de informação confidencial

discontinue cessar *ou* suspender *ou* interromper

discount (n) desconto (m)

discount (v) descontar

discount house *[bank]* corretora (f) de valores

discount house *[shop]* loja (f) que vende com desconto

discount price preço (m) com desconto

discount rate taxa (f) de desconto

discount store loja (f) que vende com desconto

discountable descontável (adj)

discounted cash flow (DCF) fluxo (m) de caixa descontado

discounter empresa (f) *ou* indivíduo (m) que vende mercadoria com desconto

discrepancy discrepância (f) *ou* divergência (f)

discuss discutir

discussion discussão (f) *ou* debate (m)

dishonour falta de pagamento *ou* não honrar um compromisso

dishonour a bill não pagar uma conta

disk disco (m)

disk drive unidade (f) de disco

diskette disquete (m)

dismiss an employee demitir um empregado

dismissal demissão (f) *ou* exoneração (f) *ou* dispensa (f)

dismissal *[of employee]* dispensa (f) de serviço *ou* demissão (f)

dispatch (n) *[goods sent]* despacho (m) *ou* envio (m) *ou* expedição (f)

dispatch (n) *[sending]* despacho (m) *ou* envio (m) *ou* remessa (f)

dispatch (v) *[send]* despachar *ou* enviar

dispatch department departamento (m) de expedição

dispatch note romaneio (m) de embarque *ou* nota (f) de saída

display (n) exposição (f)

display (v) apresentar (v) *ou* exibir

display case vitrina (f)

display material material (m) de demonstração

display pack embalagem (f) de apresentação

display stand estande (m) de demonstração

display unit unidade (f) de demonstração

disposable descartável (adj)

disposal alienação (f) *ou* transmissão (f) *ou* entrega (f)

dispose of excess stock desfazer-se do excesso de estoque

dissolve dissolver *ou* extinguir

dissolve a partnership dissolver uma sociedade

distress merchandise mercadoria (f) embargada *ou* penhorada

distress sale venda (f) embargada *ou* penhorada

distributable profit lucro (m) a ser distribuído

distribute *[goods]* distribuir *[mercadorias]*

distribute *[share]* distribuir *ou* dividir *ou* ratear

distribution distribuição (f) *ou* comercialização (f) *ou* rateio (m)

distribution channels *or* **channels of distribution** canais (mpl) de distribuição

distribution costs custos (mpl) de distribuição *ou* despesas (fpl) de comercialização

distribution manager gerente (m) de distribuição

distribution network rede (f) de distribuição

distributor distribuidor

distributorship concessão (f) *[para a distribuição de determinados produtos]* ou distribuição exclusiva

diversification diversificação (f)

diversify diversificar

dividend dividendo (m)

dividend cover cobertura (f) de dividendo

dividend warrant documento (m) para o recebimento de dividendos

dividend yield lucro (m) distribuído *ou* rendimento em dividendos

division *[part of a company]* divisão (f) *[parte de uma empresa]*

division *[part of a group]* divisão (f) *[parte de um grupo]*

dock (n) cais (m) *ou* doca (f)

dock (v) *[remove money]* deduzir

dock (v) *[ship]* atracar *ou* aportar

docket protocolo (m) *ou* registro (m)

doctor's certificate atestado (m) médico

document documento (m)

documentary (adj) documental

documentary evidence prova (f) documental

documentary proof prova (f) documental

documentation documentação (f)

documents documentos (mpl)

dollar (n) *[currency used in the USA]* dolar *[moeda dos Estados Unidos da América]*

dollar area área de influência do dólar norte-americano

dollar balances saldos (mpl) em dólares

dollar crisis crise (f) do dolar

domestic nacional *ou* doméstico

domestic market mercado (m) interno

domestic production produção (f) nacional

domestic sales vendas (fpl) internas
domestic trade comércio (m) interno
domicile domicílio (m) *ou* residência (f)
door porta (f)
door-to-door de porta-em-porta
door-to-door salesman vendedor (m) domiciliar
door-to-door selling vendas (fpl) a domicílio *ou* venda (f) de porta-em-porta
dossier dossiê (m)
dot-matrix printer impressora (f) matricial
double (adj) dobrado, -da *ou* duplo, -pla
double (v) duplicar
double taxation bitributação (f)
double taxation agreement acordo (m) de bitributação
double-book reservar o mesmo lugar duas vezes
double-booking reserva (f) do mesmo lugar feita duas vezes
down em baixa
down market popular
down payment entrada (f) *ou* sinal (m) *ou* pagamento (m) inicial
down time tempo (m) ocioso *ou* tempo para manutenção ou reparos em máquinas
downside factor fator (m) de risco *[de um investimento]*
downtown (adv) no centro da cidade
downtown (n) centro (m) *ou* centro da cidade
downturn período (m) de baixa
downward descendente (mf)
dozen dúzia (f)
drachma [currency used in Greece] dracma (f) *[moeda da Grécia]*
draft (n) *[money]* saque (m) *[de dinheiro]*
draft (n) *[rough plan]* rascunho (m) *ou* esboço (m)
draft (v) sacar *ou* rascunhar *ou* minutar
draft a contract minutar um contrato
draft a letter fazer o rascunho de uma carta

draft plan esboço (m) do plano *ou* plano (m) preliminar ou piloto
draft project ante-projeto (m)
draw *[a cheque]* emitir um cheque
draw *[money]* sacar dinheiro
draw up redigir *ou* fazer minuta
draw up a contract redigir um contrato
drawee sacado (m)
drawer emitente (mf) *ou* sacador (m)
drawing esboço (m) *ou* plano (m)
drive (n) *[campaign]* campanha (f)
drive (n) *[energy]* energia (f)
drive (n) *[part of machine]* transmissão *[em máquinas]*
drive (v) *[a car]* dirigir *[um carro]*
driver motorista (mf)
drop (n) queda (f)
drop (v) cair
drop in sales queda nas vendas
due *[awaited]* esperado, -da
due *[owing]* vencido, -da *[título, aluguel, promissória, etc.]* *ou* a pagar
dues *[orders]* pedidos (mpl)
duly *[in time]* devidamente
duly *[legally]* devidamente *ou* adequadamente *ou* legalmente
dummy suposto, -ta *ou* simulado, -da
dummy pack embalagem (f) vazia para amostra
dump bin caixa (f) para exposição de mercadoria em uma loja
dump goods on a market praticar dumping
dumping dumping (m)
duplicate (n) duplicata (f) *ou* cópia (f) *ou* segunda via (f)
duplicate (v) duplicar *ou* reproduzir
duplicate an invoice fazer cópia de uma fatura
duplicate receipt *or* **duplicate of a receipt** segunda via do recibo
duplication duplicação (f)
durable goods bens (mpl) duráveis
duty (tax) imposto (m) *ou* taxa (f)
duty-free sem impostos aduaneiros
duty-free shop free shop (m)
duty-paid goods mercadorias (fpl) com tarifa alfandegária paga

Ee

e. & o.e. (**errors and omissions excepted**) salvo erro ou omissão
early cedo *ou* precoce
earmark funds for a project destinar fundos a um projeto
earn *[interest]* ganhar *ou* auferir
earn *[money]* ganhar *[dinheiro]*
earning capacity capacidade (f) de gerar lucros
earnings *[profit]* lucro (m) *ou* rendimentos (m)
earnings *[salary]* renda (f)
earnings per share *or* **earnings yield** rendimentos (mpl) por ação
easy fácil
easy terms facilidade (f) de pagamento
EC (= **European Community**) CE *[Comunidade Européia]*
ECGD (= **Export Credit Guarantee Department**) Departamento de Garantia de Crédito para Exportação
economic *[general]* econômico, -ca
economic *[profitable]* rentável
economic cycle ciclo (m) econômico
economic development desenvolvimento (m) econômico
economic growth crescimento (m) econômico
economic indicators indicadores (mpl) econômicos
economic model modelo (m) econômico
economic planning planejamento (m) econômico
economic trends tendências (fpl) econômicas
economical econômico, -ca
economics *[study]* economia (f)
economies of scale economias (fpl) de escala
economist economista (mf)
economize economizar
economy *[saving]* economia (f)
economy *[system]* sistema (f) econômico
economy class classe (f) econômica *ou* classe turística
ecu *or* **ECU** (= **European currency unit**) ecu *ou* ECU *[Unidade Monetária Européia]*

effect (n) efeito (m) *ou* resultado (m)
effect (v) efetuar *ou* executar
effective eficaz *ou* eficiente
effective date data (f) de vigência
effective demand demanda (f) efetiva
effective yield retorno (m) efetivo
effectiveness eficácia (f)
efficiency eficiência (f)
efficient eficiente (mf)
effort esforço (m)
EFTA (= **European Free Trade Association**) EFTA *[Associação Européia de Livre Comércio]*
elasticity elasticidade (f)
elect eleger *ou* escolher *ou* preferir
election eleição (f)
electronic mail correio (m) eletrônico *ou* e-mail
electronic point of sale (EPOS) ponto (m) de venda eletrônica
elevator *[goods]* monta-carga (m) *[mercadorias]*
elevator *[grain]* silo (m) *[grãos]*
email (= **electronic mail**) e-mail (m) *[correio eletrônico]*
embargo (n) embargo (m)
embargo (v) embargar
embark embarcar
embark on embarcar em *[avião, navio, trem]*
embarkation embarque (m)
embarkation card cartão (m) de embarque
embezzle desfalcar *ou* aproveitar-se indevidamente
embezzlement desfalque (m) *ou* apropriação (f) indébita
embezzler aquele que comete o desfalque
emergency emergência (f)
emergency reserves fundos (mpl) de emergência
employ empregar
employed *[in job]* empregado, -da
employed *[used]* utilizado, -da *ou* usado, -da *ou* empregado, -da
employee empregado *ou* funcionário

employer empregador (m)
employment emprego (m)
employment agency agência (f) de empregos
employment bureau agência (f) de empregos
empty (adj) vazio, -zia
empty (v) esvaziar
EMS (= European Monetary System) SME *[Sistema Monetário Europeu]*
encash cobrar
encashment cobrança (f) em efetivo
enclose anexar
enclosure anexo (m)
end (n) final (m) *ou* fim (m) *ou* resultado (m)
end (v) terminar *ou* finalizar *ou* findar *ou* concluir *ou* encerrar
end of season sale liquidação (f) de fim de estação
end product produto (m) final
end user usuário, -ria final
endorse a cheque endossar um cheque
endorsee endossatário (m)
endorsement *[action]* endosso (m)
endorsement *[on insurance]* alteração de um contrato via anexação de documentos
endorser endossante (m)
energy *[electricity]* eletricidade (f) *ou* energia (f) elétrica
energy *[human]* energia (f) *ou* dinamismo (m)
energy-saving (adj) consome pouca energia
enforce colocar em vigor *ou* fazer valer *ou* fazer vigorar
enforcement execução (f)
engaged ocupado
engaged tone sinal (m) de ocupado
enquire (= inquire) inquirir *ou* indagar
enquiry (= inquiry) consulta (f) *ou* investigação (f) *ou* inquérito (m)
enter *[go in]* entrar
enter *[write in]* lançar *ou* dar entrada *ou* registrar
enter into discussion discutir *ou* participar de discussões
entering entrante *ou* que entra
enterprise empreendimento (m) *ou* empresa (f)
entitle autorizar *ou* dar direito a
entitlement direito (m)

entrepot port entreposto (m)
entrepreneur empresário (m) *ou* empreendedor
entrepreneurial empresarial
entrust incumbir *ou* encarregar *ou* responsabilizar
entry *[going in]* entrada (f)
entry *[writing]* lançamento (m) contábil
entry visa visto (m) de entrada
epos *or* **EPOS (= electronic point of sale)** ponto eletrônico de venda
equal (adj) igual *ou* uniforme
equal (v) igualar
equalization nivelamento (m) *ou* equalização (f)
equip equipar
equipment equipamento (m)
equities ações (fpl) ordinárias
equity patrimônio (m) líquido *ou* participação (f)
equity capital capital (m) social *ou* capital em ações *ou* patrimônio *ou* participação (f) acionária
erode desgastar (v) *ou* reduzir
error erro (m)
error rate taxa (f) de erro
errors and omissions excepted (e. & o.e.) salvo erro ou omissão
escalate aumentar
escape clause cláusula (f) de saída
escrow account conta (f) de garantia bloqueada
escudo (n) *[currency used in Portugal]* escudo (m) *[moeda de Portugal]*
essential essencial
establish estabelecer
establishment *[business]* estabelecimento (m) *ou* casa (f) comercial
establishment *[staff]* pessoal (m)
estimate (n) *[calculation]* estimativa (f) *ou* previsão (f) *ou* avaliação (f)
estimate (n) *[quote]* estimativa (f) *ou* orçamento (m)
estimate (v) estimar *ou* avaliar
estimated estimado, -da *ou* previsto, -ta
estimated figure valor (m) estimado
estimated sales vendas (fpl) estimadas
estimation estimativa (f)
EU (= European Union) UE *[União Européia]*
Eurocheque eurocheque (m)

Eurocurrency euromoeda (f)
Eurodollar eurodólar (m)
Euromarket euromercado (m)
European europeu (m) *ou* européia (f)
European Investment Bank Banco (m) Europeu de Investimento
European Monetary System (EMS) Sistema (m) Monetário Europeu
European Union (EU) União (f) Européia *[UE]*
evade sonegar
evade tax sonegar impostos
evaluate avaliar *ou* estimar
evaluate costs estimar os custos
evaluation avaliação (f)
evasion evasão (f) *ou* sonegação (f)
even numbers números pares
ex coupon sem cupom
ex dividend sem dividendos
ex-directory *[telephone]* que não figura no catálogo telefônico
exact exato, -ta *ou* preciso, -sa
exactly exatamente
examination *[inspection]* exame (m) *ou* perícia (f)
examination *[test]* teste (m) *ou* prova (f)
examine verificar
exceed exceder
excellent excelente
except exceto
exceptional excecional
exceptional items extras (mpl)
excess excesso (m)
excess baggage excesso (m) de bagagem
excess capacity capacidade (f) de produção excedente *[não utilizada]*
excess profits lucros (mpl) extraordinários
excessive excessivo, -va *ou* excedente
excessive costs custos (mpl) excessivos
exchange (n) *[currency]* câmbio (m)
exchange (v) *[currency]* trocar
exchange (v) *[one thing for another]* trocar *ou* permutar
exchange controls controles (mpl) cambiais
exchange rate taxa de câmbio
exchangeable permutável
Exchequer Ministério (m) da Fazenda
excise (v) *[cut out]* suprimir
excise duty imposto (m) sobre venda ou consumo
Excise officer funcionário (m) da secretaria de imposto sobre venda ou consumo
exclude excluir
excluding excetuando *ou* excluindo
exclusion exclusão (f)
exclusion clause cláusula (f) de exclusão
exclusive agreement acordo (m) de exclusividade
exclusive of excluindo *ou* não levando em conta
exclusive of tax isento de imposto
exclusivity exclusividade (f)
execute executar *ou* cumprir *[contrato]* *ou* validar *[documentos]*
executive (adj) administrador
executive (n) administrador (m)
executive director diretor (m) executivo
exempt (adj) isento, -ta
exempt (v) isentar
exempt from tax *or* tax-exempt isento de impostos
exemption isenção (f)
exemption from tax *or* tax exemption isenção (f) fiscal
exercise (n) exercício (m)
exercise (v) exercer
exercise an option exercer o direito de opção
exercise of an option exercício do direito de opção
exhibit (v) expor
exhibition exposição (f)
exhibition hall salão (m) de exposição
exhibitor expositor (m)
expand expandir
expansion expansão (f)
expenditure dispêndio (m) *ou* pagamento (m) *ou* gasto (m) *ou* desembolso (m)
expense despesa (f) *ou* gasto (m) *ou* ônus (m) *ou* encargo (m)
expense account conta (f) de despesas
expenses despesas (fpl)
expensive dispendioso, -sa
experienced experiente *ou* competente
expertise know-how (m)
expiration extinção (f) *ou* término (m) *ou* vencimento (m)
expire expirar

expiry vencimento (m)
expiry date data (f) de vencimento
explain explicar
explanation explicação (f)
exploit explorar
explore explorar
export (n) exportação (f)
export (v) exportar
Export Credit Guarantee Department (ECGD) Departamento de Garantia de Crédito para Exportação
export department departamento (m) de exportação
export duty imposto (m) de exportação
export licence guia (f) de exportação
export manager gerente (m) de exportação
export trade comércio (m) de exportação
exporter exportador (m)
exporting (adj) de exportação
exports exportações (fpl)
exposure exposição (f) ao risco
express (adj) *[fast]* expresso, -sa *ou* rápido, -da
express (adj) *[stated clearly]* expresso, -sa (adj) *ou* explícito, -ta *ou* claro, -ra
express (v) *[send fast]* remeter por via expressa
express (v) *[state]* expressar *ou* declarar
express delivery entrega (f) urgente
express letter carta (f) urgente
extend *[grant]* prorrogar
extend *[make longer]* estender
extended credit crédito (m) ampliado
extension *[making longer]* prorrogação (f)
extension *[telephone]* extensão (f)
external *[foreign]* externo (m)
external *[outside a company]* externo (m)
external account conta (f) externa *[de não domiciliado]*
external audit auditoria (f) externa
external auditor auditor (m) externo
external trade comércio (m) exterior
extra extra
extra charges custo (m) adicional
extraordinary extraordinário, -ria
extraordinary items itens (mpl) excepcionais
extras gastos (mpl) suplementares *ou* extras

Ff

face value valor (m) nominal
facilities instalações (fpl) *ou* dependências (fpl)
facility *[building]* instalações (fpl) *ou* edifício (m)
facility *[credit]* empréstimo (m) *ou* linha (f) de crédito
facility *[ease]* facilidade (f)
factor (n) *[influence]* fator (m) *ou* elemento (m)
factor (n) *[person, company]* agente (m) comercial *ou* representante (mf)
factor (v) fatorar
factoring factoring (m) *ou* desconto (m) de títulos
factoring charges custo (m) da gestão de dívidas
factors of production fatores (mpl) de produção
factory fábrica (f) *ou* usina
factory inspector *or* **inspector of factories** inspetor (mf) de fábricas
factory outlet loja (f) de fábrica
factory price *or* **price ex factory** preço (m) de fábrica
fail *[go bust]* falir
fail *[not to do something]* deixar de fazer
fail *[not to succeed]* falhar
failing that se não acontecer
failure falha (f) *ou* insolvência (f) *ou* falência (f) *ou* fracasso (m)
fair feira (f)
fair dealing negociação (f) justa
fair price preço (m) justo

fair trade sistema (m) de comércio internacional com reciprocidade aduaneira

fair trading práticas (fpl) comerciais legais *ou* justas

fair wear and tear desgaste (m) normal *ou* desgaste natural

fake (n) falsificação (f)

fake (v) falsificar *ou* forjar

faked documents documentos (mpl) falsificados

fall (n) queda (f)

fall (v) *[go lower]* cair

fall (v) *[on a date]* cair

fall behind *[be in a worse position]* ficar para trás *ou* perder terreno

fall behind *[be late]* estar atrasado *ou* atrasar-se

fall due vencer

fall off decrescer

fall through fracassar

falling em declínio

false falso, -sa *ou* fraudulento, -ta *ou* desonesto, -ta

false pretences fraude (f)

false weight peso (m) inexato

falsification falsificação (f)

falsify falsificar

family company empresa (f) familiar

fare (v) sair-se *ou* desempenhar-se

farm out work subcontratar trabalho

fast (adj) rápido, -da

fast (adv) rapidamente

fast-selling items produtos que são vendidos com rapidez *ou* produtos que têm grande saída

fault *[blame]* falta (f) *ou* culpa (f) *ou* erro (m)

fault *[mechanical]* falha (f) *ou* defeito (m)

faulty equipment equipamento (m) defeituoso

favourable favorável

favourable balance of trade balança (f) comercial favorável

fax (n) fax (m)

fax (v) enviar um fax

feasibility viabilidade (f)

feasibility report relatório (m) de viabilidade

fee *[admission]* jóia (f) *[direito de admissão]* *ou* entrada (f) *ou* taxa de matrícula

fee *[for services]* honorários (mpl) *ou* emolumentos (mpl) *ou* comissão (f) *ou* taxa (f)

feedback feedback (m)

ferry transportar

fiddle (n) fraude (f) *ou* burla (f)

fiddle (v) fraudar (v) *ou* burlar *ou* enganar

field campo (m)

field sales manager gerente (mf) de uma equipe regional de representantes comerciais

field work trabalho (m) de campo

FIFO (= first in first out) PEPS *[primeiro que entra, primeiro que sai]*

figure figura (f) *ou* imagem (f) *ou* cifra (f) *ou* número (m)

figures números (mpl) *ou* contas (fpl)

file (n) *[computer]* arquivo (m)

file (n) *[documents]* pasta (f) *[documentos]*

file (v) *[request]* apresentar (v) *ou* dar entrada em *[uma solicitação]*

file a patent application solicitar um registro de patente

file documents arquivar documentos

filing *[action]* arquivamento (m)

filing cabinet armário (m) para arquivo *ou* arquivo (m) classificador

filing card ficha (f)

fill a gap preencher uma lacuna

final final

final demand demanda (f) final

final discharge descarte (m) final *ou* demissão (f)

final dividend dividendo (m) final

finalize finalizar *ou* aprovar com caráter definitivo

finance (n) financiamento (m)

finance (v) financiar

finance an operation financiar uma operação

finance company financeira (f)

finance director diretor (m) financeiro

finances finanças (fpl)

financial financeiro

financial asset ativo (m) financeiro

financial crisis crise (f) financeira

financial institution instituição (f) financeira

financial position posição (f) financeira

financial resources recursos (mpl) financeiros *ou* fonte (f) de recursos

financial risk risco (m) financeiro
financial statement demonstração (f) financeira
financial year exercício (m) financeiro
financially financeiramente
financing financiamento (m) *ou* custeio (m)
fine (adj) fino, -na *ou* bom, boa
fine (adj) *[very small]* diminuto, -ta *ou* fino, -na
fine (n) multa (f)
fine (v) multar
fine tuning sintonia (f) fina
finished acabado, -da
finished goods produtos (mpl) acabados
fire (n) fogo (m)
fire damage danos (mpl) causados por incêndio
fire insurance seguro (m) contra incêndio
fire regulations regulamentação (f) de prevenção de incêndio
fire risk perigo (m) de incêndio
fire-damaged goods mercadorias danificadas em um incêndio
firm (adj) firme *ou* sólido, -da
firm (n) firma (f) *ou* empresa (f) *ou* pessoa (f) jurídica
firm (v) firmar *ou* fixar
firm price preço (m) fixo
first primeiro (m)
first in first out (FIFO) *[accounting]* primeiro que entra, primeiro que sai *[PEPS]*
first in first out (FIFO) *[redundancy]* primeiro que entra, primeiro que sai *[PEPS]*
first option primeira (f) opção
first quarter primeiro (m) trimestre
first-class primeira (f) classe
fiscal fiscal (adj) *ou* tributário, -ria
fiscal measures normas (fpl) fiscais
fittings acessórios (mpl)
fix *[arrange]* marcar *[hora, encontro]*
fix *[mend]* consertar *ou* arrumar
fix a meeting for 3 p.m. marcar uma reunião para as 15.00 horas
fixed fixo, -xa
fixed asset ativo imobilizado *ou* ativo fixo
fixed cost custo (m) fixo
fixed deposit depósito (m) a prazo fixo

fixed exchange rate taxa (f) de câmbio fixa
fixed income renda (f) fixa
fixed interest juros (mpl) fixos
fixed scale of charges tabela (f) de preços fixos
fixed-interest investments investimentos (mpl) a juros fixos
fixed-price agreement acordo (m) de preços fixos
fixing determinação (f) *ou* fixação (f)
flat (adj) *[dull]* uniforme
flat (adj) *[fixed]* fixo, -xa
flat (n) sem juros
flat rate taxa (f) uniforme *ou* taxa fixa
flexibility flexibilidade (f)
flexible flexível
flexible prices preços (mpl) flexíveis
flexible pricing policy política (f) de preços flexíveis
flight *[of money]* fuga (f) *[de capital]*
flight *[of plane]* vôo (m) *[de avião]*
flight information informações (fpl) sobre o vôo
flight of capital fuga (f) de capital *ou* evasão de divisas
flip chart flip chart (m)
float (n) *[money]* flutuação (f) do mercado financeiro
float (n) *[of company]* lançamento (m) de uma empresa
float (v) *[a currency]* flutuar
float a company lançar uma empresa *[na Bolsa]*
floating *[of currency]* flutuação (f)
floating exchange rates taxas (fpl) de câmbio flutuantes
floating of a company lançamento de uma empresa
flood (n) derrame (m)
flood (v) derramar
floor *[level]* piso (m)
floor *[surface]* piso (m)
floor manager gerente (mf) de fábrica
floor plan fábrica (f)
floor space superfície (f) útil
flop (n) fracasso (m)
flop (v) fracassar
flotation emissão (f) *[de títulos ou ações]*
flourish florescer *ou* prosperar
flourishing próspero, -ra

flourishing trade comércio (m) próspero
flow (n) fluxo (m)
flow (v) fluir
flow chart fluxograma (m)
flow diagram diagrama (m) de fluxo *ou* fluxograma (m)
fluctuate flutuar *ou* variar
fluctuating flutuante (adj)
fluctuation flutuação (f)
FOB *or* **f.o.b. (free on board)** FOB
follow seguir
follow up acompanhar *ou* investigar
follow-up letter carta (f) de acompanhamento
for sale à venda
forbid proibido, -da
force majeure força (f) maior
force prices down forçar uma baixa de preços
force prices up forcar uma alta de preços
forced forçado, -da
forced sale venda (f) forçada *ou* liquidação
forecast (n) previsão (f) *ou* estimativa (f)
forecast (v) prever (v) *ou* estimar *ou* fazer previsão
forecasting previsão (f)
foreign estrangeiro, -ra
foreign currency moeda (f) estrangeira
foreign exchange *[changing money]* divisas (fpl)
foreign exchange *[currency]* moeda (f) estrangeira
foreign exchange broker cambista (mf)
foreign exchange dealer cambista (mf)
foreign exchange market mercado (m) de divisas
foreign investments investimentos (mpl) externos
foreign money order ordem (f) de pagamento internacional
foreign trade comércio (m) exterior
forfeit (n) confisco (m)
forfeit (v) perder o direito
forfeit a deposit perder o direito à devolução de um depósito
forfeiture caducidade (f) *ou* multa (f) *ou* penalidade (f)
forge falsificar *ou* forjar

forgery *[action]* falsificação (f)
forgery *[copy]* falsificação (f)
fork-lift truck empilhadeira (f)
form (n) formulário (m)
form (v) constituir
form of words forma (f) de expressão de um texto
formal formal
formality formalidade (f)
forward a termo
forward buying *or* **buying forward** compra (f) a futuro
forward contract contrato (m) futuro
forward market mercado (m) de futuros
forward rate taxa (f) projetada
forward sales vendas (fpl) a prazo
forwarding despacho (m) *ou* remessa (f) *ou* expedição (f)
forwarding address endereço (m) para remessa
forwarding agent despachante (m)
forwarding instructions instruções (fpl) relativas à expedição
fourth quarter quarto (m) trimestre
fragile frágil (adj)
franc (n) *[currency used in Belgium, France, Luxembourg and Switzerland]* franco (m) *[moeda da Bélgica, França, Luxemburgo e Suíça]*
franchise (n) franquia (f)
franchise (v) franquear
franchisee franqueado, -da
franchiser franqueador, -dora
franchising franquia (f)
franco livre
frank (v) franquear
franking machine máquina (f) de franquear
fraud fraude (f) *ou* sonegação (f)
fraudulent fraudulento, -ta
fraudulent transaction transação (f) fraudulenta
fraudulently fraudulentamente
free (adj) *[no payment]* grátis *ou* sem ônus
free (adj) *[no restrictions]* livre *ou* imune
free (adj) *[not busy]* livre (adj) *ou* desocupado, -da
free (adv) *[no payment]* gratuitamente
free (v) liberar (v) *ou* libertar
free delivery entrega (f) gratuita

free gift brinde (m) *ou* amostra (f) grátis

free market economy economia (f) de livre mercado

free of charge gratuito, -ta *ou* grátis

free of duty isento de impostos

free of tax livre de tributação

free on board (f.o.b.) FOB

free on rail posto sobre trilhos

free port porto (m) livre

free sample amostra (f) grátis

free trade livre comércio (m)

free trade area área (f) de livre comércio

free trade zone zona (f) de livre comércio *ou* zona franca

free trial teste (m) gratuito

free zone zona (f) franca

freeze (n) congelamento (m)

freeze (n) on credits congelamento de crédito

freeze wages and prices congelar preços e salários

freight *[carriage]* frete (m)

freight costs custos (mpl) de frete

freight depot depósito (m) de carga

freight forward frete (m) a pagar no destino

freight plane avião (m) de carga

freight rates tarifas (fpl) de frete

freight train trem (m) de carga

freightage fretamento (m)

freighter *[plane]* avião (m) de carga

freighter *[ship]* cargueiro (m) *[navio]*

freightliner trem (m) transportador de mercadorias em containers

frequent freqüente

frozen congelado, -da

frozen account conta (f) congelada

frozen assets fundos (mpl) bloqueados

frozen credits crédito (m) congelado

fulfil an order executar uma ordem

fulfilment cumprimento (m) *ou* realização (f)

full cheio, -a *ou* completo, -ta *ou* integral

full discharge of a debt pagamento total de uma dívida

full payment *or* **payment in full** pagamento (m) total

full price preço (m) cheio *ou* preço de venda ao público

full refund *or* **refund in full** reembolso (m) total

full-scale total *ou* completo, -ta

full-time tempo (m) integral

full-time employment emprego (m) de tempo integral

fund (n) fundo (m) *ou* recurso (m) *ou* verba (f)

fund (v) financiar

funding financiamento (m)

funding of debt refinanciamento (m) de uma dívida

further to em aditamento a

future delivery entrega (f) futura

Gg

gain (n) *[getting bigger]* aumento (m)

gain (n) *[increase in value]* lucro (m) *ou* ganho (m)

gain (v) *[become bigger]* aumentar

gain (v) *[get]* ganhar *ou* auferir

gap defasagem (f) *ou* brecha (f) *ou* hiato (m)

gap in the market gap (m) no mercado

GATT (General Agreement on Tariffs and Trade) GATT *[Acordo Geral de Tarifas e Comércio]*

GDP (= gross domestic product) PIB *[Produto Interno Bruto]*

gear alavancar

gearing alavancagem (f)

general geral *ou* genérico

General Agreement on Tariffs and Trade (GATT) Acordo (m) Geral de Tarifas e Comércio *[GATT]*

general audit auditoria (f) geral

general average média (f) geral

general manager gerente (mf) geral

general meeting assembléia (f) geral

general office escritório (m) central
general post offfice correio (m) central
general strike greve (f) geral
gentleman's agreement acordo (m) de cavalheiros
genuine autêntico, -ca *ou* genuíno, -na
genuine purchaser comprador (m) fidedigno
get obter *ou* auferir
get along andar *ou* fazer progresso *ou* dar-se bem *ou* ser bem sucedido
get back *[something lost]* recuperar
get into debt endividar-se *ou* contrair dívidas
get rid of something livrar-se de determinada coisa
get round a problem contornar um problema
get the sack ser despedido
gift presente (m) *ou* brinde (m) *ou* donativo (m)
gift coupon vale (m)
gift shop loja (f) de presentes
gift voucher vale-presente (m)
gilt-edged securities título (m) que oferece um fator de risco mínimo
gilts títulos (mpl) emitidos pelo governo do Reino Unido
giro account conta (f) de giro
giro account number número (m) da conta de giro
giro system sistema (f) de giro bancário
give *[as gift]* dar *ou* presentear
give *[pass]* dar
give away dar
glut (n) abundância (f) *ou* excesso (m)
glut (v) abundar *ou* exceder
GNP (= gross national product) PIB *[Produto Interno Bruto]*
go ir (v)
go into business iniciar um negócio
go-ahead (adj) dinâmico, -ca *ou* empreendedor, -dora
go-slow greve (f) tartaruga
going atual *ou* corrente
going rate taxa (f) corrente *ou* taxa predominante
good bom, boa
good buy pechincha (f) *ou* boa compra (f)
good management boa gerência (f) *ou* boa administração (f)

good quality boa qualidade (f)
good value (for money) bom valor (m)
goods mercadorias (fpl) *ou* produtos (mpl) *ou* bens (mpl)
goods depot depósito (m) de mercadorias
goods in transit mercadorias (fpl) em trânsito
goods train trem (m) de mercadorias
goodwill clientela (f) ou freguesia (f)
government (adj) governamental
government (n) governo (m)
government bonds títulos (mpl) governamentais *ou* instrumentos (mpl) da dívida pública
government contractor empreiteiro (m) do estado
government stock títulos (mpl) do governo
government-backed com aval do governo
government-controlled controlado pelo governo
government-regulated regulamentado pelo governo
government-sponsored subsidiado pelo governo
graded advertising rates tarifas (fpl) publicitárias progressivas
graded hotel hotel (m) de elevada classificação
graded tax imposto (m) progressivo
gradual gradual
graduate trainee estagiário (m) diplomado
graduated progressivo, -va
graduated income tax imposto (m) de renda progressivo
gram *or* **gramme** grama (m)
grand total total (m) geral
grant (n) concessão (f)
grant (v) conceder *ou* autorizar *ou* outorgar
gratis grátis
grid grade (f)
grid structure estrutura (f) de grade
gross bruto, -ta
gross (n) (144) grosa (f) *ou* doze dúzias
gross (v) faturar
gross domestic product (GDP) produto interno bruto *[PIB]*
gross earnings rendimento (m) bruto
gross income renda (f) bruta

gross margin margem (f) bruta
gross national product (GNP) produto (m) interno bruto (PIB)
gross profit lucro (m) bruto
gross salary salário (m) bruto
gross tonnage tonelagem (f) bruta
gross weight peso (m) bruto
gross yield lucro (m) bruto
group *[of businesses]* grupo (m) *[industrial]*
group *[of people]* grupo (m) *[de pessoas]*
growth crescimento (m)
growth index índice (m) de crescimento
growth rate taxa (f) de crescimento
guarantee (n) fiança (f) *ou* garantia (f) *ou* aval (m)
guarantee (v) garantir *ou* avalizar
guarantee a debt afiançar
guaranteed wage salário (m) assegurado
guarantor fiador (m) *ou* avalista (mf)
guideline diretriz (f)
guild guilda (f) ou sociedade (f)
guilder *[currency used in Holland]* florim (m) *[moeda da Holanda]*

Hh

haggle barganhar
half (adj) meio, -a
half (n) metade (f)
half a dozen *or* **a half-dozen** meia dúzia (f)
half-price sale venda (f) pela metade do preço
half-year semestre (m)
half-yearly accounts contas (fpl) semestrais
half-yearly payment pagamento (m) semestral
half-yearly statement balanço (m) semestral
hand in apresentar
hand luggage bagagem (f) de mão
hand over entregar *ou* ceder
handle (v) *[deal with]* lidar *ou* manusear
handle (v) *[sell]* negociar
handling manuseio (m)
handling charge custo (m) de manuseio
handwriting manuscrito (m)
handwritten escrito à mão
handy prático, -ca *ou* útil
harbour porto (m)
harbour dues tarifas (fpl) portuárias
harbour facilities instalações (fpl) portuárias
hard bargain negócio (m) difícil
hard bargaining negociação (f) difícil
hard copy cópia (f) impressa
hard currency moeda (f) forte
hard disk disco (m) rígido *ou* HD (m)
harmonization harmonização (f)
haulage carreto (m) *ou* frete (m)
haulage contractor contratador (m) de frete
haulage costs *or* **haulage rates** custo (m) de transporte *ou* custo de carreto
head of department chefe (mf) de departamento
head office sede (f) *ou* matriz (f)
headquarters (HQ) sede (f) *ou* quartel general (m)
heads of agreement bases (fpl) de acordo
health saúde (f)
health insurance seguro (m) saúde
healthy profit benefício (m) substancial *ou* lucro (m) substancial
heavy *[important]* importante *ou* de peso
heavy *[weight]* pesado, -da
heavy costs *or* **heavy expenditure** custos (mpl) elevados *ou* gastos elevados
heavy equipment equipamento (m) pesado
heavy goods vehicle (HGV) veículo (m) pesado para o transporte de mercadorias
heavy industry indústria (f) pesada
heavy machinery maquinaria (f) pesada

hectare hectare (m)

hedge (n) salvaguarda (f) *ou* proteção (f) *ou* cobertura (f)

hedging cobertura (f)

HGV (= heavy goods vehicle) veículo (m) pesado para o transporte de mercadorias

hidden asset ativo (m) oculto

hidden reserves reservas (fpl) ocultas *ou* reservas latentes

high interest juro (m) elevado

high rent aluguel (m) caro

high taxation taxação (f) elevada

high-quality alta (f) qualidade

high-quality goods produtos (mpl) de alta qualidade

highest bidder licitante (mf) com maior preço alto *ou* ofertante com preço mais elevado

highly motivated sales staff equipe (f) de vendas altamente motivada

highly qualified altamente qualificado, -da

highly-geared company sociedade (f) com um grande coeficiente de endividamento

highly-paid muito bem remunerado

highly-priced de preço elevado

hire (n) aluguel (m) *ou* contratação (f)

hire a car alugar um carro

hire a crane alugar um guindaste

hire car carro (m) de aluguel

hire purchase (HP) compra (f) a prazo

hire staff contratar pessoal

hire-purchase company empresa (f) que financia a compra a prazo

historic(al) cost custo (m) histórico *ou* valor histórico *ou* valor inicial *ou* custo de aquisição

historical figures valor (m) histórico *ou* valor inicial *ou* custo de aquisição

hive off descentralizar *ou* dividir em unidades autônomas

hoard entesourar (v) *ou* acumular

hoarding *[for posters]* outdoor

hoarding *[of goods]* entesouramento (m)

hold (n) *[ship]* porão (m) *[navio]*

hold (v) *[contain]* conter

hold (v) *[keep]* segurar *ou* manter

hold a meeting or a discussion realizar uma reunião

hold out for manter sua posição *ou* insistir em

hold over estender a posse *ou* prorrogar a validade

hold the line please or please hold *[phone]* aguarde na linha, por favor *[telefone]*

hold up (v) *[delay]* atrasar

hold-up (n) *[delay]* atraso (m)

holder *[person]* detentor (m) *ou* portador (m)

holder *[thing]* portador (m)

holding company holding (f) *ou* empresa (f) controladora

holiday pay gratificação (f) de férias

home address endereço (m) residencial

home consumption consumo (m) interno *ou* consumo nacional *ou* consumo doméstico

home market mercado (m) interno *ou* mercado local

home sales vendas (fpl) internas

homeward freight frete (m) de retorno

homeward journey viagem (f) de volta

homeworker aquele que trabalha em sua própria casa

honorarium honorários (mpl)

honour a bill pagar uma conta *ou* pagar uma fatura

honour a signature honrar um acordo *ou* cumprir um acordo

horizontal communication comunicação (f) horizontal

horizontal integration integração (f) horizontal

hotel hotel (m)

hotel accommodation capacidade (f) hoteleira

hotel bill conta (f) de hotel

hotel manager gerente (mf) de hotel

hotel staff pessoal (m) de hotel

hour hora (f)

hourly horário (adj) *ou* por hora

hourly rate taxa (f) horária

hourly wage salário (m) por hora

hourly-paid workers horistas (mpl)

house *[company]* casa (f) *ou* firma *ou* empresa

house *[for family]* casa (f) *ou* residência

house insurance seguro (m) residencial

house magazine jornal (m) da empresa

house-to-house a domicílio

house-to-house selling vendas a domicílio

HP (= **hire purchase**) venda (f) a crédito *ou* compra a prestação
HQ (= **headquarters**) QG *[quartel-general]*
hurry up apressar-se

hype (n) excesso de publicidade
hype (v) lançar (um produto) com muita publicidade
hypermarket hipermercado (m)

Ii

illegal ilegal
illegality ilegalidade (f)
illegally ilegalmente
illicit ilícito
ILO (= **International Labour Organization**) OIT *[Organização Internacional do Trabalho]*
IMF (= **International Monetary Fund**) FMI *[Fundo Monetário Internacional]*
imitation imitação (f) *ou* reprodução (f) *ou* falsificação (f)
immediate imediato, -ta
immediately imediatamente
imperfect imperfeito, -ta
imperfection imperfeição (f)
implement (n) implemento (m)
implement (v) implementar *ou* executar
implement an agreement implementar um acordo
implementation implementação (f) *ou* execução (f)
import (n) importação (f)
import (v) importar
import ban proibição (f) de importação
import duty imposto (m) de importação
import levy imposto (m) sobre importação
import licence *or* **import permit** guia (f) de importação
import quota quota (f) de importação
import restrictions restrições (fpl) à importação
import surcharge sobretaxa (f) sobre as importações
import-export importação-exportação
importance importância (f)
important importante (adj)
importation importação (f)
importer importador, -dora

importing (adj) importador, -dora
importing (n) importação (f)
imports importações (fpl)
impose impor
impulse impulso (m) *ou* ímpeto (m)
impulse buyer comprador (m) impulsivo
impulse purchase compra (f) impulsiva
in-house interno *ou* na casa *ou* na empresa
in-house training treinamento interno
incentive incentivo (m)
incentive bonus gratificação (f) de incentivo
incentive payments subvenção (f)
incidental expenses despesas (fpl) eventuais
include incluir *ou* conter
inclusive inclusivo
inclusive charge preço (m) totalmente incluído
inclusive of tax todas as taxas incluídas
income renda (f) *ou* rendimento (m)
income tax imposto (m) de renda
incoming call *[phone]* ligação (f) externa *[telefone]*
incoming mail correspondência (f) que chega
incompetent incompetente *ou* incapaz
incorporate constituir uma sociedade
incorporate *[a company]* incorporar *[uma empresa]*
incorporation incorporação (f)
incorrect incorreto, -ta
incorrectly incorretamente
increase (n) aumento (m) *ou* acréscimo (m) *ou* incremento (m) *ou* elevação (f)
increase (n) *[higher salary]* aumento (m) *[salarial]*
increase (v) aumentar *ou* elevar

increase (v) in price aumentar o preço
increasing crescente (adj)
increasing profits lucros (mpl) crescentes
increment incremento (m)
incremental com incremento *ou* com aumento
incremental cost custo (m) marginal
incremental scale escala (f) móvel de salários
incur [risk] incorrer *ou* ficar sujeito a [riscos]
incur [costs] incorrer em *ou* contrair [dívida]
incur debts contrair dívidas
indebted endividado, -da
indebtedness endividamento (m)
indemnification indenização (f)
indemnify indenizar
indemnify someone for a loss indenizar alguém por perdas ou danos
indemnity indenização (f)
independent independente
independent company empresa (f) independente
index (n) [alphabetical] índice (m) [alfabético]
index (n) [of prices] índice [de preços]
index (v) indexar
index card ficha (f) de arquivo
index number média (f)
index-linked indexado, -da
indexation correção (f) monetária
indicator indicador (m)
indirect indireto, -ta
indirect labour costs custos (mpl) de mão-de-obra indireta
indirect tax imposto (m) indireto
indirect taxation tributação (f) indireta
induction iniciação (f) *ou* introdução (f)
induction courses *or* **induction training** cursos (mpl) de iniciação *ou* cursos de introdução
industrial industrial
industrial accident acidente (m) de trabalho
industrial arbitration tribunal Junta de Conciliação e Julgamento Trabalhista
industrial capacity capacidade (f) industrial
industrial centre centro (m) industrial
industrial design desenho (m) industrial

industrial disputes causas (fpl) trabalhistas *ou* conflitos (mpl) trabalhistas
industrial espionage espionagem (f) industrial
industrial estate propriedade (f) industrial *ou* zona (f) industrial
industrial expansion expansão (f) industrial
industrial processes processos (mpl) industriais
industrial relations relações (fpl) industriais
industrial tribunal tribunal (m) trabalhista
industrialist industrial (mf)
industrialization industrialização (f)
industrialize industrializar
industrialized countries países (mpl) industrializados
industrialized societies sociedades (fpl) industrializadas
industry [companies] indústria (f) [empresas]
industry [general] indústria (f)
inefficiency ineficiência (f)
inefficient ineficiente
inflated currency moeda (f) inflacionada
inflated prices preços (mpl) inflacionados
inflation inflação (f)
inflationary inflacionário, -ria
influence (n) influência (f)
influence (v) influenciar
inform informar
information informação (f) *ou* informações (fpl)
information bureau serviço (m) de informações
information officer funcionário (m) do serviço de informações
infrastructure infra-estrutura (f)
infringe infringir
infringe a patent violar uma patente
infringement of customs regulations violação do regulamento aduaneiro
infringement of patent cópia de patente
initial (adj) inicial
initial (v) rubricar
initial capital capital (m) inicial
initiate iniciar

initiate discussions iniciar discussões
initiative iniciativa (f)
inland interno (m) *ou* doméstico
innovate inovar
innovation inovação (f)
innovative inovador, -dora
innovator inovador, -dora
input information informação (f) de entrada
input tax imposto (m) sobre bens e serviços adquiridos por uma empresa
inquire inquirir *ou* indagar
inquiry inquérito (m) *ou* consulta (f) *ou* investigação (f)
insider pessoa (f) que tem acesso a informações não disponíveis ao público
insider dealing negociação (f) com informação privilegiada
insolvency insolvência (f)
insolvent insolvente
inspect inspecionar
inspection inspeção (f)
instalment prestação (f)
instant (adj) *[current]* corrente *ou* presente *ou* atual
instant (adj) *[immediate]* imediato
instant credit crédito (m) instantâneo
institute (n) instituto (m)
institute (v) instituir (v) ou começar
institution instituição (f)
institutional institucional
institutional investors investidores (mfpl) institucionais
instruction instrução (f)
instrument *[device]* instrumento (m)
instrument *[document]* papel (m) *ou* título (m) *ou* documento (m)
insufficient funds (US) recursos (mpl) insuficientes *ou* escassos
insurable segurável
insurance seguro (m)
insurance agent agente (m) de seguros
insurance broker corretor (m) de seguros
insurance claim reivindicação (f) de pagamento de seguro
insurance company companhia (f) de seguros
insurance contract contrato (m) de seguro
insurance cover cobertura (f) de seguros
insurance policy apólice (f) de seguros
insurance premium prêmio (m) do seguro
insurance rates tarifas (fpl) de seguro
insurance salesman corretor (m) de seguros
insure segurar *ou* fazer seguro
insurer segurador, -dora
intangible intangível
intangible assets ativos (mpl) intangíveis
interest (n) *[investment]* participação (f)
interest (n) *[paid on investment]* juros (mpl)
interest (v) interessar (v) *ou* atrair
interest charges despesas (fpl) com pagamento de juros
interest rate taxa (f) de juros
interest-bearing deposits depósitos (mpl) remunerados
interest-free credit empréstimo (m) sem juros
interface (n) interface (f)
interface (v) conectar *[através de uma interface]*
interim dividend dividendo (m) intermediário
interim payment pagamento (m) intermediário
interim report relatório (m) intermediário
intermediary intermediário, -ria
internal *[inside a country]* interno, -na *ou* doméstico, -ca
internal audit auditoria (f) interna
internal auditor auditor (m) interno
internal telephone telefone (m) interno
international internacional
international call ligação (f) internacional *ou* chamada (f) internacional
international direct dialling (IDD) discagem (f) direta internacional *[DDI]*
International Labour Organization (ILO) Organização (f) Internacional do Trabalho *[OIT]*
international law Direito (m) Internacional
International Monetary Fund (IMF) Fundo (m) Monetário Internacional *[FMI]*
international trade comércio (m) internacional

interpret interpretar
interpreter intérprete (mf)
intervention price preço (m) de intervenção
interview (n) entrevista (f)
interview (n) *[for a job]* entrevista *[para um emprego]*
interview (v) entrevistar
interview (v) *[for a job]* entrevistar *[para um emprego]*
interviewee entrevistado (m)
interviewer entrevistador (m)
introduce apresentar
introduction *[bringing into use]* introdução (f)
introduction *[letter]* apresentação (f) *[carta]*
introductory offer oferta (f) de lançamento
invalid inválido, -da
invalidate invalidar
invalidation invalidação (f)
invalidity invalidade (f) *ou* nulidade (f)
inventory (n) *[list of contents]* inventário (m)
inventory (n) *[stock]* estoque (m)
inventory (v) inventariar *ou* fazer inventário
inventory control controle (m) de estoque
invest investir
investigate investigar
investigation investigação (f)
investment investimento (m)
investment income renda (f) de investimento
investor investidor (m)
invisible assets bens (mpl) invisíveis
invisible earnings receitas (fpl) invisíveis
invisible trade comércio (m) de serviços

invitation convite (m)
invite convidar
invoice (n) fatura (f) *ou* nota fiscal
invoice (v) faturar
invoice number número (m) da fatura
invoice price preço (m) de fatura
invoicing faturamento (m)
invoicing department departamento (m) de faturamento
IOU (= I owe you) "vale" (m)
irrecoverable debt dívida (f) incobrável
irredeemable bond título (m) irresgatável
irregular irregular
irregularities irregularidades (fpl)
irrevocable irrevogável
irrevocable acceptance aceite (m) irrevogável
irrevocable letter of credit carta (f) de crédito irrevogável
issue (n) *[magazine]* edição (f) *[de revista]*
issue (n) *[of shares]* emissão (f) *[de ações]*
issue (v) *[shares]* emitir *[ações]*
issue a letter of credit emitir uma carta de crédito
issue instructions dar instruções
issuing bank banco (m) emissor *ou* banco emitente
item *[information]* item (m) *ou* artigo (m) *ou* informação (f)
item *[on agenda]* item (m)
item *[thing for sale]* peça (f) *ou* artigo (m)
itemize detalhar *ou* especificar item por item
itemized account conta (f) detalhada
itemized invoice fatura (f) detalhada
itinerary itinerário (m)

Jj

job *[employment]* emprego (m)
job *[piece of work]* tarefa (f)
job analysis análise (f) de cargo
job application solicitação (f) de emprego
job cuts demissões (fpl)

job description descrição (f) de cargo
job satisfaction satisfação (f) no cargo
job security segurança (f) no emprego
job specification especificação (f) do cargo *ou* perfil (m) do cargo
job title denominação (f) de cargo *ou* título (m) de cargo
join unir *ou* associar
joint comum (mf) *ou* conjunto, -ta
joint account conta (f) conjunta
joint discussions discussões (fpl) em conjunto
joint management administração (f) conjunta
joint owner co-proprietário (m)
joint ownership propriedade (f) conjunta
joint signatory co-signatário (m)
joint venture joint (f) venture *ou* empreendimento (m) conjunto *ou* consórcio

jointly conjuntamente
journal *[accounts book]* diário (m) *[livro de lançamentos contábeis]*
journal *[magazine]* revista (f)
judge (n) juiz (m) *ou* juíza (f)
judge (v) julgar
judgement *or* **judgment** julgamento (m)
judgment debtor executado (m)
judicial processes processo (m) judicial
jump the queue furar a fila
junior (adj) júnior
junior clerk auxiliar (mf) de escritório
junior executive *or* **junior manager** gerente (mf) júnior
junior partner sócio (m) minoritário
junk bonds títulos (mpl) de alto risco
junk mail impressos (mpl) ou prospectos publicitários *[remetidos por correio]*
jurisdiction jurisdição (f)

Kk

keen competition competição acirrada
keen demand demanda (f) forte
keen prices preços (mpl) baixos
keep a promise manter uma promessa
keep back reprimir *ou* ocultar
keep up manter
keep up with the demand manter a oferta de acordo com a demanda
key (adj) *[important]* chave
key *[on keyboard]* tecla (f) *[do teclado]*
key *[to door]* chave (f) *[da porta]*
key industry indústria (f) básica
key personnel *or* **key staff** pessoal-chave (m)
key post cargo-chave (m)
keyboard (n) teclado (m)
keyboard (v) digitar

keyboarder digitador (m)
keyboarding digitação (f)
kilo *or* **kilogram** quilo (m) *ou* quilograma (m)
knock down (v) *[price]* abater *ou* dar descontos *[nos preços]* *[reduzir preços]*
knock off *[stop work]* parar de trabalhar
knocking off *[stopping work]* paralisação (f) *[parar de trabalhar]*
knock-on effect efeito (m) dominó *ou* efeito secundário
knockdown prices preços (mpl) arrasadores *ou* preços mínimos
krona *[currency used in Sweden and Iceland]* coroa *[moeda da Suécia e da Islândia]*
krone *[currency used in Denmark and Norway]* coroa (f) *[moeda da Dinamarca e da Noruega]*

Ll

L/C (= letter of credit) carta (f) de crédito
label (n) rótulo (m) *ou* etiqueta (f)
label (v) rotular *ou* etiquetar
labelling rotulagem (f)
labour mão-de-obra (f)
labour costs custo (m) de mão-de-obra
labour disputes questões (fpl) trabalhistas *ou* litígios (mpl) trabalhistas
labour force força (f) de trabalho
lack of funds insuficiência (f) de fundos
land (n) terreno (m) *ou* terra (f)
land (v) *[of plane]* aterrizar *ou* aterrissar
land (v) *[passengers, cargo]* desembarcar
land goods at a port desembarcar a carga em um porto
landed costs custo (m) posto no destino
landing card cartão (m) de embarque
landing charges despesas (fpl) com a descarga *ou* cobranças por descarga
landlord proprietário (m) *ou* locador *ou* senhorio
lapse caducar *ou* expirar *ou* vencer o prazo
laser printer impressora (f) a laser
last in first out (LIFO) último (m) que entra, primeiro que sai *[UEPS]*
last quarter último trimestre
late atrasado, -da
late-night opening aberto, -ta após o horário normal
latest último *ou* mais recente
launch (n) lançamento (m)
launch (v) lançar
launching *[action]* lançamento (m)
launching costs custo (m) de lançamento
launching date data (f) de lançamento
launder (money) lavar *[dinheiro]*
law *[rule]* lei (f) *ou* legislação (f)
law *[study]* Direito (m)
law courts tribunal (m) de justiça
law of diminishing returns lei (f) rendimentos decrescentes
law of supply and demand lei (f) da oferta e da procura
lawful legal *ou* permitido por lei
lawful trade comércio (m) legal
lawsuit processo (m) judicial *ou* ação (f) judicial
lawyer advogado, -da
lay off workers despedir temporariamente os trabalhadores
LBO (= leveraged buyout) aquisição (f) alavancada *ou* aquisição financiada por empréstimos
lead time tempo (m) de espera *ou* tempo de preparação
leaflet folheto (m)
leakage vazamento (m)
lease (n) contrato (m) de arrendamento *ou* arrendamento *ou* concessão (f)
lease (v) *[of landlord]* alugar *ou* arrendar
lease (v) *[of tenant]* alugar *ou* arrendar
lease back ato em que o proprietário vende o imóvel e o arrenda em seguida
lease equipment arrendar equipamento
lease-back arrendamento (m) de ex-propriedade
leasing arrendamento (m)
leave (n) licença (f)
leave (v) *[go away]* partir
leave (v) *[resign]* deixar
leave of absence licença para ausentar-se do trabalho
ledger razão (m) *ou* razonete (m)
left esquerda (f)
legal *[according to law]* legal
legal advice conselho (m) jurídico
legal adviser consultor (m) jurídico *ou* advogado, -da
legal costs *or* **legal charges** *or* **legal expenses** custos (mpl) legais
legal currency moeda (f) corrente
legal department departamento (m) jurídico
legal expenses custas (fpl) judiciais
legal proceedings processo (m) judicial
legal status situação (f) legal
legal tender moeda (f) corrente

legislation legislação (f)
lend emprestar
lender financiador (m) *ou* concessor (m) de empréstimo
lending empréstimo (m)
lending limit limite (m) de empréstimo
lessee arrendatário (m)
lessor arrendador (m)
let (n) período (m) de locação
let (v) arrendar *ou* locar *ou* deixar
let (v) *[allow]* permitir
let an office alugar um escritório
letter carta (f)
letter of application carta (f) de solicitação de emprego
letter of appointment notificação (f) de nomeação para um cargo
letter of complaint carta (f) de reclamação
letter of credit (L/C) carta (f) de crédito
letter of intent carta (f) de intenções
letter of reference carta (f) de referência
letters of administration letras (fpl) de administração
letters patent carta (f) patente
letting agency imobiliária (f)
level nível (m)
level off *or* **level out** nivelar-se *ou* estabilizar-se
leverage alavancagem (f)
leveraged buyout (LBO) aquisição alavancada *ou* aquisição financiada por empréstimos
levy (n) imposto (m) *ou* tributo (m) *ou* taxação (f)
levy (v) lançar tributo *ou* coletar
liabilities obrigações (fpl) *ou* passivo (m)
liability obrigação (f) *ou* débito (m) *ou* passivo (m)
liable for responsável por
liable to obrigado, -da a *ou* sujeito, -ta a
licence (n) *or* **license (US)** licença (f) *ou* autorização (f)
licensee pessoa (f) a quem se concede a licença
licensing licenciamento (m)
lien penhor (m) *ou* garantia (f)
life assurance seguro (m) de vida
life insurance seguro (m) de vida
life interest direito vitalício sobre bem móvel ou imóvel

LIFO (= last in first out) UEPS *[ultimo que entra, primeiro que sai]*
lift (n) elevador (m)
lift (v) *[remove]* remover *ou* retirar
lift an embargo retirar um embargo
limit (n) limite (m) *ou* restrição (f)
limit (v) limitar *ou* restringir
limitation limitação (f) *ou* restrição (f)
limited limitado, -da
limited liability responsabilidade (f) limitada
limited liability company (Ltd) sociedade por cotas de responsabilidade limitada *[Ltda.]*
limited market mercado (m) restrito
limited partnership sociedade (f) limitada
line (n) linha (f) de produto
line management gerenciamento médio
line organization organização linear
line printer impressora (f) de linhas
liquid assets ativos (fpl) a curtíssimo prazo *ou* ativos (mpl) líquidos
liquidate a company dissolver uma empresa *ou* liquidar uma empresa
liquidate stock liquidar o estoque
liquidation liquidação (f)
liquidator liquidante (mf)
liquidity liquidez (f)
liquidity crisis crise (f) de liquidez
lira *[currency used in Italy and Turkey]* lira (f) *[moeda da Itália e da Turquia]*
list (n) relação (f) *ou* lista (f)
list (n) *[catalogue]* catálogo (m)
list (v) relacionar *ou* listar
list price preço (m) de lista
litre litro (m)
Lloyd's register registro no Lloyd's
load (n) carga (f)
load (v) carregar
load (v) a computer program carregar um programa de computador
load a lorry *or* **a ship** carregar caminhão, navio
load factor fator (m) de carga
load line linha de carga *ou* linha de carregamento *ou* linha de flutuação *[do navio]*
loading bay baía (f) de carregamento
loading ramp plataforma (f) de carregamento

loan (n) empréstimo (m) *ou* crédito concedido
loan (v) emprestar
loan capital capital tomado por empréstimo *ou* empréstimo de capital
loan stock ações (fpl) de empréstimo
local local *ou* interino *ou* regional
local call chamada (f) local
local government governo (m) municipal
local labour mão-de-obra local (f)
lock (n) fechadura (f) *ou* cadeado (m)
lock (v) prender *ou* aprisionar
lock up a shop *or* an office fechar uma loja *ou* fechar um escritório
lock up capital capital (m) imobilizado
lock-up premises local (m) sem moradia incorporada
log (v) anotar *ou* registrar
log calls registrar as chamadas telefônicas
logo logo (m) *ou* logotipo (m)
long credit crédito (m) a longo prazo
long-dated bill título (m) de longo prazo
long-distance *or* long-haul flight vôo (m) de longa distância
long-range longo prazo (m)
long-standing antigo, -ga *ou* de muitos anos
long-standing agreement acordo (m) antigo
long-term a longo prazo
long-term debts dívidas (f) a longo prazo
long-term forecast previsão (f) de longo prazo
long-term liabilities exigível (m) a longo prazo
long-term loan empréstimo (m) a longo prazo
long-term planning planejamento (m) a longo prazo
loose (adj) solto, -ta
lorry caminhão (m)
lorry driver motorista (mf) de caminhão
lorry-load carga (f) completa de um caminhão
lose *[fall to a lower level]* perder
lose *[money]* perder (v) *[dinheiro]*
lose an order perder um pedido
lose money perder dinheiro
loss *[not a profit]* prejuízo (m) *ou* dano *ou* déficit *ou* perda (f)
loss *[of something]* perda (f)
loss of an order perda de um pedido
loss of customers perda (f) de clientes
loss-leader venda de um produto abaixo do custo para atrair compradores
lot *[of items]* lote (m)
low (adj) baixo *ou* pequeno *ou* inferior *ou* barato
low (n) baixo (m)
low sales vendas (fpl) baixas
low-grade tipo (m) inferior *ou* qualidade (f) inferior *ou* baixa (f) qualidade
low-level baixo nível (m)
low-quality baixa qualidade (f)
lower (adj) reduzido *ou* diminuído
lower (v) rebaixar *ou* reduzir *ou* baixar *ou* abaixar *ou* diminuir
lower prices baixar os preços
lowering redução (f) *ou* diminuição
Ltd (= limited company) Ltda. (f) *[limitada]*
luggage bagagem (f)
lump sum quantia (f) paga de uma só vez
luxury goods artigos (mpl) de luxo

Mm

machine máquina (f)
macro-economics macroeconomia (f)
magazine revista (f)
magazine insert encarte (m) publicitário de revista
magazine mailing envio (m) de revistas pelo correio

magnetic tape *or* **mag tape** fita (f) magnética

mail (n) *[letters sent or received]* correspondência (f) *[cartas enviadas ou recebidas]*

mail (n) *[postal system]* correio (m) *[sistema postal]*

mail (v) enviar *ou* remeter *[pelo correio]*

mail shot publicidade (f) pelo correio

mail order encomenda (f) postal *ou* pedido (m) por reembolso postal

mail-order business *or* **mail-order firm** *or* **mail-order** firma (f) de vendas pelo correio *ou* firma (f) de vendas por reembolso postal

mail-order catalogue catálogo (m) de vendas pelo correio

mailing envio (m) pelo correio

mailing list mala (f) direta

mailing piece folheto (m) publicitário enviado pelo correio

mailing shot envio (m) de itens de publicidade pelo correio

main (adj) principal

main building edifício (m) central

main office escritório central (m) *ou* matriz (f) *ou* sede (f)

maintain *[keep at same level]* manter *ou* conservar *[no mesmo nível]*

maintain *[keep going]* manter *ou* continuar *ou* sustentar

maintenance *[keeping in working order]* manutenção (f) *ou* conservação (f)

maintenance *[keeping things going]* manutenção (f)

maintenance of contacts manutenção (f) de contatos

maintenance of supplies manutenção (f) de suprimentos

major principal *ou* de grande vulto

major shareholder acionista (mf) principal

majority maioria (f)

majority shareholder acionista (mf) majoritário

make good *[a defect or loss]* indenizar *ou* recompensar

make money ganhar dinheiro

make out an invoice emitir uma fatura

make provision for tomar medidas *ou* providenciar

make up for compensar

make-ready time tempo (m) de preparação (de uma máquina)

making money geração (f) de recursos

maladministration má administração (f)

man (n) homem (m)

man (v) tripular *ou* designar pessoal

man-hour homem-hora

manage administrar *ou* gerenciar *ou* dirigir

manage property administrar propriedade

manage to conseguir *ou* lograr

manageable controlável *ou* viável *ou* exeqüível

management *[action]* gerenciamento (m) *ou* administração (f) *ou* gestão (f) *[ação]*

management *[managers]* administração (f) *ou* gerência (f) *[gerentes]*

management accounts contas (fpl) da administração

management buyout (MBO) aquisição (f) do controle de uma empresa por seus executivos

management consultant consultor, -ra em assuntos empresariais

management course curso (m) de gestão empresarial

management team equipe (f) gerencial

management techniques técnicas (fpl) de gerenciamento *ou* de administração

management trainee trainee

management training treinamento (m) empresarial

manager administrador (m)

manager *[of branch or shop]* gerente (mf) *[de filial ou loja]*

manager *[of department]* chefe (mf) *[de departamento]*

managerial administrativo *ou* gerencial

managerial staff pessoal (m) administrativo

managing director (MD) diretor (m) executivo

mandate mandato (m)

manifest manifesto (m) *[de carga]*

manned tripulado, -da

manning dotação (f) de pessoal

manning levels níveis (mpl) de concessão de pessoal

manpower mão-de-obra (f)

manpower forecasting previsão (f) de mão-de-obra

manpower planning planejamento (m) de mão-de-obra

manpower requirements exigências (fpl) de mão-de-obra
manpower shortage escassez (f) de mão-de-obra
manual (adj) manual
manual (n) manual (m)
manual work trabalho (m) manual
manual worker trabalhador manual
manufacture (n) manufatura (f) *ou* fabricação (f)
manufacture (v) fabricar *ou* manufaturar
manufactured goods produtos (mpl) fabricados *ou* manufaturados
manufacturer fabricante (mf)
manufacturer's recommended price (MRP) preço (m) de venda recomendado
manufacturing fabricação (f)
manufacturing capacity capacidade (f) de fabricação
manufacturing costs custos (mpl) de fabricação
manufacturing overheads despesas (fpl) gerais de fabricação
margin *[profit]* margem (f) *[lucro]*
margin of error margem (f) de erro
marginal marginal
marginal cost custo (m) marginal
marginal pricing fixação (f) marginal de preços
marine marinho
marine insurance seguro (m) marítimo
marine underwriter segurador, -dora de riscos marítimos
maritime marítimo, -ma
maritime law Direito (m) Marítimo
maritime lawyer advogado (m) especializado em Direito Marítimo
maritime trade comércio (m) marítimo
mark (n) marca (f)
mark (n) *[currency used in Germany]* marco (m) *[moeda da Alemanha]*
mark (v) marcar *ou* caracterizar
mark down reduzir os preços
mark up aumentar os preços
mark-down redução (f) de preços
mark-up *[action]* aumento (m) de preços
mark-up *[profit margin]* margem (f) de lucro
marker pen marca-texto (m)
market (n) *[place]* mercado (m) *[lugar]*
market (n) *[possible sales]* mercado (m) *[vendas possíveis]*
market (n) *[where a product might sell]* mercado potencial
market (v) vender *ou* comercializar
market analysis análise (f) de mercado
market analyst analista (mf) de mercado
market capitalization capitalização (f) do mercado
market economist economista (mf) de mercado
market forces forças (fpl) do mercado
market forecast previsão (f) do mercado
market leader líder (mf) do mercado
market opportunities oportunidades (fpl) de mercado
market penetration penetração (f) no mercado
market price preço (m) de mercado
market rate índice (m) do mercado
market research pesquisa (f) de mercado
market share participação (f) no mercado
market trends tendências (fpl) do mercado
market value valor (m) de mercado
marketable vendável *ou* negociável
marketing marketing (m)
marketing agreement acordo (m) de comercialização
marketing department departamento (m) de marketing
marketing division divisão (f) de marketing
marketing manager gerente (mf) de marketing
marketing strategy estratégia (f) de marketing
marketing techniques técnicas (fpl) de marketing
marketplace mercado (m)
marketplace *[place where something is sold]* mercado (m)
mass *[of]* massa (f)
mass market product produto (m) para mercado de consumo em massa
mass marketing marketing (m) em massa
mass media meios (mpl) de comunicação em massa
mass production produção (f) em série
mass-produce produzir em massa

mass-produce cars produzir carros em massa

Master's degree in Business Administration (MBA) mestrado (m) em administração de empresas

materials control controle (m) de materiais

materials handling manejo (m) de materiais

maternity leave licença-maternidade (f)

matter (n) *[problem]* problema (m)

matter (n) *[to be discussed]* questão (f) *ou* assunto (m)

matter (v) importar

mature (v) vencer

mature economy economia (f) madura

maturity date data (f) de vencimento

maximization maximização (f)

maximize maximizar

maximum (adj) máximo, -ma

maximum (n) máximo (m)

maximum price preço (m) máximo

Master in Business Administration (MBA) mestre (mf) em administração de empresas

MBO (= management buyout) compra (f) de uma empresa por seus executivos

MD (= managing director) diretor, -ra executivo, -va

mean (adj) médio, -dia

mean (n) média (f)

mean annual increase aumento (m) anual médio

means *[money]* recursos (mpl) *[dinheiro]*

means *[ways]* meios (mpl) *[maneiras]*

means test comprovação (f) de recursos econômicos

measurement of profitability medição (f) de rentabilidade

measurements medidas (fpl) *ou* dimensões (fpl)

measures medidas (fpl)

media coverage cobertura (f) pela mídia

median mediano, -na

mediate mediar

mediation mediação (f)

mediator mediador, -ra *ou* árbitro (m)

medium (adj) médio, -dia

medium (n) meio (m)

medium-sized de tamanho médio

medium-term prazo (m) médio

meet *[be satisfactory]* satisfazer

meet *[expenses]* fazer face a *[despesas]*

meet someone encontrar-se com alguém *ou* reunir-se com *ou* conhecer alguém

meet a deadline cumprir um prazo

meet a demand satisfazer *ou* atender a uma demanda

meet a target alcançar uma meta

meeting reunião (f) *ou* encontro (m)

meeting place local (m) de reunião *ou* ponto (m) de encontro

member *[of a group]* membro (mf) *ou* sócio, -cia *[de um grupo]*

membership quadro (m) de associados; afiliação (f)

memo memo (m)

memorandum memorando (m) *ou* lembrete (m)

memory memória (f)

merchandise (n) mercadorias (fpl) *ou* estoque (m)

merchandize (v) comercializar

merchandize a product comercializar um produto

merchandizer comerciante (mf)

merchandizing comercialização (f)

merchant negociante (mf) *ou* comerciante (mf)

merchant bank banco (m) mercantil

merchant navy marinha (f) mercante

merchant ship *or* **merchant vessel** navio (m) mercante

merge fundir

merger fusão (f) *ou* consolidação (f) *[de sociedade]*

merit mérito (m)

merit award *or* **merit bonus** gratificação (f) por mérito ou bônus (m)

message mensagem (f) *ou* recado (m)

messenger mensageiro, -ra

micro-economics microeconomia (f)

microcomputer microomputador (m) *ou* micro (m)

mid-month accounts contas (fpl) de meados do mês

mid-week meados da semana

middle management gerência (f) de nível médio

middle-sized company média empresa

middleman intermediário, -ria

million milhão (m)

millionaire milionário, -ria

minimum (adj) mínimo, -ma
minimum (n) mínimo (m)
minimum dividend dividendo (m) mínimo
minimum payment pagamento (m) mínimo
minimum wage salário (m) mínimo
minor shareholders pequenos acionistas (mfpl)
minority minoria (f)
minority shareholder acionista (mf) minoritário
minus menos
minus factor fator (m) negativo
minute (n) *[time]* minuto (m)
minute (v) lavrar ata *ou* minutar
minutes (n) of meeting atas (fpl) de uma reunião
misappropriate malversar *ou* desviar *[dinheiro, verbas]*
misappropriation apropriação (f) indébita *ou* desvio (m) *ou* malversação (f)
miscalculate calcular mal
miscalculation cálculo (m) errado *ou* erro (m) de cálculo
miscellaneous diversos (mpl)
miscellaneous items itens (mpl) diversos
mismanage administrar mal *ou* gerir mal
mismanagement má administração *ou* má gerência
miss *[not to hit]* errar *[não acertar]*
miss *[not to meet]* desencontrar-se de
miss *[train, plane]* perder *[trem, avião]*
miss a target não atingir um alvo
miss an instalment deixar passar uma prestação
mistake erro (m) *ou* engano (m)
misunderstanding mal-entendido (m) *ou* equívoco (m)
mixed misturado, -da *ou* sortido, -da *ou* misto, -ta
mixed economy economia (f) mista
mobility mobilidade (f)
mobilize mobilizar
mobilize capital mobilizar capital
mock-up modelo (m) *ou* maquete (f)
mode modo (m) *ou* forma (f)
mode of payment forma (f) de pagamento
model (n) *[person]* modelo (mf)

model (n) *[small copy]* modelo (m) *ou* maquete (f)
model (n) *[style of product]* modelo (m) *ou* estilo (m)
model (v) *[clothes]* modelar
model agreement acordo (m) modelo
modem modem (m)
moderate (adj) moderado, -da
moderate (v) moderar
monetary monetário, -ria
monetary base base (f) monetária
monetary unit unidade (f) monetária
money dinheiro (m)
money changer cambista (m)
money markets mercado (m) financeiro *ou* mercado (m) de capitais
money order ordem (m) de pagamento *ou* vale (m) postal
money rates taxas (fpl) monetárias
money supply disponibilidade (f) de moeda *ou* meio (m) circulante
money up front pagamento (m) adiantado
money-making plan plano (m) para a obtenção de dinheiro
moneylender agiota (m) *ou* prestamista (m)
monitor (n) *[screen]* monitor (m)
monitor (v) monitorar *ou* fiscalizar
monopolization monopolização (f)
monopolize monopolizar
monopoly monopólio (m)
month mês (m)
month end fim (m) de mês
month-end accounts contas (fpl) de fim de mês
monthly (adj) mensal
monthly (adv) mensalmente
monthly payments pagamentos (mpl) mensais
monthly statement extrato (m) mensal
moratorium moratória (f)
mortgage (n) hipoteca (f)
mortgage (v) hipotecar
mortgage payments pagamentos (mpl) da hipoteca
mortgagee credor, -ra hipotecário, -ria
mortgager *or* **mortgagor** devedor, -dora hipotecário, -ria
most-favoured nation nação (f) mais favorecida
motivated motivado, -da

motivation motivação (f)
motor insurance seguro (m) de automóveis
mount up aumentar *ou* crescer *ou* avultar
mounting crescente
move *[be sold]* promover a venda *ou* fazer sair
move *[house, office]* mudar-se
move *[propose]* propor *ou* fazer moção
movement movimentação (f)
movements of capital movimentos (mpl) de capitais
MRP (= manufacturer's recommended price) preço (m) recomendado pelo fabricante
multicurrency operation operação (f) em diferentes moedas
multilateral multilateral
multilateral agreement acordo (m) multilateral
multilateral trade comércio (m) multilateral
multinational (n) multinacional (f)
multiple (adj) múltiplo, -pla
multiple entry visa visto (m) para entradas múltiplas
multiple ownership propriedade (f) múltipla
multiple store depósito (m) para artigos variados
multiplication multiplicação (f)
multiply multiplicar
mutual (adj) mútuo, -tua
mutual (insurance) company companhia (f) de seguros mútuos

Nn

national advertising publicidade (f) nacional
nationalization nacionalização (f)
nationalized industry indústria (f) nacionalizada
nationwide nacional
natural resources recursos (mpl) naturais
natural wastage perda (f) natural
near letter-quality (NLQ) qualidade (f) de semicorrespondência
necessary necessário, -ria
negative cash flow fluxo (m) de caixa negativo
neglected business negócio (m) negligenciado
neglected shares ações (fpl) negligenciadas
negligence negligência (f)
negligent negligente
negligible insignificante *ou* desprezível
negotiable negociável
negotiable instrument título (m) negociável
negotiate negociar
negotiation negociação (f)
negotiator negociador, -dora

net (adj) líquido, -da
net (v) proporcionar
net assets *or* **net worth** ativo (m) líquido *ou* patrimônio (m) líquido
net earnings *or* **net income** renda (f) líquida
net income *or* **net salary** rendimento (m) líquido
net loss prejuízo (m) líquido
net margin margem (f) líquida
net price preço (m) líquido
net profit lucro (m) líquido *ou* resultado (m) líquido
net receipts receita (f) líquida
net sales vendas (fpl) líquidas
net weight peso (m) líquido
net yield rendimento (m) líquido
network (n) rede (f)
network (v) *[computers]* colocar em rede *[computadores]*
news agency agência (f) de notícias
newspaper jornal (m)
niche nicho (m)
night noite (f)
night rate índice (m) noturno
night shift turno (m) da noite
nil nada

nil return devolução (f) em branco
NLQ (= **near letter-quality**) qualidade (f) de semicorrespondência
no-claims bonus gratificação (f) por falta de sinistralidade
no-strike agreement acordo (m) de não-greve
no-strike clause cláusula (f) de não-greve
nominal capital capital (m) nominal
nominal ledger livro-razão (m) nominal *ou* de resultados
nominal rent aluguel (m) nominal
nominal value valor (m) nominal
nominee candidato, -ta
nominee account conta (f) administrada por procurador
non profit-making sem fins lucrativos
non-delivery falta (f) de entrega
non-executive director diretor (m) não executivo
non-negotiable instrument título (m) não negociável *ou* título (m) intransferível
non-payment *[of a debt]* não-pagamento *[de uma dívida]*
non-recurring items itens (mpl) extraordinários

non-refundable deposit depósito (m) não-reembolsável
non-returnable packing embalagem (f) sem retorno
non-stop sem parar *ou* sem escalas
non-taxable income renda (f) isenta de impostos
nonfeasance omissão (f) *ou* não execução
norm norma (f)
notary public tabelião (m) público
note (n) nota (f) *ou* cédula (f)
note (v) constatar *ou* anotar
note of hand nota (f) promissória
notice *[piece of information]* aviso (m) *ou* notificação (f)
notice *[that worker is leaving his job]* aviso (m) prévio
notice *[time allowed]* prazo (m)
notice *[warning that a contract is going to end]* aviso (m) *ou* notificação (f)
notification notificação (f)
notify notificar
null nulo, -la
number (n) *[figure]* número (m)
number (v) numerar
numbered account conta (f) numerada
numeric *or* **numerical** numérico, -ca
numeric keypad teclado (m) numérico

Oo

objective (adj) objetivo, -va
objective (n) objetivo (m)
obligation *[debt]* dívida (f)
obligation *[duty]* obrigação (f) *ou* compromisso (m)
obsolescence obsolescência (f)
obsolescent obsolescente
obsolete obsoleto, -ta
obtain obter
obtainable obtenível
occupancy ocupação (f) *ou* posse (f)
occupancy rate índice (m) de ocupação
occupant ocupante (mf) *ou* inquilino, -na
occupational ocupacional *ou* profissional

occupational accident acidente (m) profissional
odd *[not a pair]* avulso, -sa
odd *[not even]* ímpar
odd numbers números (mpl) ímpares
off *[away from work]* de folga *[do trabalho]*
off *[cancelled]* cancelado, -da *ou* suspenso, -sa
off *[reduced by]* abatimento (m) *ou* redução (f) de preço
off the record extra-oficial *ou* confidencial
off-peak fora das horas de pico
off-season baixa temporada (f)

off-the-job training treinamento (m) fora do trabalho
offer (n) oferta (f)
offer (v) *[to buy]* oferecer *[para compra]*
offer (v) *[to sell]* oferecer *[para venda]*
offer for sale oferta (f) de venda
offer price preço (m) de oferta
office escritório (m) *ou* repartição (f) *[pública]*
office equipment material (m) de escritório
office furniture móveis (mpl) de escritório
office hours horário (m) de trabalho *ou* horário de expediente
office security sistema (m) de segurança no escritório
office space espaço (m) para escritório
office staff pessoal (m) de escritório
office stationery artigos (mpl) de papelaria para escritório
offices to let escritórios (mpl) para alugar
official (adj) oficial
official (n) funcionário, -ria público, -ca
official receiver síndico, -ca
official return restituição (f) oficial
officialese linguagem (f) burocrática
offload descarregar
offshore em águas territoriais
oil *[cooking]* óleo (m) *ou* azeite (m)
oil *[petroleum]* petróleo (m)
oil price preço (m) do petróleo
oil-exporting countries países (mpl) exportadores de petróleo
oil-producing countries países (mpl) produtores de petróleo
old velho, -lha *ou* antiquado, -da
old-established antigo, -ga
old-fashioned desatualizado, -da *ou* fora de moda
ombudsman defensor (m) do povo
omission omissão (f)
omit omitir
on a short-term basis a curto prazo
on account por conta *ou* a prazo
on agreed terms nos termos acordados
on an annual basis anualmente
on approval sob condição
on behalf of em nome de *ou* da parte de

on board a bordo *ou* embarcado
on business a negócios
on condition that contanto que
on credit a crédito
on favourable terms em condições (fpl) favoráveis
on line *or* **online** em linha direta *ou* online
on order à ordem *ou* encomendado
on request a pedido
on sale à venda
on the average em média
on the increase aumentando
on time pontual (adj) *ou* pontualmente (adv)
on-the-job training treinamento no trabalho
one-off único, -ca
one-off item artigo (m) único
one-sided unilateral
one-sided agreement acordo (m) unilateral
one-way fare bilhete (m) de ida
one-way trade comércio (m) unilateral
OPEC (= Organization of Petroleum Exporting Countries) OPEP (= Organização dos Países Exportadores de Petróleo)
open (adj) *[not closed]* aberto, -ta
open (v) iniciar, começar
open a new business abrir um negócio
open a bank account abrir uma conta bancária
open a line of credit abrir uma linha de crédito
open a meeting iniciar *ou* dar início a uma reunião
open account conta (f) em aberto
open an account abrir uma conta
open cheque cheque (m) aberto *ou* cheque sem cruzar
open credit crédito (m) ilimitado
open market mercado (m) aberto
open negotiations abrir negociações
open ticket bilhete (m) em aberto
open to offers aberto a ofertas
open-ended agreement acordo (m) variável
open-plan office escritório (m) de distribuição variável
opening (adj) de abertura *ou* de estréia

opening (n) abertura (f) *ou* oportunidade (f) *[de emprego]*
opening balance balanço (m) de abertura
opening bid oferta (f) de abertura *ou* oferta (f) inicial
opening hours horário (m) comercial
opening price preço (m) inicial
opening stock estoque (m) inicial
opening time hora (f) de abertura
operate operar *ou* funcionar
operating operacional
operating budget orçamento (m) operacional
operating costs *or* operating expenses custos (mpl) operacionais *ou* despesas (fpl) operacionais
operating manual manual (m) de funcionamento *ou* de instruções
operating profit lucro (m) operacional
operating system sistema (m) operacional
operation operação (f)
operational operacional
operational budget orçamento (m) operacional
operational costs custos (mpl) operacionais
operative (adj) operativo, -va
operative (n) trabalhador, -dora *ou* operário, -ria
operator operador, -dora *ou* telefonista (mf)
opinion poll pesquisa (f) de opinião
opportunity oportunidade (f)
option to purchase *or* to sell opção (f) de compra *ou* de venda
optional opcional
optional extras extras (mpl) opcionais
order (n) *[certain way]* ordem (f)
order (n) *[for goods]* pedido (m) *ou* encomenda (f)
order (n) *[instruction]* ordem (f)
order (n) *[money]* ordem (f) de pagamento
order (v) *[goods]* encomendar *ou* fazer pedido
order (v) *[put in order]* ordenar *ou* organizar
order book livro (m) de pedidos
order fulfilment expedição (f) do pedido
order number número (m) do pedido
order picking seleção (f) de artigos de um pedido
order processing processamento (m) do pedido
order: on order pedido, -da
ordinary ordinário, -ria *ou* corrente
ordinary shares ações (fpl) ordinárias
organization *[institution]* organização (f)
organization *[way of arranging]* organização (f)
organization and methods organização e métodos
organization chart organograma (m)
Organization of Petroleum Exporting Countries (OPEC) Organização dos Países Exportadores de Petróleo (OPEP)
organizational organizacional
organize organizar
origin origem (f)
original (adj) original
original (n) original (m)
OS (= outsize) tamanho (m) extragrande
out of control fora de controle
out of date obsoleto, -ta *ou* antiquado, -da
out of pocket desembolsado, -da
out of stock em falta no estoque
out of work desempregado, -da
out-of-pocket expenses despesas (fpl) desembolsadas
outbid fazer lance maior
outgoing saída (f)
outgoing mail correspondência (f) de saída
outgoings despesas (fpl) *ou* dispêndios (mpl)
outlay desembolso (m) *ou* gasto (m)
outlet ponto (m) de venda *ou* distribuidor, -dora
output (n) *[computer]* dados (mpl) de saída
output (n) *[goods]* produção (f) *[bens]*
output (v) *[computer]* produzir
output tax imposto (m) sobre rendimentos
outright diretamente *ou* total
outside exterior *ou* externo, -na *ou* fora de
outside director diretor, -tora externo, -na
outside line linha (f) externa

outside office hours fora do expediente
outsize (OS) tamanho (m) extragrande
outstanding *[exceptional]* ilustre *ou* notável
outstanding *[unpaid]* a receber *ou* a pagar
outstanding debts dívidas (fpl) pendentes
outstanding orders pedidos (mpl) pendentes
overall geral *ou* global
overall plan plano (m) geral
overbook reservar em excesso
overbooking superlotação (f)
overcapacity sobrecapacidade (f)
overcharge (n) preço (m) exagerado *ou* sobretaxa (f)
overcharge (v) cobrar preço excessivo
overdraft saque (m) a descoberto
overdraft facility limite (m) de saque a descoberto
overdraw sacar em excesso *ou* sacar a descoberto
overdrawn account conta (f) a descoberto
overdue vencido, -da *ou* atrasado, -da
overestimate (v) superestimar *ou* sobrestimar
overhead budget orçamento (m) de despesas gerais
overhead costs *or* **expenses** custos (mpl) fixos *ou* custos (mpl) indiretos
overheads despesas (fpl) gerais indiretas
overmanning colocação (f) excessiva de pessoal

overpayment pagamento (m) em excesso
overproduce produzir em excesso *ou* superproduzir
overproduction superprodução (f)
overseas (adj) estrangeiro, -ra *ou* exterior
overseas (n) exterior (m)
overseas markets mercados (mpl) internacionais
overseas trade comércio (m) exterior
overspend gastar em excesso *ou* esbanjar
overspend one's budget gastar em excesso o orçamento
overstock (v) estocar em excesso
overstocks estoques (mpl) em excesso
overtime horas (fpl) extras
overtime ban proibição (f) de horas extras
overtime pay pagamento (m) por horas extras de trabalho
overvalue supervalorizar
overweight (adj) excesso de peso
owe dever
owing devido, -da
owing to devido a *ou* por causa de
own (v) possuir *ou* ter
own brand goods produtos (mpl) de marca própria
own label goods produtos (mpl) de rótulo próprio
owner proprietário, -ria *ou* dono, -na
ownership posse (f) *ou* propriedade (f)

Pp

p & p (= postage and packing) franquia (f) postal & embalagem
p.o.s. *or* **POS (= point of sale)** ponto (m) de venda
P/E (= price/earnings) preço(m)/lucro(m)
P/E ratio (= price/earnings ratio) índice (m) preço/lucro
PA (= personal assistant) secretária (f) executiva
pack (n) pacote (m)

pack (v) embalar *ou* empacotar
pack goods into cartons empacotar produtos em caixas de papelão
pack of envelopes pacote (m) de envelopes
package of goods pacote de produtos *ou* embalagem
package of services conjunto (m) de serviços
package deal contrato (m) global

packaging *[action]* empotar
packaging *[material]* embalagem (f)
packaging material material (m) de embalagem
packer empacotador, -dora *ou* encaixotador, -dora
packet pacote (m)
packet of cigarettes maço (m) de cigarros
packing *[action]* encaixotar *ou* acondicionar
packing *[material]* material (m) de embalagem
packing case caixote (m) de embalagem
packing charges despesas (fpl) com a embalagem
packing list *or* **packing slip** lista (f) de embarque *ou* romaneio (m)
paid pago, -ga
pallet paleta (f)
palletize paletizar
panel painel (m)
panic buying febre (f) de compras
paper bag bolsa (f) de papel
paper feed alimentador (m) de papel
paper loss perda (f) sobre papéis
paper profit lucro (m) no papel *ou* lucro (m) escritural
paperclip clipe (m) *ou* prendedor (m) de papel
papers papéis (mpl) *ou* documentos (mpl) *ou* credenciais (fpl)
paperwork procedimento (m) burocrático *ou* trabalho (m) de escrita
par par
par value valor (m) par *ou* valor (m) nominal
parcel (n) pacote (m) *ou* embrulho (m)
parcel (v) empacotar
parcel post serviço (m) de encomenda postal
parent company matriz (f)
parity paridade (f)
part (n) parte (f)
part exchange troca (f) parcial
part-owner co-proprietário, -ria
part-ownership co-propriedade
part-time meio-expediente
part-time employment emprego (m) de meio-expediente
part-time work trabalho (m) de meio-expediente

part-timer trabalhador, -dora de meio-expediente
partial loss perda (f) parcial
partial payment pagamento (m) parcial
particulars detalhes (mpl) *ou* pormenores (mpl)
partner sócio, -cia
partnership sociedade (f)
party parte (f) interessada
patent patente (f)
patent agent agente (mf) de marcas e patentes
patent an invention patentear uma invenção
patent applied for *or* **patent pending** patente (f) solicitada
patented patenteado, -da
pay (n) *[salary]* ordenado (m) *ou* remuneração (f) *[salário]*
pay (v) *[bill]* pagar
pay (v) *[worker]* pagar
pay a bill pagar uma conta
pay a dividend pagar um dividendo
pay an invoice pagar uma fatura
pay back devolver *ou* reembolsar
pay by cheque pagar com cheque
pay by credit card pagar com cartão de crédito
pay cash pagar em espécie
pay cheque cheque (m) salário
pay desk pagadoria (f)
pay in advance pagar antecipadamente
pay in instalments pagar em prestações
pay interest pagar juros
pay money down fazer um depósito *ou* dar uma entrada
pay off *[debt]* liquidar
pay off *[workers]* despedir *[trabalhadores]*
pay out pagar *ou* desembolsar
pay phone telefone (m) público
pay rise aumento (m) salarial
pay slip contracheque (m)
pay up pagar uma dívida *ou* saldar uma dívida
payable pagável
payable at sixty days pagável em 60 dias
payable in advance pagável antecipadamente
payable on delivery pagável contra entrega

payable on demand pagamento (m) mediante apresentação

payback reembolso (m)

payback clause cláusula (f) de amortização *ou* cláusula (f) de reembolso

payback period período (m) de amortização *ou* período (m) de reembolso

payee favorecido, -da

payer pagador, -dora

paying (adj) rentável

paying (n) pagamento (m)

paying-in slip recibo (m) de depósito

payload carga (f) útil

payment pagamento (m) *ou* remuneração (f)

payment by cheque pagamento (m) com cheque

payment by results pagamento (m) por empreitada

payment in cash pagamento (m) em dinheiro

payment in kind pagamento (m) em espécie

payment on account pagamento (m) em conta

PC (= personal computer) PC (microcomputador)

peak (n) pico (m) *ou* cume (m)

peak (v) chegar ao máximo

peak output saída (f) máxima

peak period período (m) de movimento máximo

peg prices preços (mpl) fixos

penalize impor penalidade *ou* punir

penalty penalidade (f) *ou* multa (f)

penalty clause cláusula (f) de penalidade

pending pendente

penetrate a market penetrar um mercado

pension pensão (f)

pension fund fundo (m) de pensão *ou* fundo (m) de aposentadoria

pension scheme plano (m) de pensão *ou* plano (m) de aposentadoria

per por *ou* cada

per annum por ano *ou* anual

per capita per capita *ou* por pessoa

per cent por cento

per head por pessoa

per hour *or* **per day** *or* **per week** *or* **per year** por hora *ou* por dia *ou* por semana *ou* por ano

percentage percentagem (f)

percentage discount desconto (m) percentual

percentage increase aumento (m) percentual

percentage point ponto (m) percentual

performance desempenho (m) *ou* rendimento (m)

performance rating classificação (f) de desempenho

period período (m) *ou* exercício (m)

period of notice período (m) de notificação

period of validity período (m) de validade *ou* prazo (m) de validade

periodic *or* **periodical (adj)** periódico, -ca

periodical publicação (f) periódica

peripherals periféricos (mpl)

perishable perecível

perishable goods *or* **items** *or* **cargo** bens (mpl) *ou* itens (mpl) perecíveis *ou* carga (f) perecível

perishables produtos (mpl) perecíveis

permission permissão (f) *ou* autorização (f)

permit (n) autorização (f) *ou* licença (f)

permit (v) permitir *ou* autorizar

personal pessoal

personal allowances dedução (f) permitida ao contribuinte

personal assets bens (mpl) pessoais

personal assistant (PA) secretária (f) executiva

personal computer (PC) PC *ou* microcomputador (m)

personal income renda (f) pessoal

personalized personalizado, -da

personalized briefcase pasta (f) personalizada

personalized cheque cheque (m) personalizado

personnel quadro (m) de pessoal

personnel department departamento (m) de pessoal

personnel management administração (f) de pessoal

personnel manager gerente (mf) de pessoal

peseta (n) *[currency used in Spain]* peseta *[moeda da Espanha]*

petty pequeno, -na
petty cash caixa (f) pequena *ou* caixinha (f)
petty cash box caixa (f) para pequenas despesas
petty expenses despesas (fpl) pequenas
phase in apresentar gradualmente
phase out retirar gradualmente
phoenix syndrome síndrome de Fênix
phone (n) telefone (m)
phone (v) telefonar
phone back retornar uma ligação
phone call chamada (f) telefônica *ou* telefonema (m)
phone card cartão (m) telefônico
phone number número (m) de telefone
photocopier fotocopiadora (f)
photocopy (n) fotocópia (f)
photocopy (v) fotocopiar
photocopying fotocopiagem (f)
photocopying bureau escritório (m) de fotocópias
picking list inventário (m) de armazém
pie chart gráfico (m) de setores
piece tarefa (f) *ou* peça (f)
piece rate salário-tarefa (m)
piecework trabalho (m) por tarefa *ou* empreitada
pilferage *or* **pilfering** furto (m)
pilot (adj) piloto
pilot (n) *[person]* piloto (mf)
pilot scheme programa (m) piloto
pioneer (n) pioneiro, -ra
pioneer (v) ser pioneiro
place (n) *[in a competition]* lugar (m)
place (n) *[in a text]* lugar (m) *ou* localização (f)
place (n) *[job]* posição (f) *ou* posto (m)
place (n) *[situation]* situação (f)
place (v) colocar *ou* pôr *ou* situar
place an order fazer um pedido
place of work local (m) de trabalho
plaintiff queixoso, -sa *ou* querelante (mf)
plan (n) *[drawing]* plano (m) *ou* esboço (m)
plan (n) *[project]* plano (m) *ou* projeto (m)
plan (v) planejar *ou* esboçar *ou* projetar
plan investments planejar os investimentos

plane avião (m)
planner planejador, -dora
planning planejamento (m)
plant (n) *[factory]* fábrica (f) *ou* usina (f)
plant (n) *[machinery]* maquinaria (f) *ou* aparelhagem (f)
plant-hire firm empresa (f) de aluguel de maquinaria
platform *[railway station]* plataforma (f)
PLC *or* **plc (= Public Limited Company)** sociedade anônima (S.A.)
plug (n) *[electric]* tomada (f) elétrica
plug (v) *[block]* obstruir *ou* tampar
plug (v) *[publicize]* anunciar *ou* fazer propaganda
plus mais
plus factor fator (m) positivo
pocket (n) bolso (m)
pocket (v) embolsar
pocket calculator calculadora (f) de bolso
pocket diary agenda (f) de bolso
point ponto (m)
point of sale (p.o.s. *or* **POS)** ponto (m) de venda
point of sale material (POS material) propaganda (f) do ponto de venda
policy política (f)
pool resources reunir recursos
poor quality má qualidade (f)
poor service serviço (m) deficiente
popular popular
popular prices preços (mpl) populares
port *[computer]* ligação (f)
port *[harbour]* porto (m)
port authority autoridade (f) portuária
port charges *or* **port dues** despesas portuárias *ou* taxas portuárias
port of call porto (m) de escala
port of embarkation porto (m) de embarque
port of registry porto (m) de registro
portable portátil
portfolio carteira (f) de investimentos
portfolio management administração (f) de carteira
POS material (point of sale material) propaganda (f) de ponto de venda
position *[job]* cargo (m) *ou* função (f)

position *[state of affairs]* posição (f) *ou* situação (f)
positive positivo, -va
positive cash flow fluxo (m) de caixa positivo
possess possuir *ou* ter
possibility possibilidade (f)
possible possível
post (n) *[job]* cargo (m)
post (n) *[letters]* correspondência (f)
post (n) *[system]* correio (m)
post (v) pôr no correio *ou* enviar *ou* lançar
post an entry lançar *ou* contabilizar uma entrada
post free isento de porte *ou* franquia postal
postage porte (m) *ou* franquia (f) postal
postage and packing (p & p) despesas (fpl) com porte e embalagem
postage paid porte (m) pago
postal postal
postal charges *or* **postal rates** tarifas (fpl) postais
postal order vale (m) postal
postcode código (m) postal
postdate pós-datar
poste restante posta-restante (f) *ou* lista (f) de correio
Post Office box number número (m) da caixa postal
postpaid com porte pago
postpone adiar *ou* transferir
postponement adiamento (m)
potential (adj) potencial *ou* possível
potential (n) potencial (m) *ou* possibilidade (f)
potential customers clientes (mpl) em potencial
potential market mercado (m) em potencial
pound *[weight: 0.45kg]* libra (f) *[peso = 0.45kg]*
pound sterling *[currency used in Great Britain]* libra esterlina (f) *[moeda da Grã-Bretanha]*
power of attorney procuração (f)
PR (= public relations) RP (= relações públicas)
pre-empt obter por preempção
pre-financing pré-financiamento (m)
prefer preferir
preference preferência (f)

preference shares ações (fpl) preferenciais
preferential preferencial
preferential creditor credor, -ra preferencial
preferential duty *or* **preferential tariff** tarifa (f) preferencial
preferred creditor credor, -ra preferencial
premises local (m) *ou* edifício (m) *ou* prédio (m)
premium *[extra charge]* prêmio (m) *ou* ágio (m)
premium *[insurance]* prêmio (m) *[seguro]*
premium *[on lease]* ágio (m)
premium offer oferta (f) especial
premium quality alta qualidade (f)
prepack *or* **prepackage** pré-empacotar
prepaid pago, -ga antecipadamente *ou* na origem
prepay pagar na origem *[frete]* *ou* pagar antecipadamente
prepayment pagamento (m) antecipado
present (adj) *[being there]* presente *[estar lá]*
present (adj) *[now]* atual
present (n) *[gift]* presente (m) *ou* brinde (m)
present (v) *[give]* presentear *[dar]*
present (v) *[show a document]* apresentar *[mostrar um documento]*
present a bill for acceptance apresentar uma nota para aceite
present a bill for payment apresentar uma nota para pagamento
present value valor (m) atual
presentation *[exhibition]* apresentação (f) *ou* representação (f)
presentation *[showing a document]* apresentação (f)
press imprensa (f)
press conference coletiva (f) à imprensa
press release comunicado (m) à imprensa
prestige prestígio (m)
prestige product produto (m) de prestígio
pretax profit lucro (m) antes do imposto de renda
prevent prevenir *ou* evitar
prevention prevenção (f)
preventive preventivo, -va

previous anterior *ou* prévio, -via
price (n) preço (m)
price (v) marcar *[o preço]* ou cotar
price ceiling teto (m) *ou* limite (m) de preço
price control controle (m) de preço
price controls controles (mpl) de preço
price differential disparidade (f) de preço *ou* diferença (f) entre preços
price ex quay preço (m) colocado no cais
price ex warehouse preço (m) colocado no armazém
price ex works preço (m) na fábrica
price label etiqueta (f) de preço
price list lista (f) *ou* relação (f) de preço
price range faixa (m) de preço
price reduction redução (f) de preço
price stability estabilidade (f) de preços
price tag etiqueta (f) de preço
price ticket etiqueta (f) de preço
price war guerra (f) de preços
price-cutting war guerra (f) de cortes nos preços
price-sensitive product produto (m) sensível a mudanças de preço
price/earnings ratio (P/E ratio) índice (m) de preço/lucro
pricing determinação (f) de preços
pricing policy política (f) de preços
primary primário, -ria
primary industry setor (m) primário
prime principal *ou* primeiro, -ra
prime cost custo (m) de produção
prime rate *or* **prime** taxa (f) preferencial *ou* taxa (f) de juros privilegiada
principal (adj) principal
principal (n) *[money]* principal (m)
principal (n) *[person]* chefe (m) *ou* dirigente (m)
principle princípio (m)
print out imprimir
printer *[company]* gráfica (f)
printer *[machine]* impressora (f)
printout impressão (f)
prior anterior *ou* prévio, -via
private particular *ou* privado, -da
private enterprise empresa (f) privada
private limited company sociedade (f) limitada (Ltda.)

private ownership propriedade (f) privada
private property propriedade (f) privada
private sector setor (m) privado
privatization privatização (f)
privatize privatizar
pro forma (invoice) fatura (f) pró-forma
pro rata pro rata *ou* proporcional *ou* rateado
probation sursis *ou* prova (f) *ou* período (m) de experiência
probationary probatório, -ria
problem problema (m)
problem area área (f) problemática *ou* tema (m) problemático
problem solver solucionador de problemas
problem solving solução (f) de problemas
procedure procedimento (m) *ou* prática (f)
proceed proceder *ou* seguir *ou* continuar
process (n) processo (m)
process (v) *[deal with]* processar
process (v) *[raw materials]* beneficiar *ou* transformar
process figures preparar as cifras
processing of information *or* **of statistics** processamento (m) de informação *ou* de estatísticas
produce (n) *[food]* produto (m) *ou* produção (f) *[agrícola]*
produce (v) *[bring out]* apresentar *ou* mostrar
produce (v) *[interest]* dar *ou* render *[juros]*
produce (v) *[make]* produzir *ou* fazer
producer produtor
product produto (m) *ou* rendimento (m)
product advertising anúncio (m) *ou* propaganda (f) do produto
product cycle ciclo (m) do produto
product design design (m) do produto *ou* projeto (m)
product development desenvolvimento (m) do produto
product engineer engenheiro, -ra de produção
product line linha (f) de produto
product mix combinação (f) de fatores de produção *ou* composto (m) de produtos
production *[making]* produção (f)

production *[showing]* apresentação (f)
production cost custo (m) de produção
production department departamento (m) de produção
production line linha (f) de produção
production manager gerente (mf) de produção
production standards padrões (mpl) de produção
production targets metas (fpl) de produção
production unit unidade (f) de produção
productive produtivo, -va
productive discussions discussões (fpl) produtivas
productivity produtividade (f)
productivity agreement acordo (m) de produtividade
productivity bonus bônus (m) de produtividade *ou* gratificação (f)
professional (adj) *[expert]* profissional
professional (n) *[expert]* profissional (mf)
professional qualifications qualificações (fpl) profissionais
profit lucro (m) *ou* ganho (m)
profit after tax lucro (m) após imposto
profit and loss account conta (f) de lucros e perdas
profit before tax lucro (m) antes do imposto
profit centre centro (m) de lucros
profit margin margem (f) de lucro
profit-making lucrativo, -va *ou* rentável
profit-oriented company empresa (f) com fins lucrativos
profit-sharing participação (f) nos lucros
profitability *[making a profit]* rentabilidade (f) *ou* lucratividade (f)
profitability *[ratio of profit to cost]* índice (m) *ou* coeficiente (m) de lucro
profitable lucrativo, -va
program a computer programar um computador
programme *or* **program** programa (m)
programming language linguagem (f) de programação
progress (n) progresso (m)
progress (v) progredir *ou* avançar
progress chaser responsável (m) pelo progresso de um trabalho

progress payments pagamentos (mpl) parcelados
progress report relatório (m) sobre o progresso de um trabalho
progressive taxation tributação (f) progressiva
prohibitive proibitivo, -va
project *[plan]* projeto (m)
project analysis análise (f) de projeto
project manager gerente (mf) de projeto
projected projetado, -da *ou* previsto, -ta
projected sales vendas (fpl) previstas
promise (n) promessa (f)
promise (v) prometer
promote *[advertise]* promover
promote *[give better job]* promover
promote a corporate image promover uma imagem da empresa
promote a new product promover um novo produto
promotion *[publicity]* promoção (f)
promotion *[to better job]* promoção (f)
promotion budget orçamento (m) para promoções
promotion of a product promoção (f) de um produto
promotional promocional
promotional budget orçamento (m) promocional
prompt pronto, -ta *ou* para entrega imediata
prompt payment pagamento (m) sem demora *ou* imediato
prompt service serviço (m) imediato
proof prova (f)
proportion proporção (f) *ou* parte (f)
proportional proporcional
proposal *[insurance]* proposta (f) *ou* oferta (f)
proposal *[suggestion]* proposta (f)
propose *[a motion]* propor *[uma moção]*
propose to *[do something]* propor-se *ou* dispor-se a
proprietary company (US) sociedade *ou* holding
proprietor proprietário (m) *ou* dono (m)
proprietress proprietária (f) *ou* dona (f)
prosecute processar *ou* levar a julgamento
prosecution *[legal action]* acusação (f)
prosecution *[party in legal action]* advogado, -da de acusação

prosecution counsel advogado, -da de acusação
prospective possível
prospective buyer comprador, -dora em potencial
prospects perspectivas (fpl)
prospectus folheto (m) *ou* prospecto (m)
protective protetor, -tora *ou* preventivo, -va
protective tariff tarifa (f) protetora
protest (n) *[against something]* protesto (m)
protest (n) *[official document]* protesto (m)
protest (v) *[against something]* protestar
protest a bill protestar uma nota
protest strike greve (f) de protesto
provide prover *ou* fornecer
provide for preparar-se para *ou* prevenir-se para
provided that contanto que
provision *[condition]* condição (f) *ou* cláusula (f) *ou* disposição (f)
provision *[money put aside]* reserva (f)
provisional provisório, -ria *ou* interino, -na
provisional budget orçamento (m) provisório
provisional forecast of sales previsão (f) provisória de vendas
proviso condição (f) *ou* cláusula (f) *ou* disposição (f)
proxy *[deed]* procuração (f)
proxy *[person]* procurador, -dora *ou* suplente (mf)
proxy vote voto (m) por procuração
public (adj) público, -ca
public finance finanças (fpl) públicas
public funds fundos (mpl) públicos
public holiday feriado (m) público
public image imagem (f) pública
Public Limited Company (Plc) sociedade (f) anônima (S.A.)
public opinion opinião (f) pública
public relations (PR) relações (fpl) públicas (RP)
public relations department departamento (m) de relações públicas
public relations man encarregado (m) das relações públicas
public relations officer responsável (mf) pelas relações públicas
public sector setor (m) público
public transport transporte (m) público
publicity publicidade (f)
publicity budget orçamento (m) publicitário
publicity campaign campanha (f) publicitária
publicity department departamento (m) de publicidade
publicity expenditure gastos (mpl) com publicidade
publicity manager gerente (mf) de publicidade
publicize dar publicidade *ou* divulgar *ou* fazer propaganda
purchase (n) compra (f)
purchase (v) comprar *ou* adquirir
purchase ledger livro-razão (m) de compras
purchase order pedido (m) de compra *ou* encomenda (f)
purchase price preço (m) de compra
purchase tax imposto (m) sobre compra
purchaser comprador, -dora
purchasing compra (f)
purchasing department departamento (m) de compras
purchasing manager gerente (mf) de compras
purchasing power poder (m) aquisitivo
put (v) *[place]* pôr
put back *[later]* atrasar *ou* adiar *ou* repor
put in writing pôr por escrito
put money down dar uma entrada

Qq

qty (= **quantity**) quantidade (f)
qualified *[skilled]* qualificado, -da *ou* capacitado, -da
qualified with reservations qualificado, -da com reservas *ou* com restrições
qualify as qualificar-se como *ou* habilitar-se
quality qualidade (f)
quality control controle (m) de qualidade
quality controller inspetor, -ra de qualidade
quality label selo (m) de qualidade
quantity quantidade (f)
quantity discount desconto (m) para vendas de grandes quantidades

quarter *[25%]* quarto (m) *ou* quarta parte
quarter *[three months]* trimestre (m)
quarter day dia (m) de vencimento
quarterly (adj) trimestral
quarterly (adv) trimestralmente
quay doca (f)
quorum quorum (m)
quota cota (f) *ou* quota (f)
quotation *[estimate of cost]* cotação (f) *ou* estimativa (f) de custo
quote (n) *[estimate of cost]* cotação (f)
quote (v) *[a reference]* citar
quote (v) *[estimate costs]* cotar
quoted company companhia cujas ações são negociadas na Bolsa
quoted shares ações negociadas na Bolsa

Rr

R&D (= **research and development**) P&D (= pesquisa e desenvolvimento)
racketeer chantagista (mf) *ou* contrabandista (mf)
racketeering extorsão (f) *ou* chantagismo (m)
rail trilho (m) *ou* corrimão (m)
rail transport transporte (m) ferroviário
railroad (US) estrada (f) de ferro *ou* ferrovia (f)
railway (GB) estrada (f) de ferro *ou* ferrovia (f)
railway station estação (f) de trem *ou* estação (f) ferroviária
raise (v) *[a question]* levantar *ou* colocar *[uma questão]*
raise (v) *[increase]* aumentar *ou* elevar
raise (v) *[obtain money]* levantar *ou* conseguir
raise an invoice preparar uma fatura
rally (n) recuperação (f) *ou* revigoramento (m)

rally (v) refazer-se *ou* fortalecer-se
random aleatório, -ria
random check verificação (f) aleatória
random error erro (m) aleatório
random sample amostra (f) aleatória
random sampling amostragem (f) aleatória *[auditoria]*
range (n) *[series of items]* série (f) *ou* variedade (f)
range (n) *[variation]* escala (f)
range (v) variar *ou* oscilar
rate (n) *[amount]* taxa (f) *ou* índice (m)
rate (n) *[price]* preço (m) *ou* tarifa (f)
rate of exchange taxa (f) de câmbio
rate of inflation taxa (f) de inflação
rate of production ritmo (m) de produção
rate of return taxa (f) de retorno
ratification ratificação (f)
ratify ratificar
rating classificação (f)

ratio relação (f) *ou* coeficiente (m)
rationalization racionalização (f)
rationalize racionalizar
raw materials matérias-primas (fpl)
re-elect reeleger
re-election reeleição (f)
re-employ reempregar
re-employment reemprego (m)
re-export (n) reexportação (f)
re-export (v) reexportar
reach *[arrive]* chegar
reach *[come to]* alcançar
reach a decision tomar uma decisão
reach an agreement chegar a um acordo
readjust reajustar
readjustment reajuste (m)
ready pronto, -ta
ready cash dinheiro (m) em espécie
real real
real estate imóvel (m) *ou* propriedade (f) imobiliária
real income *or* **real wages** renda (f) real
real-time system sistema (m) em tempo real
realizable assets ativo (m) realizável
realization of assets realização de ativos
realize *[sell for money]* auferir
realize *[understand]* compreender *ou* perceber
realize a project *or* **a plan** realizar *ou* executar um projeto ou um plano
realize property *or* **assets** realizar ativos *ou* transformar em moeda
reapplication reaplicação (f)
reapply reaplicar
reappoint renomear
reappointment renomeação (f)
reassess reavaliar
reassessment reavaliação (f)
rebate *[money back]* estorno (m) *ou* reembolso (m)
rebate *[price reduction]* abatimento (m) *ou* desconto (m)
receipt *[paper]* recibo (m)
receipt *[receiving]* recebimento (m)
receipt book talonário (m) de recibos
receipts receita (f)
receivable a receber
receivables contas (fpl) a receber
receive receber

receiver receptor, -tora
receiver *[liquidator]* recebedor (m) *ou* consignatário (m) *ou* curador (m) *ou* síndico (m)
receiving recebimento (m)
reception recepção (f)
reception clerk recepcionista (mf)
reception desk recepção (f)
receptionist recepcionista (mf)
recession recessão (f)
reciprocal recíproco, -ca
reciprocal agreement acordo (m) recíproco
reciprocal trade comércio (m) recíproco
reciprocity reciprocidade (f)
recognition reconhecimento (m)
recognize a union reconhecer um sindicato
recommend *[say something is good]* recomendar *ou* aconselhar
recommend *[suggest action]* recomendar *ou* sugerir
recommendation recomendação (f)
reconcile reconciliar *ou* ajustar
reconciliation reconciliação (f)
reconciliation of accounts reconciliação (f) de contas
record (n) *[for personnel]* registro (m) *[para pessoal]*
record (n) *[better than before]* recorde (m)
record (n) *[of what has happened]* registro (m) *ou* histórico (m)
record (v) registrar *ou* contabilizar *ou* anotar
record sales *or* **record losses** *or* **record profits** vendas recorde *ou* perdas recorde *ou* lucros recorde
record-breaking quebra (f) de recorde
recorded delivery entrega (f) registrada
records arquivos (mpl) *ou* registros (mpl)
recoup one's losses recuperar as perdas
recover *[get better]* melhorar *ou* recuperar-se
recover *[get something back]* recuperar
recoverable recuperável
recovery *[getting better]* melhora (f)
recovery *[getting something back]* recuperação (f)
rectification retificação (f)
rectify corrigir *ou* retificar
recurrent que se repete *ou* recorrente

recycle reciclar
recycled paper papel (m) reciclado
red tape burocracia (f)
redeem resgatar
redeem a bond resgatar um título
redeem a debt compensar uma dívida
redeem a pledge cumprir uma promessa
redeemable resgatável
redemption *[of a loan]* resgate (m) *[de um empréstimo]*
redemption date data (f) de resgate
redevelop renovar
redevelopment renovação (f)
redistribute redistribuir
reduce reduzir
reduce prices reduzir *ou* abaixar preços
reduce expenditure cortar *ou* reduzir despesas
reduced rate tarifa (f) reduzida
reduction redução (f)
redundancy redundância (f) *ou* demissão (f)
redundant redundante
refer *[pass to someone]* encaminhar
refer *[to item]* referir-se a
reference *[dealing with]* com referência a *ou* a respeito de
reference *[person who reports]* testemunha (f)
reference *[report on person]* cadastro (m)
reference number número (m) de referência
refinancing of a loan refinanciamento (m) de um empréstimo
refresher course curso (m) de reciclagem *ou* de atualização
refund (n) reembolso (m) *ou* restituição (f) *ou* devolução (f)
refund (v) reembolsar *ou* restituir *ou* devolver
refundable reembolsável
refundable deposit depósito (m) reembolsável
refusal recusa (f)
refuse (v) recusar
regarding quanto a *ou* relativo a
regardless of independente de
regional regional
register (n) *[large book]* registro (m)
register (n) *[official list]* cadastro (m) *[lista oficial]*

register (v) a letter registrar uma carta
register a company registrar uma empresa
register a property registrar uma propriedade
register a trademark registrar uma marca
register (v) at a hotel registrar-se em um hotel
register (v) in an official list cadastrar-se em uma lista oficial
register of directors cadastro (m) de diretores
register of shareholders cadastro (m) de acionistas
registered (adj) registrado, -da
registered letter carta (f) registrada
registered office domicílio (m) social
registered trademark marca (f) registrada
registrar escrivão (m) *ou* escrevente (mf)
Registrar of Companies Registro (m) Mercantil
registration registro (m)
registration fee taxa (f) de inscrição/de matrícula
registration form ficha (f) de inscrição/de matrícula
registration number número (m) de inscrição/de matrícula
registry registro (m)
registry office escritório (m) de registro civil
regular *[always at same time]* regular *ou* habitual
regular *[ordinary]* regular *ou* ordinário, -ria
regular customer cliente (mf) *ou* freguês (m) habitual
regular income renda (f) fixa
regular size tamanho (m) normal
regular staff pessoal (m) fixo
regulate *[adjust]* regular
regulate *[by law]* regular *ou* regulamentar
regulation regulamentação (f) *ou* disposição (f) *[lei]*
regulations normas (fpl) *ou* regulamentos (mpl)
reimbursement reembolso (m)
reimbursement of expenses reembolso (m) de gastos/de despesas
reimport (n) reimportação (f)

reimport (v) reimportar
reimportation reimportação (f)
reinsurance resseguro (m)
reinsure ressegurar
reinsurer ressegurador, -dora
reinvest reinvestir *ou* reaplicar
reinvestment reinvestimento (m)
reject (n) produto (m) com defeito
reject (v) rejeitar
rejection rejeição (f)
relating to referente *ou* relativo a
relations relações (fpl)
release (n) libertação (f) *ou* remissão (f) de dívida
release (v) *[free]* liberar
release (v) *[make public]* lançar *ou* divulgar
release (v) *[put on the market]* lançar
release dues quitar dívidas
relevant relevante
reliability confiabilidade (f) *ou* confiança (f)
reliable seguro, -ra *ou* de confiança
remain *[be left]* ficar *ou* sobrar
remain *[stay]* ficar *ou* permanecer
remainder *[things left]* resto (m) *ou* saldo (m)
remind lembrar *ou* fazer lembrar
reminder lembrança (f) *ou* lembrete (m)
remit (n) encaminhamento (m)
remit (v) remeter
remit by cheque remeter por cheque
remittance remessa (f) *ou* envio (m) *[de dinheiro ou valores]*
remote control controle (m) remoto
removal *[sacking someone]* demissão (f) *ou* exoneração (f)
removal *[to new house]* mudança (f)
remove mover *ou* remover *ou* demitir *ou* mudar-se
remunerate remunerar *ou* pagar *ou* compensar
remuneration remuneração (f)
render an account prestar contas *ou* apresentar contas
renew renovar *ou* prorrogar
renew a bill of exchange *or* **renew a lease** renovar uma letra de câmbio *ou* uma concessão
renew a subscription renovar uma assinatura

renewal renovação (f) *ou* prorrogação (f) *ou* reposição (f)
renewal notice notificação (f) de renovação
renewal of a lease *or* **of a subscription or of a bill** renovação (f) de uma concessão *ou* de uma assinatura *ou* de uma letra
renewal premium prêmio (m) de renovação
rent (n) aluguel (m)
rent (v) *[pay money for]* alugar *ou* arrendar
rent collector cobrador, -dora de aluguel
rent control controle (m) de aluguéis
rent tribunal tribunal (m) de aluguéis
rent-free isento de aluguel
rental aluguel (m)
rental income renda (f) proveniente de aluguel
renunciation renúncia (f) *ou* desmentido (m)
reorder (n) renovação (f) de um pedido
reorder (v) renovar um pedido
reorder level nível (m) de renovação
reorganization reorganização (f) *ou* reforma (f)
reorganize reorganizar
rep (= **representative**) representante (mf)
repair (n) reparo (m) *ou* conserto (m)
repair (v) consertar *ou* reparar
repay reembolsar *ou* restituir
repayable reembolsável *ou* restituível *ou* pagável
repayment reembolso (m) *ou* restituição (f)
repeat repetir
repeat an order renovar um pedido
repeat order pedido (m) renovado
replace substituir *ou* repor
replacement *[item]* reposição (f)
replacement *[person]* substituto, -ta
replacement value valor (m) de reposição *ou* custo (m) de reposição
reply (n) resposta (f)
reply (v) responder *ou* dar uma resposta
reply coupon cupom-resposta (m)
report (n) relatório (m) *ou* parecer (m)
report (v) relatar *ou* contar
report (v) *[go to a place]* apresentar-se *ou* comparecer

report a loss anunciar uma perda
report for an interview apresentar-se para uma entrevista
report on the progress of the work *or* **of the negotiations** informar sobre o progresso do trabalho *ou* das negociações
report to someone prestar contas a alguém
repossess recuperar *ou* reaver
represent representar
representative (adj) representativo, -va *ou* típico, -ca
representative *[company]* representante (mf)
representative *[person]* representante (mf)
repudiate repudiar *ou* repelir
repudiate an agreement repudiar *ou* negar um acordo
request (n) pedido (m) *ou* solicitação (f) *ou* requisição (f)
request (v) solicitar *ou* pedir
request: on request pedido: a pedido
require *[demand]* exigir
require *[need]* requerer
requirements requisitos (mpl) necessários *ou* exigências (fpl)
resale revenda (f)
resale price preço (m) de revenda
rescind rescindir *ou* anular *ou* cancelar
research (n) pesquisa (f)
research (v) pesquisar *ou* investigar
research and development (R & D) pesquisa e desenvolvimento (P&D)
research programme programa (m) de pesquisa
research worker pesquisador, -dora
researcher pesquisador, -dora
reservation reserva (f) *ou* restrição (f)
reserve (n) *[money]* reserva (f)
reserve (n) *[supplies]* provisão (f) *ou* estoque (m) de reserva
reserve (v) reservar
reserve a room *or* **a table** *or* **a seat** reservar um quarto *ou* uma mesa *ou* um assento
reserve currency moeda-reserva (f)
reserve price preço (m) mínimo aceitável
reserves reservas (fpl)
residence residência (f)
residence permit visto (m) de residência

resident (adj) residente *ou* habitante
resident (n) residente (mf) *ou* habitante (mf)
resign renunciar a *ou* demitir-se de *ou* exonerar-se
resignation demissão (f)
resolution resolução (f)
resolve decidir-se *ou* resolver-se
resources recursos (mpl) *ou* reservas (fpl) *ou* riquezas (fpl)
respect (v) respeitar *ou* acatar *ou* honrar
response resposta (f)
responsibilities responsabilidades (fpl) *ou* encargos (mpl)
responsibility responsabilidade (f)
responsible (for) responsável (por) *ou* encarregado, -da de
responsible to someone responsável perante alguém
restock repor *ou* renovar os estoques
restocking reposição (f) de estoques
restraint limitação (f) *ou* restrição (f)
restraint of trade restrição (f) ao livre comércio
restrict restringir *ou* limitar
restrict credit limitar o crédito
restriction restrição (f) *ou* limitação (f) *ou* ressalva (f)
restrictive restritivo, -va
restrictive practices práticas (fpl) de contenção
restructure reestruturar
restructuring reestruturação (f)
restructuring of a loan consolidação (f) de um empréstimo
restructuring of the company reestruturação (f) de uma empresa
result *[general]* resultado (m) *[geral]*
result from resultar de
result in resultar em
results *[company's profit or loss]* resultados (mpl) *[lucros e perdas de uma empresa]*
resume retomar *ou* recuperar *ou* recomeçar *ou* renovar
resume negotiations retomar negociações
retail (n) varejo (m)
retail (v) *[goods]* vender a varejo
retail (v) *[sell for a price]* vender a varejo ou a retalho
retail dealer varejista (mf) *ou* retalhista
retail goods mercadorias (fpl) a varejo

retail outlets locais (mpl) de venda a varejo
retail price preço (m) varejista
retail price index índice (m) de preços de varejo
retailer varejista (mf) *ou* retalhista (mf)
retailing vendas (fpl) a varejo
retire *[from one's job]* aposentar-se *[do trabalho]*
retirement aposentadoria (f)
retirement age idade (f) de aposentadoria
retiring de aposentadoria *ou* de reforma
retrain reciclar *ou* retreinar
retraining reciclagem (f) profissional
retrenchment redução (f) *ou* corte (m) de despesas
retrieval recuperação (f) *ou* resgate (m)
retrieval system sistema (m) de resgate
retrieve resgatar *ou* recuperar
retroactive retroativo, -va
retroactive pay rise aumento (m) salarial retroativo
return (n) *[declaration]* declaração (f) *[Imposto de Renda]*
return (n) *[going back]* retorno (m) *ou* volta (f)
return (n) *[profit]* retorno (m) *ou* lucro (m)
return (n) *[sending back]* devolução (f) *ou* restituição (f)
return (v) *[declare]* declarar
return (v) *[send back]* devolver
return a letter to sender devolver uma carta ao remetente
return address endereço (m) do remetente
return on investment (ROI) retorno (m) sobre investimento
returnable restituível
returned empties embalagens (fpl) devolvidas
returns *[profits]* renda (f) *ou* rendimento (m)
returns *[unsold goods]* devoluções (fpl) *[mercadorias não vendidas]*
revaluation reavaliação (f)
revalue reavaliar
revenue receita (f)
revenue accounts conta (f) de receita *ou* conta (f) de lucros
revenue from advertising receita (f) de publicidade
reversal reversão (f) *ou* revogação (f)
reverse (adj) reverso *ou* invertido, -da
reverse (v) inverter *ou* revogar *ou* estornar
reverse charge call chamada (f) a cobrar
reverse takeover companhia (f) sendo adquirida por outra menor
reverse the charges chamar a cobrar
revise rever *ou* reexaminar
revoke revogar
revolving credit crédito (m) rotativo
revolving credit crédito (m) automaticamente renovável
rider cláusula (f) adicional
right (adj) certo, -ta *ou* correto, -ta
right (n) *[legal title]* direito (m)
right of veto direito (m) de veto
right of way preferência (f) de passagem
right-hand man braço (m) direito *ou* homem (m) de confiança
rightful legítimo, -ma *ou* legal
rightful claimant reclamante (mf) legal
rightful owner dono, -na legítimo, -ma
rights issue emissão (f) de ações
rise (n) *[increase]* incremento (m) *ou* elevação (f)
rise (n) *[salary]* aumento (m) *[salário]*
rise (v) subir *ou* elevar-se
risk (n) risco (m)
risk (v) *[money]* arriscar-se a
risk capital capital (m) de risco
risk premium prêmio (m) de risco
risk-free investment investimento (m) livre de riscos
risky arriscado, -da
rival company empresa (f) rival *ou* concorrente
road estrada (f) *ou* rodovia (f)
road haulage transporte (m) *ou* frete (m)
road haulier carreta (f)
road tax taxa (f) rodoviária
road transport transporte (m) rodoviário
rock-bottom prices preços (m) mínimos
ROI (= **return on investment**) retorno (m) sobre investimento
roll on/roll off ferry navio roll on/roll off
roll over credit *or* **a debt** rolar um crédito *ou* uma dívida

rolling plan plano (m) atualizado periodicamente
room *[general]* sala (f) *ou* quarto (m) *ou* cômodo (m)
room *[hotel]* quarto (m)
room *[space]* espaço (m)
room reservations reservas (fpl)
room service serviço (m) de copa
rough aproximado, -da
rough calculation cálculo (m) aproximado
rough draft minuta (f) *ou* rascunho (m) *ou* esboço (m)
rough estimate cálculo (m) aproximado
round down arredondar para menos
round up arredondar para mais
routine (adj) rotineiro, -ra *ou* regular
routine (n) rotina (f)
routine call chamada (f) de rotina
routine work trabalho (m) rotineiro
royalty royalty *ou* pagamento pelo direito de exploração
rubber check (US) cheque (m) sem fundo
rule (n) regra (f) *ou* norma (f)
rule (v) *[be in force]* governar *ou* reger
rule (v) *[give decision]* decretar *ou* decidir
ruling (adj) dominante *ou* em vigor
ruling (n) decisão (f) *ou* sentença (f)
run (n) *[regular route]* percurso (m) habitual
run (n) *[work routine]* funcionamento (m) *ou* operação (f)
run (v) *[be in force]* vigorar
run (v) *[buses, trains]* circular
run (v) *[manage]* dirigir *ou* administrar
run (v) *[work machine]* operar *ou* utilizar
run a risk correr um risco
run out of esgotar
run to ascender *ou* subir
running (n) *[of machine]* funcionamento *[de máquina]*
running costs *or* **running expenses** despesas (fpl) *ou* custos (mpl) correntes
running total total (m) acumulado
rush (n) pressa (f)
rush (v) apressar *ou* acelerar
rush hour hora (f) do rush *ou* hora (f) de movimento intenso
rush job trabalho (m) urgente
rush order pedido (m) de urgência

Ss

sack someone demitir alguém
safe (adj) seguro, -ra
safe (n) cofre (m) *ou* caixa-forte (f)
safe deposit cofre (m) de segurança para depósitos
safe investment investimento (m) seguro
safeguard salvaguardar *ou* garantir
safety segurança (f)
safety measures *or* **safety precautions** medidas (fpl) de segurança ou medidas de precaução
safety regulations regulamentos (mpl) de precaução
salaried assalariado, -da
salary salário (m) *ou* ordenado (m)
salary cheque cheque (m) de pagamento
salary review revisão (f) de salários
sale (n) *[at a low price]* liquidação (f)
sale (n) *[selling]* venda (f)
sale by auction venda (f) por leilão
sale or return venda (f) ou devolução (f)
saleability vendabilidade (f)
saleable vendável
sales vendas (fpl)
sales analysis análise (f) de vendas
sales book livro (m) de vendas
sales budget orçamento (m) de vendas
sales campaign campanha (f) de vendas
sales chart gráfico (m) de vendas
sales clerk vendedor, -dora *ou* balconista (mf)
sales conference reunião (f) de vendas

sales curve curva (f) de vendas
sales department departamento (m) de vendas
sales executive promotor, -tora de vendas
sales figures cifras (fpl) de vendas
sales force equipe (f) de vendas
sales forecast previsão (f) de vendas
sales ledger livro-razão (m) de vendas
sales ledger clerk escriturário, -ria do livro-razão de vendas
sales literature literatura (f) de vendas
sales manager gerente (mf) de vendas
sales people equipe (f) de vendas *ou* força (f) de vendas
sales pitch conversa (f) de vendedor, -dora
sales promotion promoção (f) de vendas
sales receipt recibo (m) de vendas *ou* comprovante (m) de caixa
sales representative representante (mf) de vendas
sales revenue receita (f) de vendas
sales target objetivo (m) de vendas
sales tax imposto (m) sobre vendas (ICM)
sales team equipe (f) de vendas
sales volume volume (m) de vendas
salesman *[in shop]* vendedor, -dora *ou* balconista (mf)
salesman *[representative]* vendedor, -dora *ou* representante (mf) de vendas
salvage (n) *[action]* salvamento (m) *ou* resgate (m)
salvage (n) *[things saved]* salvados, -das
salvage (v) recuperar *ou* salvar
salvage vessel navio (m) de salvamento
sample (n) *[group]* amostra (f)
sample (n) *[part]* amostra (f)
sample (v) *[ask questions]* fazer uma amostragem
sample (v) *[test]* provar *ou* experimentar
sampling *[statistics]* amostra (f) por áreas
sampling *[testing]* amostragem (f)
satisfaction satisfação (f)
satisfy *[customer]* satisfazer *[cliente]*
satisfy a demand satisfazer uma demanda
saturate saturar
saturate the market saturar o mercado
saturation saturação (f)

save (v) economizar *ou* poupar
save (v) *[on computer]* salvar *ou* arquivar *[no computador]*
save on poupar *ou* economizar
save up poupar
savings poupança (f) *ou* economias (fpl)
savings account conta (f) de poupança
scale *[system]* escala (f)
scale down *or* scale up reduzir *ou* aumentar
scale of charges escala (f) de preços
scarcity value valor (m) de escassez
scheduled flight vôo (m) regular
scheduling programação (f) *ou* escalonamento (m)
screen candidates selecionar candidatos, -tas
scrip certificado (m) de portador de ações
scrip issue emissão (f) gratuita de ações
seal (n) selo (m) *ou* selo (m) de ofício
seal (v) *[attach a seal]* selar
seal (v) *[envelope]* fechar
sealed envelope envelope (m) selado *ou* fechado
sealed tenders ofertas (fpl) lacradas
season *[time for something]* época (f) *ou* temporada (f)
season *[time of year]* estação (f)
season ticket bilhete (m) de temporada
seasonal sazonal
seasonal adjustments ajustamentos (mpl) sazonais
seasonal demand procura (f) sazonal
seasonal variations variações (fpl) sazonais
seasonally adjusted figures cifras (fpl) ajustadas sazonalmente
second (adj) segundo, -da
second (v) *[member of staff]* transferir temporariamente *[funcionário, -ria]*
second quarter segundo trimestre
second-class de segunda classe
secondary industry indústria (f) secundária
secondhand de segunda mão *ou* usado, -da
seconds artigos (mpl) de qualidade inferior
secret (adj) secreto, -ta
secret (n) segredo (m)

secretarial college escola (f) de secretariado

secretary secretário, -ria

secretary *[government minister]* secretário, -ria de estado

secretary *[of a company]* secretario-geral (m) *[de uma empresa]*

sector setor (m)

secure funds garantir *ou* obter fundos

secure investment investimento (m) seguro

secure job emprego (m) seguro

secured creditor credor, -ra que oferece garantia

secured debts dívidas (fpl) garantidas

secured loan empréstimo (m) caucionado *ou* com garantia

securities valores (mpl) mobiliários *ou* títulos (mpl) de crédito

security *[being safe]* segurança (f)

security *[guarantee]* garantia (f)

security guard guarda (m) de segurança

security of employment segurança (f) de emprego

security of tenure segurança (f) de posse *ou* de ocupação

see-safe consignação (f)

seize apreender

seizure apreensão (f)

selection seleção (f)

selection procedure procedimento (m) de seleção

self-employed trabalhador, -dora autônomo, -ma

self-financing (adj) autofinanciado, -da

self-financing (n) autofinanciamento (m)

self-regulation autoregulação (f)

self-regulatory autoregulador

sell vender

sell forward vender com entrega futura

sell off liquidar

sell out *[all stock]* esgotar *[todo ou estoque]*

sell out *[sell one's business]* liquidar *[vender o próprio negócio]*

sell-by date prazo (m) de validade

seller vendedor, -dora

seller's market mercado (m) de oferta

selling (n) venda (f)

selling price preço (m) de venda

semi-finished products produtos (mpl) semi-acabados

semi-skilled workers trabalhadores (mpl) semi-especializados

send enviar

send a package by airmail enviar um pacote por via aérea

send a package by surface mail enviar um pacote por via terrestre

send a shipment by sea enviar uma carga por via marítima

send an invoice by post enviar uma fatura pelo correio

sender remetente (mf)

senior mais antigo *ou* sênior

senior manager *or* **senior executive** gerente (mf) principal *ou* executivo (m) principal

senior partner sócio, -cia principal

separate (adj) separado, -da

separate (v) separar

sequester *or* **sequestrate** seqüestrar *ou* confiscar

sequestration seqüestro (m) *ou* confisco (m)

sequestrator embargador, -dora

serial number número (m) de série

serve servir *ou* satisfazer *ou* atender

serve a customer atender a um cliente

service (n) *[business which helps]* serviço (m)

service (n) *[dealing with customers]* atendimento (m) *ou* assistência (f)

service (n) *[of machine]* revisão (f) *ou* manutenção (f)

service (n) *[regular working]* serviço (m)

service (n) *[working for a company]* serviço (m)

service (v) *[a machine]* prestar serviço de manutenção

service a debt pagar os juros de uma dívida

service centre centro (m) de manutenção *ou* de consertos

service charge cobrança (f) pelo serviço

service department departamento (m) de manutenção

service industry indústria (f) de serviços *ou* indústria (f) terciária

service manual manual (m) de manutenção

set (adj) fixo, -xa

set (n) conjunto (m)

set (v) estabelecer *ou* determinar
set against comparar *ou* compensar
set price preço (m) fixo
set targets estabelecer objetivos
set up a company montar *ou* fundar uma empresa
set up in business estabelecer-se
setback revés (m) *ou* contratempo (m)
settle *[an invoice]* liquidar *[uma fatura]*
settle *[arrange things]* solucionar
settle a claim liquidar um sinistro
settle an account prestar contas
settlement *[agreement]* conciliação (f) *ou* acordo (m)
settlement *[payment]* liquidação (f) *ou* pagamento (m)
setup *[company]* empresa (f)
setup *[organization]* organização (f)
share (n) ação (f)
share (n) *[in a company]* participação (f)
share (v) *[divide among]* compartilhar *ou* repartir
share (v) *[use with someone]* dividir *ou* compartilhar
share an office dividir um escritório
share capital capital (m) acionário *ou* capital (m) de uma empresa
share certificate título (m) *ou* certificado (m) de uma ação
share issue venda (f) *ou* emissão (f) de ações
shareholder acionista (mf)
shareholding posse (f) de ações
sharp practice negócio (m) desonesto
sheet of paper folha (f) de papel
shelf prateleira (f) *ou* estante (f)
shelf filler repositor
shelf life of a product prazo (m) de validade de um produto
shell company empresa (f) sem ativos
shelter abrigo (m)
shelve arquivar *ou* pôr livros *[na estante]*
shelving *[postponing]* adiamento (m) *ou* arquivamento (m)
shelving *[shelves]* material (m) para estantes ou prateleiras
shift (n) *[change]* mudança (f)
shift (n) *[team of workers]* turno (m) *[equipe de trabalhadores]*
shift key tecla (f) de maiúsculas

shift work trabalho (m) em turnos
ship (n) navio (m) *ou* embarcação (f)
ship (v) despachar *ou* expedir
ship broker corretor de navios
shipment remessa (f) *ou* embarque (m) *ou* expedição (m)
shipper embarcador (m) *ou* despachante (m)
shipping embarque (m) *ou* expedição (f)
shipping agent agente (mf) de embarque
shipping charges *or* **shipping costs** custos (mpl) de embarque
shipping clerk agente (mf) de expedição
shipping company empresa (f) de navegação
shipping instructions instruções (fpl) para remessa
shipping line linha (f) de navegação
shipping note documento (m) de embarque
shop loja (f) *ou* oficina (f)
shop around fazer compras
shop assistant comerciário, -ria
shop window vitrina (f) de loja
shop-soiled deteriorado, -da *ou* estragado, -da
shopkeeper caixeiro *ou* comerciário, -ria
shoplifter ladrão (m) que furta em lojas
shoplifting furto (m) em lojas
shopper comprador, -dora *ou* freguês, -sa
shopping *[action]* fazer compras
shopping *[goods bought]* compras (fpl)
shopping arcade galeria (f) comercial
shopping centre centro (m) comercial
shopping mall galeria (f) comercial
shopping precinct área (f) comercial
short credit crédito (m) a curto prazo
short of com escassez de
short-dated bills títulos (mpl) a curto prazo
short-term (adj) a curto prazo
short-term contract contrato (m) de curta duração
short-term credit crédito (m) a curto prazo
short-term debts dívidas (fpl) a curto prazo
short-term loan empréstimo (m) a curto prazo
shortage excassez (f) *ou* falta (f) *ou* carência (f)

shortfall déficit (m) *ou* insuficiência (f)
shortlist (n) pré-seleção (f)
shortlist (v) pré-selecionar
show (n) *[exhibition]* exposição (f) *ou* feira (f)
show (v) mostrar *ou* apresentar
show a profit apresentar lucro
showcase vitrina (f) *ou* mostruário (m)
showroom vitrina (f)
shrink-wrapped embalado, -da a vácuo
shrink-wrapping embalagem (f) a vácuo
shrinkage redução (f) *ou* contração (f)
shut (adj) fechado, -da
shut (v) fechar
side lado (m)
sideline negócio (m) secundário
sight vista (f)
sight draft saque (m) à vista
sign (n) sinal (m) *ou* indício (m) *ou* letreiro (m)
sign (v) assinar
sign a cheque assinar um cheque
sign a contract assinar um contrato
signatory signatário, -ria
signature assinatura (f)
simple interest juros (mpl) simples
single simples (mf) *ou* único, -ca
Single European Act Ato Único Europeu
Single European Market Mercado Único Europeu
sister company empresa (f) associada
sister ship navio (m) gêmeo *[da mesma frota]*
sit-down protest protesto (m) sentado
sit-down strike greve (f) branca *ou* greve de braços cruzados
site local (m) *ou* lugar (m)
site engineer engenheiro, -ra de obra
sitting tenant locatário, -ria em gozo da locação
situated localizado, -da
situation *[place]* vaga (f)
situation *[state of affairs]* posição (f) *ou* situação (f)
situations vacant vaga (f) para emprego
size tamanho (m)
skeleton staff equipe (f) reduzida *ou* pessoal (m) reduzido
skill habilidade (f) *ou* técnica (f)

skilled qualificado, -da
skilled labour mão-de-obra (f) qualificada
slack fraco, -ca
slash prices *or* credit terms reduzir drasticamente os preços *ou* condições de crédito
sleeping partner sócio, -cia comanditário, -ria
slip (n) *[mistake]* deslize (m) *ou* erro (m)
slip (n) *[piece of paper]* bilhete (m) *ou* tira (f) de papel
slow lento, -ta *ou* atrasado, -da
slow down reduzir velocidade
slow payer pagante (m) moroso
slowdown redução (f) *ou* diminuição (f) *ou* retrocesso (m)
slump (n) *[depression]* depressão (f) *ou* crise (f) econômica
slump (n) *[rapid fall]* queda (f) brusca *ou* baixa *[Bolsa]*
slump (v) baixar *ou* cair *ou* afundar-se
slump in sales queda (f) nas vendas
small pequeno, -na
small ads anúncios (mpl) rápidos
small businesses pequenas (fpl) empresas
small businessman pequeno (m) empresário
small change trocado (m)
small-scale pequeno (m) porte *ou* pequena (f) escala
small-scale enterprise empresa (f) de pequeno porte
soar elevar-se
social social
social costs custos (mpl) sociais
social security previdência (f) social
society *[club]* clube (m)
society *[general]* sociedade (f)
socio-economic groups grupos (mpl) sócio-econômicos
soft currency moeda (f) fraca *ou* moeda (f) desvalorizada
soft loan empréstimo (m) em condições suaves
soft sell venda de forma não agressiva
software software (m) *ou* programa (m) para computador
sole exclusivo, -va *ou* único, -ca
sole agency agência (f) exclusiva
sole agent agente (mf) exclusivo

sole owner proprietário, -ria exclusivo, -va

sole trader comerciante (mf) exclusivo

solicit orders solicitar pedidos

solicitor advogado, -da

solution solução (f)

solve a problem resolver *ou* solucionar um problema

solvency solvência (f)

solvent (adj) solvente *ou* dissolvente

source of income fonte (f) de renda

spare part peça (f) de reposição *ou* sobressalente (m)

spare time tempo (m) livre

special especial

special drawing rights (SDR) direitos (mpl) especiais de saque

special offer oferta (f) especial

specialist especialista (mf)

specialization especialização (f)

specialize especializar

specification especificação (f)

specify especificar *ou* indicar

speech of thanks palavras (fpl) de agradecimento

spend *[money]* gastar *[dinheiro]*

spend *[time]* passar *[tempo]*

spending money dinheiro (m) para gastar

spending power poder (m) aquisitivo

spinoff efeito (m) indireto

spoil estragar

sponsor (n) patrocinador, -dora

sponsor (v) patrocinar

sponsorship patrocínio (m)

spot *[place]* lugar (m)

spot *[purchase]* spot *ou* compra (f) com entrega imediata

spot cash dinheiro (m) à vista

spot price preço (m) no local de venda

spread a risk disseminar *ou* distribuir um risco

spreadsheet *[computer]* planilha (f) *[computador]*

stability estabilidade (f)

stabilization estabilização (f)

stabilize estabilizar

stable estável

stable currency moeda (f) estável

stable economy economia (f) estável

stable exchange rate taxa (f) de câmbio estável

stable prices preços (mpl) estáveis

staff (n) quadro (m) de pessoal *ou* equipe (f)

staff (v) contratar pessoal

staff appointment emprego (m) fixo

staff meeting reunião (f) de pessoal

stage (n) fase (f) *ou* etapa (f) *ou* estágio (m) *ou* palco (m)

stage (v) *[organize]* apresentar *ou* montar

stage a recovery experimentar uma recuperação

staged payments pagamentos (mpl) por etapas

stagger escalonar

stagnant estagnado, -da *ou* parado, -da

stagnation estagnação (f) *ou* marasmo (m)

stamp (n) *[device]* selo (m) *ou* carimbo (m)

stamp (n) *[post]* selo (m)

stamp (v) *[letter]* selar *ou* carimbar

stamp (v) *[mark]* carimbar

stamp duty imposto (m) do selo

stand (n) *[at exhibition]* stand (m) *ou* mostruário (m)

stand down retirar-se

stand security for someone avalizar

stand surety for someone afiançar *ou* ser fiador de

standard (adj) padrão *ou* normal

standard (n) padrão (m) *ou* gabarito (m) *ou* norma (f)

standard letter carta (f) padrão

standard rate (of tax) taxa (f) de imposto normal

standardization padronização (f) *ou* fixação (f) de normas

standardize padronizar

standby arrangements acordo (m) de crédito contingente *ou* linha (f) de crédito

standby credit crédito (m) de contingência

standby ticket bilhete (m) em lista de espera

standing posição (f) *ou* situação (f)

standing order ordem (f) permanente

staple (n) grampo (m)

staple (v) grampear

staple industry indústria (f) principal

staple papers together grampear papéis
staple product produto (m) principal
stapler grampeador (m)
start (n) começo (m) *ou* início (m) *ou* princípio (m)
start (v) começar *ou* iniciar
start-up início (m) das atividades
start-up costs custos (mpl) de início de atividades *ou* despesas (f) pré-operacionais
starting (adj) inicial
starting date data (f) de início
starting point ponto (m) de partida *ou* ponto (m) inicial
starting salary salário (m) inicial
state (n) *[condition]* condição (f) *ou* estado (m)
state (n) *[country]* estado (m) *[país]*
state (v) afirmar *ou* declarar
state-of-the-art estado (m) da arte *ou* muito moderno
statement declaração (f)
statement of account extrato (m) de conta *ou* balancete (m)
statement of expenses demonstração (f) de despesas *ou* relatório (m) de despesas
station *[train]* estação (f)
statistical estatístico, -ca
statistical analysis análise (f) estatística
statistician estatístico, -ca
statistics estatística (f)
status status (m) *ou* condição (f) social
status inquiry consulta (f) sobre crédito
status symbol símbolo (m) de posição social
statute of limitations estatuto (m) de receita
statutory estatutório, -ria
statutory holiday feriado (m) oficial
stay (n) *[time]* permanência (f) *ou* estada (f)
stay (v) ficar *ou* permanecer *ou* alojar-se
stay of execution suspensão (f) *ou* adiamento (m) de uma sentença
steadiness segurança (f) *ou* firmeza (f)
sterling libra (f) esterlina
stevedore estivador (m)
stiff competition concorrência (f) acirrada
stimulate the economy estimular a economia

stimulus estímulo (m)
stipulate estipular *ou* especificar
stipulation estipulação (f) *ou* condição (f)
stock: in stock mantido, -da em estoque *ou* armazenado, -da
stock (n) *[goods]* estoque (m)
stock (v) *[goods]* estocar *ou* armazenar
stock code código (m) de armazenamento
stock control controle (m) de estoque
stock controller chefe (mf) do estoque
stock exchange bolsa (f) de valores
stock level nível (m) de estoque
stock list inventário (m) *ou* lista (f) de estoque
stock market mercado (m) de valores *ou* Bolsa de Valores
stock market valuation taxação (f) de ações
stock movements movimentos (mpl) de estoque
stock of raw materials estoque (m) de matéria-prima
stock size tamanho (m) do estoque de uso corrente
stock turnover rotação (f) de estoque
stock up estocar *ou* acumular
stock valuation valorização (f) dos estoques
stockbroker corretor da Bolsa
stockbroking corretagem (f) de valores *ou* corretagem (f) da Bolsa
stockist distribuidor, ra
stockpile (n) estocagem (f) *ou* reservas (fpl)
stockpile (v) armazenar *ou* reservar *ou* acumular
stockroom depósito (m) *ou* armazém (m)
stocktaking levantamento (m) do estoque *ou* inventário (m)
stocktaking sale liquidação (f) de inventário
stop (n) parada (f) *ou* interrupção (f)
stop (v) *[doing something]* parar *ou* suspender *ou* deter
stop a cheque deter o pagamento de um cheque
stop an account fechar uma conta
stop payments suspender pagamentos
stoppage *[act of stopping]* suspensão (f) *ou* paralização (f)

stoppage of payments suspensão (f) de pagamentos

storage (n) *[computer]* armazenamento (m)

storage (n) *[cost]* custo (m) de armazenamento

storage (n) *[in warehouse]* depósito (m) *ou* armazenamento (m)

storage capacity capacidade (f) de armazenamento

storage facilities almoxarifado (m) *ou* armazém (m) *ou* depósito (m)

storage unit unidade (f) de armazenamento

store (n) *[items kept]* reserva (f)

store (n) *[large shop]* loja (f)

store (n) *[place where goods are kept]* depósito (m) *ou* armazém (m)

store (v) *[keep for future]* guardar *ou* armazenar

store (v) *[keep in warehouse]* depositar em armazém

storeroom depósito (m) *ou* almoxarifado (m)

storm damage danos (mpl) resultantes de tempestades

straight line depreciation depreciação (f) linear

strategic estratégico, -ca

strategic planning planejamento (m) estratégico

strategy estratégia (f)

street directory catálogo (m) de endereços

strike (n) greve (f)

strike (v) fazer greve

striker grevista (mf)

strong forte *ou* vigoroso, -sa

strong currency moeda (f) forte

structural estrutural

structural adjustment ajuste (m) estrutural

structural unemployment desemprego (m) estrutural

structure (n) estrutura (f)

structure (v) *[arrange]* estruturar

study (n) estudo (m)

study (v) estudar

sub judice sub judice

subcontract (n) subcontrato (m) *ou* sublocação (f)

subcontract (v) subcontratar

subcontractor subempreteiro, -ra *ou* sublocatário, -ria *ou* subcontratante (mf)

subject to sujeito a

sublease (n) sublocação (f) *ou* subarrendamento (m)

sublease (v) sublocar *ou* subarrendar

sublessee sublocatário, -ria

sublessor sublocador, -dora

sublet sublocar

subsidiary (adj) subsidiário, -ria

subsidiary (n) subsidiária (f) *ou* filial (f)

subsidiary company companhia (f) subsidiária *ou* afiliada *ou* coligada

subsidize subsidiar *ou* subvencionar

subsidy subsídio (m) *ou* subvenção (f)

subtotal subtotal

subvention subvenção (f) *ou* subsídio (m)

succeed *[do as planned]* proceder

succeed *[do well]* ser bem-sucedido, -da *ou* ter êxito

succeed *[follow someone]* seguir *ou* vir depois de

success sucesso (m)

successful bem-sucedido, -da

successful bidder licitante (mf) bem-sucedido, -da

sue acionar *ou* processar

suffer damage sofrer danos

sufficient suficiente (mf)

sum *[of money]* soma (f) *ou* montante (m) *[de dinheiro]*

sum *[total]* soma (f) *ou* total (m)

summons convocação (f) *ou* citação (f) *[legal]*

sundries artigos (mpl) diversos

sundry items artigos (mpl) diversos

superior (adj) *[better quality]* superior *ou* melhor

superior (n) *[person]* superior

supermarket supermercado (m)

superstore hipermercado (m)

supervise supervisionar

supervision supervisão (f)

supervisor supervisor, -ra

supervisory fiscalizador, -dora *ou* supervisor, -ra

supplement suplemento (m)

supplementary suplementar

supplier fornecedor, -dora *ou* abastecedor, -dora

supply (n) *[action]* fornecimento (m) *ou* abastecimento (m)
supply (n) *[stock of goods]* reserva (f) *ou* suprimentos (mpl)
supply (v) suprir *ou* abastecer *ou* fornecer
supply and demand oferta (f) e procura (f)
supply price preço (m) de oferta
supply side economics economia (f) de oferta
support price preço (m) de subvenção
surcharge sobretaxa (f)
surety (n) *[person]* fiador, -dora
surety (n) *[security]* fiança (f) *ou* garantia (f)
surface mail correio (m) por via terrestre ou marítima
surface transport transporte (m) de superfície
surplus excedente (m) *ou* sobra (f) *ou* excesso (m)
surrender (n) *[insurance policy]* resgate (m) *[apólice de seguro]*
surrender a policy resgatar uma apólice
surrender value valor (m) de resgate
survey (n) *[examination]* exame (m)
survey (n) *[general report]* levantamento (m)
survey (v) *[inspect]* inspecionar *ou* pesquisar *ou* vistoriar
surveyor inspetor, -ra *ou* fiscal (mf)
suspend suspender
suspension suspensão (f)
suspension of deliveries suspensão (f) de entregas
suspension of payments suspensão (f) de pagamentos
swap (n) intercâmbio (m)
swap (v) trocar *ou* permutar
swatch amostra (f) pequena
switch (v) *[change]* mudar *ou* trocar
switch over to mudar para
switchboard mesa (f) telefônica *ou* painel (m) de controle
swop (= swap) permuta (f) *ou* troca (f)
sympathy strike greve (f) de solidariedade
synergy sinergia (f)
system sistema (m)
systems analysis análise (f) de sistemas
systems analyst analista (mf) de sistemas

Tt

tabulate tabular
tabulation tabulação (f)
tabulator tabulador
tachograph tacógrafo (m)
tacit approval acordo (m) tácito *ou* convenção (f) tácita
take (n) *[money received]* coleta (f) *ou* receita (f)
take (v) *[need]* necessitar *ou* levar
take (v) *[receive money]* receber *ou* entrar em caixa *ou* ganhar
take a call receber uma chamada
take a risk correr um risco
take action tomar medidas
take legal action tomar medida legal
take legal advice consultar um advogado
take note fazer anotação

take off *[deduct]* descontar
take off *[plane]* decolar
take off *[rise fast]* crescer rapidamente
take on freight fretar
take on more staff empregar *ou* contratar mais pessoal
take out a policy fazer uma apólice
take over *[from someone else]* assumir *ou* substituir
take place acontecer *ou* realizar-se
take someone to court processar alguém
take stock fazer inventário
take the initiative tomar a iniciativa
take the soft option escolher a opção mais fácil
take time off work tirar uma folga
take up pagar *ou* resgatar

take up an option escolher uma opção

takeover tomada (f) *ou* aquisição (f) *ou* conquista (f)

takeover bid oferta (f) pública de aquisição

takeover target objeto (m) de uma oferta pública de aquisição

takings receita (f) *ou* entrada (f) *ou* ganhos (mpl)

tangible tangível

tangible assets bens (mpl) tangíveis *ou* ativos (mpl) tangíveis

tanker petroleiro (m)

tare tara (f)

target (n) meta (f) *ou* objetivo (m) *ou* alvo (m)

target (v) ter como objetivo

target market mercado (m) visado

tariff *[price]* tarifa (f) *ou* preço (m)

tariff barriers barreiras (fpl) alfandegárias

tax (n) imposto (m) *ou* tributo (m)

tax (v) taxar *ou* tributar

tax adjustments ajustes (mpl) tributários

tax allowance privilégio (m) fiscal

tax assessment cálculo (m) de imposto *ou* lançamento (m) fiscal

tax avoidance não-pagamento de imposto mediante expedientes legais

tax code código (m) fiscal

tax collection recolhimento (m) fiscal

tax collector coletor, -tora de impostos *ou* arrecadador, -dora

tax concession privilégio (m) fiscal

tax consultant consultor, -tora fiscal

tax credit crédito (m) fiscal

tax deducted at source imposto (m) retido na fonte

tax deductions *[taken from salary to pay tax]* retenção (f) fiscal

tax evasion evasão (f) fiscal

tax exemption isenção (f) fiscal

tax form formulário (m) de declaração do imposto de renda

tax haven paraíso (m) fiscal

tax inspector inspetor, -tora da Fazenda

tax loophole lacuna (f) fiscal

tax offence infração (f) fiscal

tax paid imposto (m) pago

tax rate alíquota (f) de imposto

tax reductions reduções (fpl) fiscais

tax relief dedução (f) fiscal

tax return *or* tax declaration declaração (f) de imposto de renda

tax shelter amparo (m) fiscal

tax system sistema (m) tributário

tax year ano (m) fiscal *ou* exercício (m) fiscal

tax-deductible dedutível do imposto de renda

tax-exempt isento de impostos

tax-free livre de impostos *ou* isento de impostos

taxable tributável

taxable income renda (f) tributável

taxation taxação (f) *ou* tributação (f)

taxpayer contribuinte (mf)

telephone (n) telefone (m)

telephone (v) telefonar

telephone book *or* telephone directory catálogo (m) telefônico *ou* lista (f) telefônica

telephone call chamada (f) telefônica

telephone directory catálogo (m) telefônico

telephone exchange central (f) telefônica

telephone line linha (f) telefônica

telephone number número (m) de telefone

telephone subscriber assinante (mf) telefônico

telephone switchboard mesa (f) telefônica

telephonist telefonista (mf)

telesales televendas (fpl)

telex (n) telex (m)

telex (v) mandar por telex

teller caixa (mf) de banco

temporary interino, -na *ou* temporário, -ria

temp (v) fazer trabalho temporário

temp agency agência (f) de empregos temporários

temporary employment emprego (m) temporário

temporary staff pessoal (m) temporário

tenancy *[agreement]* arrendamento (m) *ou* locação (f)

tenancy *[period]* período (m) de arrendamento *ou* locação

tenant inquilino, -na *ou* locatário, -ria

tender (n) *[offer to work]* proposta (f) *ou* oferta (f) *ou* edital (m) de licitação

tender for a contract apresentar proposta para contrato

tenderer licitante (mf)

tendering oferta (f)

tenure *[right]* posse (f) *ou* título (m) de posse

tenure *[time]* mandato (m) *ou* ocupação (f) de cargo

term *[part of academic year]* trimestre (m) *ou* período (m) letivo

term *[time of validity]* prazo (m) *ou* vigência (f)

term insurance seguro (m) temporal

term loan empréstimo (m) resgatável em prestações

terminal (adj) *[at the end]* terminal

terminal (n) *[airport]* terminal (m)

terminal bonus bônus (m) recebido na conclusão de um seguro

terminate terminar

terminate an agreement encerrar um acordo

termination *[contract]* rescisão (f) *[contrato]*

termination clause cláusula (f) de rescisão

terms termos (mpl) *ou* condições (fpl)

terms of employment condições (fpl) de emprego

terms of payment condições (fpl) de pagamento

terms of reference termos (mpl) de referência

terms of sale condições (fpl) de venda

territory *[of salesman]* território (m)

tertiary industry indústria (f) terciária *ou* indústria (f) de serviços

tertiary sector setor (m) terciário

test (n) teste (m) *ou* prova (f)

test (v) testar *ou* provar

theft roubo (m) *ou* furto (m)

third party terceiro (m)

third quarter terceiro trimestre (m)

third-party insurance seguro (m) contra terceiros

threshold limiar (m) *ou* patamar (m)

threshold agreement acordo (m) limiar

threshold price preço (m) limiar

throughput rendimento (m)

tie-up *[link]* elo (m) *ou* ligação (f)

tight money moeda (f) escassa

tighten up on intensificar *[o controle]*

till caixa (f)

time and motion study estudo (m) de tempos e movimentos

time deposit depósito (m) a prazo fixo

time limit prazo (m) *ou* término (m)

time limitation prazo (m) limitado

time rate tarifa (f) horária

time scale escala (f) de tempo *ou* calendário (m)

time: on time na hora

timetable (n) horário (m) *ou* esquema (m) de atividades

timetable (v) programar horário *ou* atividades

timing medida (f) de tempo

tip (n) *[advice]* dica (f) *[conselho]*

tip (n) *[money]* gorjeta (f) *[dinheiro]*

tip (v) *[give money]* dar gorjeta

tip (v) *[say what might happen]* prever *[dizer ou que poderá acontecer]*

TIR (= Transports Internationaux Routiers) Transporte Internacional Rodoviário

token símbolo (m)

token charge preço (m) simbólico

token payment pagamento (m) simbólico

toll pedágio (m)

toll free (US) chamada (f) gratuita

toll free number (US) número (m) de chamada gratuita

ton tonelada (f)

tonnage tonelagem (f)

tonne tonelada (f) métrica

tool up instalar a maquinaria numa fábrica

top (adj) superior *ou* principal *ou* primeiro

top (n) *[highest point]* cume (m) *ou* ponto (m) mais alto

top (n) *[upper surface]* parte (f) superior

top (v) *[go higher than]* superar

top management alta administração

top quality qualidade (f) superior

top-selling mais vendido, -da

total (adj) total

total (n) total (m) *ou* totalidade (f) *ou* soma (f)

total (v) totalizar *ou* somar

total amount quantia (f) total *ou* quantidade (f) total

total assets ativos (mpl) totais

total cost custo (m) total
total expenditure gasto (m) total
total income renda (f) total
total invoice value valor (m) total da fatura
total output produção (f) total
total revenue receita (f) total
track record antecedentes (mpl)
trade (n) *[business]* comércio (m)
trade (v) comercializar
trade agreement acordo (m) comercial
trade association associação (f) comercial *ou* associação (f) profissional
trade cycle ciclo (m) de atividade comercial
trade deficit *or* **trade gap** déficit (m) comercial
trade description descrição (f) comercial
trade directory guia (m) comercial
trade discount desconto (m) comercial
trade fair feira (f) comercial
trade in *[buy and sell]* comercializar
trade in *[give in old item for new]* entregar um bem usado para pagar nova aquisição
trade journal revista (f) profissional especializada
trade magazine revista (f) profissional especializada
trade mission missão (f) comercial
trade price preço (m) para revendedor
trade terms desconto (m) para comerciantes do setor
trade union sindicato (m)
trade unionist sindicalista (mf)
trade-in *[old item in exchange]* troca (f)
trade-in price preço (m) com a entrega de artigo usado
trademark *or* **trade name** marca (f) registrada *ou* marca (f) de fábrica
trader comerciante (mf) *ou* lojista (mf)
trading comercialização (f) *ou* troca (f)
trading company sociedade (f) comercial *ou* empresa (f) de comercialização
trading loss perda (f) no exercício
trading partner empresa (f) com a qual se mantém relações comerciais
trading profit lucro (m) comercial
train (n) trem (m)

train (v) *[learn]* preparar-se *ou* aprender *ou* formar-se
train (v) *[teach]* treinar *ou* capacitar *ou* instruir
trainee estagiário, -ria *ou* pessoa (f) que está sendo treinada
traineeship aprendizado (m)
training treinamento (m)
training levy imposto (m) para financiar capacitação profissional
training officer responsável (mf) pela capacitação
transact business fazer negócios
transaction transação (f) *ou* operação (f)
transfer (n) transferência (f) *ou* transporte (m)
transfer (v) *[move to new place]* transferir
transfer of funds transferência (f) de fundos
transferable transferível
transferred charge call chamada (f) a cobrar transferida
transit trânsito (m)
transit lounge sala (f) de trânsito
transit visa visto (m) de trânsito
translate traduzir
translation tradução (f)
translation bureau escritório (m) *ou* agência (f) de tradução
translator tradutor, -tora
transport (n) transporte (m)
transport (v) transportar
transport facilities meios (mpl) de transporte
treasury Tesouro (m) *ou* tesouraria (f)
treble triplicar
trend tendência (f)
trial *[court case]* julgamento (m) *ou* processo (m)
trial *[test of product]* prova (f) *ou* ensaio (m)
trial and error ensaio (m) e erro (m) *ou* método (m) de tentativas
trial balance balancete (m) *ou* balanço (m) de verificação
trial period período (m) de experiência
trial sample amostra (f)
triple (adj) triplo
triple (v) triplicar
triplicate: in triplicate triplicado
troubleshooter mediador *ou* solucionador de problemas

truck *[lorry]* caminhão (m)
truck *[railway wagon]* vagão (m)
trucker motorista (mf) de caminhão *ou* caminhoneiro (m)
trucking transporte (m) por caminhão *ou* transporte (m) rodoviário
true copy cópia (f) real
trust company sociedade (f) fiduciária
turn down recusar
turn over (v) *[make sales]* faturar *[volume de vendas]*
turnkey operation operação (f) turnkey
turnkey operator agente (mf) turnkey
turnover *[of staff]* rotatividade (f)
turnover *[of stock]* circulação (f) *ou* movimento (m)
turnover *[sales]* faturamento (m) *ou* volume (m) de vendas
turnover tax imposto (m) sobre circulação de mercadoria
turnround *[goods sold]* rotatividade de estoque (f)
turnround *[making profitable]* reativação (f)
turnround *[of a plane]* carga (f) e descarga de avião

Uu

unaccounted for inexplicado, -da
unaudited não auditado, -da
unaudited accounts contas (fpl) não auditadas
unauthorized expenditure despesas (fpl) desautorizadas
unavailability indisponibilidade (f)
unavailable indisponível *ou* inacessível
unchanged inalterado, -da
unchecked figures cifras (fpl) não controladas
unclaimed baggage bagagem (f) não procurada
unconditional incondicional *ou* irrestrito, ta *ou* absoluto, -ta
unconfirmed não confirmado, -da
undated sem data
undelivered não entregue
under *[according to]* conforme *ou* segundo
under *[less than]* menos *ou* menor
under construction em construção
under contract sob contrato
under control sob controle
under new management sob nova administração
undercharge cobrar *ou* taxar pouco
undercut a rival vender a preço mais baixo que o concorrente
underdeveloped countries países subdesenvolvidos
underequipped mal equipado, -da

underpaid mal pago, -ga
undersell vender mais barato
undersigned abaixo-assinado, -da
underspend gastar menos
understand compreender *ou* entender
understanding compreensão (f)
undertake empreender *ou* realizar
undertaking *[company]* empresa (f)
undertaking *[promise]* compromisso (m) *ou* promessa (f)
underwrite *[guarantee]* assumir o risco de um seguro
underwrite *[pay costs]* garantir o pagamento
underwriting syndicate consórcio (m) de garantia de uma emissão
undischarged bankrupt falido (m) não reabilitado
uneconomic rent aluguel (m) antieconômico
unemployed desempregado, -da
unemployment desemprego (m)
unemployment pay salário (m) desemprego
unfair injusto, -ta
unfair competition concorrência (f) desleal
unfair dismissal demissão sem justa causa
unfavourable desfavorável
unfavourable exchange rate taxa (f) de câmbio desfavorável

unfulfilled order pedido (m) não cumprido
unilateral unilateral
union sindicato (m)
union recognition reconhecimento (m) de um sindicato
unique selling point *or* **proposition (USP)** argumento (m) de venda
unit *[in unit trust]* título (m)
unit *[item]* unidade (f)
unit cost custo (m) unitário
unit price preço (m) unitário
unit trust fundos (mpl) mútuos *ou* fundos (mpl) de investimentos
unlimited liability responsabilidade (f) ilimitada
unload *[get rid of]* desfazer-se de
unload *[goods]* descarregar
unobtainable inacessível *ou* não obtenível
unofficial extra-oficial *ou* oficioso, -sa
unpaid sem pagar *ou* não pago, -ga *ou* não liquidado, -da
unpaid invoices faturas (fpl) não liquidadas
unsealed envelope envelope aberto
unsecured creditor credor, -ra sem garantias
unskilled não qualificado, -da *ou* não especializado, -da
unsold não vendido, -da
unsubsidized não subsidiado, -da
unsuccessful malsucedido, -da *ou* fracassado, -da
up front adiantado, -da
up to até
up to date *[complete]* atualizado, -da *ou* em dia
up to date *[modern]* moderno, -na *ou* atual
up-market de primeira qualidade
update (n) atualização (f)
update (v) atualizar *ou* pôr em dia
upset price preço (m) mínimo *ou* inicial
upturn melhora (f) *ou* reativação (f) *ou* recuperação (f)
upward trend tendência (f) para o crescimento
urgent urgente
use (n) uso
use (v) usar *ou* empregar *ou* utilizar
use up spare capacity consumir a capacidade ociosa
useful útil
user usuário, -ria
user-friendly de fácil uso
USP (= unique selling point) argumento (m) de venda
usual usual *ou* comum *ou* habitual
utilization utilização (f) *ou* uso (m)

Vv

vacancy *[for job]* vaga (f)
vacant vago, -ga *ou* desocupado, -da
vacate desocupar *ou* anular
valid válido, -da
validity validade (f)
valuation avaliação (f)
value (n) valor (m)
value (v) avaliar *ou* valorizar
value added tax (VAT) imposto (m) sobre valor agregado
valuer avaliador, -dora
van caminhonete (f) *ou* furgão (m)
variable costs custos (mpl) variáveis
variance variação (f)
variation variação (f)
VAT (= value added tax) imposto sobre valor agregado
VAT declaration declaração (f) de VAT
VAT inspector inspetor, -ra de VAT
VAT invoice fatura (f) com VAT
vehicle veículo (m)
vendor vendedor (m)
venture (n) *[business]* empresa (f) *ou* empreendimento (m) novo
venture (v) *[risk]* arriscar
venture capital capital (m) de risco
venue lugar (m) *ou* foro (m)

verbal verbal
verbal agreement acordo (m) verbal
verification verificação (f)
verify confirmar
vertical communication comunicação (f) vertical
vertical integration integração (f) vertical
vested interest interesse (m) pessoal
veto a decision vetar uma decisão
via através de *ou* via
viable viável *ou* exeqüível
VIP lounge salão (m) VIP
visa visto (m)
visible imports importações (fpl) visíveis
visible trade comércio (m) visível

void (adj) *[not valid]* nulo, -la *ou* sem efeito
void (v) invalidar
volume volume (m)
volume discount desconto (m) baseado no volume
volume of sales volume (m) de vendas
volume of trade *or* **volume of business** volume (m) comercial *ou* volume (m) de negócios
voluntary liquidation liquidação (f) *ou* falência voluntária
voluntary redundancy demissão (f) voluntária
vote of thanks voto (m) de agradecimento
voucher *[document from an auditor]* comprovante (m)
voucher *[paper given instead of money]* vale (m)

Ww

wage salário (m) *ou* ordenado (m)
wage claim reivindicação (f) salarial
wage freeze congelamento (m) salarial
wage levels níveis (mpl) salariais
wage negotiations negociações (fpl) salariais
wage scale escala (f) de níveis salariais
waive renunciar a um direito
waive a payment abrir mão de um pagamento
waiver *[of right]* renúncia (f)
waiver clause cláusula (f) de renúncia
warehouse (n) armazém (m)
warehouse (v) armazenar
warehouseman fiel (m) de armazém
warehousing armazenagem (f)
warrant (n) *[document]* autorização (f) *ou* ordem (f)
warrant (v) *[guarantee]* garantir *ou* afiançar
warrant (v) *[justify]* justificar
warranty (n) garantia (f)
wastage perda (f) *ou* desperdício (m)
waste (n) restos (mpl) *ou* resíduos (mpl)
waste (v) (use too much) gastar

waybill conhecimento (m) *ou* guia (f)
weak market mercado (m) fraco
wear and tear desgaste (m)
week semana (f)
weekly semanalmente
weigh pesar *ou* considerar *ou* ponderar
weighbridge balança (f) de estrada *ou* báscula (f)
weight peso (m)
weight limit limite (m) de peso *ou* peso (m) máximo
weighted average média (f) ponderada
weighted index índice (m) ponderado
weighting ponderação (f)
well-paid job trabalho (m) bem remunerado
wharf cais (m) *ou* desembarcadouro (m)
white knight resgatador, -ra de empresas
whole-life insurance seguro (m) de vida
wholesale (adv) por atacado
wholesale dealer atacadista (mf) *ou* comerciante (mf) de atacado
wholesale discount desconto (m) por atacado
wholesale price index índice (m) de preços por atacado

wholesaler atacadista (mf)
wildcat strike greve (f) não autorizada por sindicato
win a contract ganhar um contrato
wind up *[a company]* liquidar uma empresa
wind up *[a meeting]* encerrar uma reunião
winding up liquidação (f) *ou* término (m) *ou* encerramento (m)
window janela (f)
window display vitrina (f)
withdraw *[an offer]* retirar *[uma oferta]*
withdraw *[money]* retirar *[dinheiro]*
withdraw a takeover bid retirar uma licitação de aquisição
withdrawal *[of money]* retirada (f)
withholding tax imposto (m) retido na fonte
witness (n) testemunha (f)
witness (v) *[a document]* assinar como testemunha
witness an agreement atuar como testemunha
word-processing processamento (m) de textos
wording texto (m) *ou* redação (f)
work (n) trabalho (m)
work (v) trabalhar
work in progress trabalho (m) em processo
work permit autorização (f) para trabalho
work-to-rule greve (f) *ou* parada (f) técnica
worker trabalhador, -dora *ou* operário, -ria
worker director diretor-operário (m)
workforce força (f) de trabalho *ou* mão-de-obra (f)
working (adj) em funcionamento *ou* ativo, -va

working capital capital (m) de giro *ou* capital (m) circulante
working conditions condições (fpl) de trabalho
working party grupo (m) de trabalho
workshop oficina (f)
workstation *[at computer]* estação (f) de trabalho *ou* workstation
world mundo (m)
world market mercado (m) mundial
worldwide (adj) de âmbito mundial *ou* em todo o mundo *ou* global
worldwide (adv) mundialmente
worth (n) *[value]* valor (m)
worth: be worth valer
worthless sem valor
wrap (up) finalizar
wrapper envoltório (m)
wrapping envoltório (m) *ou* embrulho (m)
wrapping paper papel (m) de embrulho
wreck (n) *[company]* empresa (f) em ruínas
wreck (n) *[ship]* naufrágio (m)
wreck (v) *[ruin]* arruinar
writ mandado (m)
write escrever
write down *[assets]* reduzir o valor *[ativos]*
writedown *[of asset]* depreciação *[de um ativo]*
write-off *[loss]* dívida (f) incobrável
write off a debt amortizar *ou* anular uma dívida
write out copiar *ou* escrever por extenso
write out a cheque preencher um cheque
writing escrita (f)
written agreement acordo (m) por escrito
wrong errado, -da
wrongful dismissal demissão (f) injusta

Xx Yy Zz

year ano (m)
year end encerramento (m) do ano
yearly payment pagamento (m) anual
yellow pages páginas (fpl) amarelas

yield (n) *[on investment]* rendimento (m) *ou* rentabilidade (f)
yield (v) *[interest]* render *[juros]*
zero zero (m)
zero-rated com VAT de 0%
zip code (US) código (m) postal

BILINGUAL DICTIONARIES

A range of comprehensive, up-to-date fully bilingual business dictionaries. The dictionaries cover all aspects of business usage: buying and selling, office practice, banking, insurance, finance, stock exchange, warehousing and distribution.

Each dictionary includes:
over 50,000 entries example sentences
clear and accurate translations grammar notes

Ideal for any business person, teacher or student

Business French	ISBN 0-948549-64-5	600pp	h/b
Business German	ISBN 0-948549-50-5	650pp	h/b
Business Spanish	ISBN 0-948549-90-4	736pp	h/b
Business Chinese	ISBN 0-948549-63-7	534pp	h/b
Business Romanian	ISBN 0-948549-45-9	250pp	h/b
Business Swedish	ISBN 0-948549-14-9	420pp	h/b

Available from all good bookshops.

For further details, please contact:
Peter Collin Publishing Ltd
1 Cambridge Road, Teddington, TW11 8DT, UK
fax: +44 181 943 1673 email: info@pcp.co.uk www.pcp.co.uk